GUANGFU FADIAN JIANSHE XIANGMU DANGAN GUANLI SHOUCE

光伏发电建设项目档案管理手册

中国华能集团有限公司　组编

中国电力出版社
CHINA ELECTRIC POWER PRESS

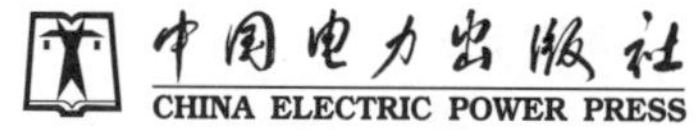

内 容 提 要

2020年9月，习近平总书记在联合国大会上就我国碳达峰与碳中和目标向世界作出郑重承诺，我国将于2030年前实现碳达峰，2060年前实现碳中和。2021年是“十四五”开局之年，我国的新能源产业迎来了前所未有的发展阶段。

为有效解决光伏发电建设项目工期短、任务重、分散广、档案管理人员工程技术专业知识薄弱带来的科技文件材料收集不齐全、不及时、分类组卷不合理等痛点问题，保障光伏发电建设项目高标准设计、高质量建设、高水准投运，编写组以《光伏发电建设项目文件归档与档案整理规范》（NB/T 32037—2017）为基础，以标杆光伏发电建设项目科技档案管理工作实际为参考，进一步细化并规范了光伏发电建设项目文件的收集、整理工作，从源头上解决“归什么”“由谁归”“怎么归”“归哪里”“何时归”问题。

本书内容涵盖光伏发电建设项目相关概念、项目档案制度建设、项目文件管理、项目档案移交、项目档案管理、特殊载体档案管理、项目档案信息化建设、项目档案验收等内容，可供光伏发电建设单位、设计单位、施工单位、监理单位专兼职档案人员学习、参考。

图书在版编目（CIP）数据

光伏发电建设项目档案管理手册/中国华能集团有限公司组编．—北京：中国电力出版社，2021.10（2023.3重印）

ISBN 978-7-5198-4789-0

Ⅰ.①光… Ⅱ.①中… Ⅲ.①太阳能光伏发电—项目管理—档案管理—手册 Ⅳ.①G275.3-62

中国版本图书馆CIP数据核字（2020）第122660号

出版发行：中国电力出版社
地　　址：北京市东城区北京站西街19号（邮政编码100005）
网　　址：http：//www.cepp.sgcc.com.cn
责任编辑：孙　芳（010-63412381）
责任校对：黄　蓓　常燕昆
装帧设计：赵珊珊
责任印制：吴　迪

印　　刷：三河市万龙印装有限公司
版　　次：2021年10月第一版
印　　次：2023年 3 月北京第三次印刷
开　　本：787毫米×1092毫米　16开本
印　　张：14.5
字　　数：353千字
印　　数：2501—3500册
定　　价：90.00元

档案工作是一项基础性工作，经验得以总结，规律得以认识，历史得以延续，各项事业得以发展，都离不开档案。

——习近平

编 写 组

组　　长： 冷秀斌

主　　编： 蒋　术　张　萍（金陵）

参编人员： 孙惠媛　吴明霞　马巧丽　刘爱玲　陈美鲜
郭团卫　王兆勤　骞淑玲　杨春玉　杨　莉
田玉涛　厉彦霞　施　馥　马月军　于慧敏
王　蕾　高　婷　杨玉卿　艾　霞　曲久凤
张　杰　陈　晓　苏永铭　钱小英　徐晓月
李明丽　左一涵　毛开美　张　萍（蒙西）王雪莉
杨　媚　杜嘉欣　张晓萱　夏丽芳　李晨暄
胡欣杨　杨　靖　杨蓓蓓　菅爱爱

前 言

能源是经济社会发展的重要物质基础。改革开放以来，我国能源行业快速发展，已成为全球最大的能源生产国、消费国，有力支撑了经济社会发展。但是，我国能源结构长期以煤为主，油气对外依存度高，是全球最大的碳排放国家，能源清洁低碳转型要求紧迫。习近平总书记提出“四个革命、一个合作”能源安全新战略，为我国能源发展指明了方向，开辟了中国特色能源发展新道路。

2020年9月22日，习近平总书记在第七十五届联合国大会一般性辩论上宣布，中国将采取更加有力的政策和措施，二氧化碳排放力争于2030年前达到峰值，努力争取2060年前实现碳中和。同年12月12日，习近平总书记在气候雄心峰会上进一步宣布，到2030年，中国单位国内生产总值二氧化碳排放将比2005年下降65%以上，非化石能源占一次能源消费比重将达到25%左右，风电、太阳能发电总装机容量将达到12亿kW以上。

2021年9月22日，中共中央国务院印发《关于完整准确全面贯彻新发展理念做好碳达峰碳中和工作的意见》，提出到2030年，经济社会发展全面绿色转型取得显著成效，重点耗能行业能源利用效率达到国际先进水平；到2060年，绿色低碳循环发展的经济体系和清洁低碳安全高效的能源体系全面建立，能源利用效率达到国际先进水平，非化石能源消费比重达到80%以上。2021年10月24日，国务院印发《2030年前碳达峰行动方案》，明确了各地区各领域各行业目标任务，要求加快实现生产生活方式绿色变革，推动经济社会发展建立在资源高效利用和绿色低碳发展的基础之上，确保如期实现2030年前碳达峰目标。

实现“碳达峰、碳中和”是党中央作出的重大战略决策，事关中华民族永续发展和构建人类命运共同体，是一场广泛而深刻的经济社会系统性变革。当前，能源电力企业全面加快绿色低碳转型，大力发展新能源，新能源项目投资快速增长，一大批新能源建设项目应运而生。新能源项目建设“短平快”、项目地点分散、人员编制少等建设和管理上的特点，给建设项目档案管理带来一定的难度，极易造成项目档案工作与项目建设不同步，影响项目档案的完整性、准确性、系统性、规范性、安全性、归档的及时性，以及项目档案价值的充分发挥。为有效解决光伏建设项目档案管理及收集、整理的痛点难点问题，编写组以《光伏发电建设项目文件归档与档案整理规范》（NB/T 32037—2017）为基础，以标杆光伏发电建设项目科技档案管理工作实际为参考，经过实践摸索和总结，构建了一套通用的、可定制的光伏发电建设项目文件归档与档案管理模板（见本书附录A），确保光伏发电建设项目文件的完整、准确、系统、规范与安全。希望本书的出版能够对光伏发电建设项目档案管理工作提供一定的参考与帮助。

本书编纂过程中，得到了公司领导高度重视和亲切关怀，公司系统有关人员给予了密切配合和大力支持，在此，一并致以诚挚的敬意和衷心的感谢！

编写组

2021年11月

目　录

第一章 概 述

本章主要介绍“碳达峰、碳中和”背景下我国新能源项目发展现状，项目档案工作有关术语、总体要求、工作组织与各方职责等。

第一节 “碳达峰、碳中和”背景下我国新能源发展概况

能源是经济社会发展的重要物质基础。改革开放以来，我国能源行业快速发展，已成为全球最大的能源生产国、消费国，有力支撑了经济社会发展。但是，我国能源结构长期以煤为主，油气对外依存度高，是全球最大的碳排放国家，能源清洁低碳转型要求紧迫。习近平总书记提出“四个革命、一个合作”能源安全新战略，为我国能源发展指明了方向，开辟了中国特色能源发展新道路。

2020年9月22日，习近平总书记在第七十五届联合国大会一般性辩论上宣布，中国将采取更加有力的政策和措施，二氧化碳排放力争于2030年前达到峰值，努力争取2060年前实现碳中和。同年，12月12日，习近平总书记在气候雄心峰会上进一步宣布，到2030年，中国单位国内生产总值二氧化碳排放将比2005年下降65%以上，非化石能源占一次能源消费比重将达到25%左右，风电、太阳能发电总装机容量将达到12亿kW以上。2021年3月15日，习近平总书记主持召开中央财经委员会第九次会议并发表重要讲话强调，实现碳达峰、碳中和是一场广泛而深刻的经济社会系统性变革，要把碳达峰、碳中和纳入生态文明建设总体布局，拿出抓铁有痕的劲头，如期实现2030年前碳达峰、2060年前碳中和目标。

一、碳中和简介

什么是碳中和？这里的“碳”指的是二氧化碳，碳中和简单地讲就是，人类活动产生的二氧化碳的数量，和因为人类活动而减少的二氧化碳数量达到平衡。据统计，一个中等体重的男子每天平均产生733g二氧化碳，一年会产生大约270kg的二氧化碳。假如通过种树，让树来吸收二氧化碳，那么一年能吸收多少呢？一棵树龄10年的大树，平均一年只能吸收22kg二氧化碳。据此推算，如果要想通过种树的方法实现碳中和，全世界每年大约需要种一万亿棵树。因此，解决碳中和问题主要得靠新技术，而不是种树或者让人回到过去的原始生活来实现。解决碳中和问题的主要途径有两方面：

首先是减少排放二氧化碳，特别是减少煤炭的使用，因为要产生同样的热量，烧煤比烧油或者烧天然气要分别多产生30%和68%的二氧化碳。实现“碳中和”的核心是控制碳排放。能源燃烧是我国主要的二氧化碳排放源，占全部二氧化碳排放的88%左右，电力行业排放约占能源行业排放的41%，减排任务很重。能源消费达峰后，随着电气化水平提高，电力需求仍将持续增长，电力行业不仅要承接交通、建筑、工业等领域转移的能源消耗和排放，还要对存量化石能源电源进行清洁替代，必须作出更大的贡献。

其次是捕捉二氧化碳。种树是一种方法，但这种方式相当被动，效率也很低。更有效率的方式是碳捕获、利用与封存（carbon capture，utilization and storage，CCUS)，就是把生产过程中排放的二氧化碳进行提纯，继而投入到新的生产过程中，可以循环再利用而不是简单的封存。与碳捕集与封存（CCS）相比，CCUS 可以将二氧化碳资源化，能产生经济效益。根据中国国际金融股份有限公司《碳中和经济学：新约束下的宏观与行业分析》（以下简称中金公司碳中和报告）研究，2030 年碳达峰时我国碳排放净值约为 108 亿吨二氧化碳，因此，采用 CCUS 技术很有现实与经济价值。

二、碳中和下的“新能源大三角”

远川研究所（远川研究所创建于 2018 年，是一家服务于大众的独立财经智库）认为美国能在 19 世纪下半叶崛起，是因为美国打造了一个围绕原油的“能源大三角”，形成了一个生产、运输和消费自循环的体系。在生产端，洛克菲勒创办了标准石油公司，控制了美国 95%的市场；在运输端，洛克菲勒在全美国建立了庞大的输油管道，大大降低了石油的成本；在消费端，亨利·福特开创了流水线的生产方式，快速制造、销售汽车，这也让便宜的石油能被快速消费。生产和运输成本下降，促进了能源消费，而消费又反过来带动生产规模，进一步下拉成本。正是因为这个原因，美国在短短几十年中，成为世界第一强国。按照这个思路，在碳中和背景下，我国也正在建立一个“新能源大三角”，同样包括生产、运输、消费三个环节。

生产端——光伏产业。从 2009 年开始，我国开始大规模补贴光伏产业。2015 年，国内光伏的新增装机量正式超越德国，成为世界第一。从价格绝对值来看，过去十年，光伏发电的成本已经下降了 89%；从比较值来看，目前国内光伏发电的成本平均下来是煤电的 83%（注意仅为发电成本，不含输电成本）。中金公司碳中和报告显示，如果未来光伏产业继续发展，那么在四十年内，也就是我国实现碳中和前，光伏产业的发电成本有望降到煤电的 32%左右。

运输端——特高压。我国的光照资源最丰富的是西北部的新疆、甘肃两个省份，但是我国用电需求最大的反而是东南部地区。要把西北部的清洁电能长距离运到东南地区，会花费大量成本，如果运输成本居高不下，就会影响清洁能源的普及。我国特高压技术解决了这一难题。我国之前的发电思路是“煤在全国到处跑”。一个地方如果需要用电了，那就在当地建电厂，然后通过铁路把煤运过来，就地发电，这导致我国煤电厂林立，发电效率低下；而特高压提出了另一个发电思路，那就是“电在全国到处跑”，也就是用特高压，长距离运输电能，把我国电力的生产和消费中心连接起来。

消费端——电动汽车。目前，用锂电池来储存电力，每一千瓦时电的成本在 0.6～0.8 元，比煤电电价高了一倍。但是，电动车的生产以及充电桩的普及，大大降低锂电池的储电成本，根据莱特定律，电池产量翻一倍，成本降低 28%。中金公司碳中和报告认为，随着电池技术的不断发展，我国的“光储平价”可能会在 7 年之内到来。这里所说的光储平价是指光伏发电加上储能的成本和火力发电的成本是相同的。

综上，我国“光伏—特高压—新能源（汽车）”三个产业，会让能源的“生产—运输—消费”达成闭环，通过规模化，不断正向加强。

三、项目档案工作服务“碳达峰、碳中和”战略

实现碳达峰、碳中和是党中央作出的重大战略决策，事关中华民族永续发展和构建人类命运共同体，是一场广泛而深刻的经济社会系统性变革。电力行业碳排放约占能源行业排放的41%，所以实现碳中和的核心工作是实现电气化，实现电气化的核心工作是实现低碳电力，实现低碳电力的核心是大力发展光伏和风电等清洁能源，而且光伏发电因为成本优势又占上风。目前，能源电力企业全面加快绿色低碳转型，大力发展新能源，新能源项目投资快速增长。

档案是社会组织或者个人在社会活动中形成的保存备查的有价值的各种形式的原始记录。企业档案是企业生产、经营、管理活动的真实记录，是企业有形资产的凭证和无形资产的组成要素。企业档案工作是企业基础性工作，在保障企业生产、经营和管理活动持续开展、资产保值增值和记录企业历史等方面具有重要地位和作用。“碳达峰、碳中和”背景下，要做好企业档案工作，就是要服务企业发展战略，服务新能源项目建设。

新能源项目建设快速发展，项目建设过程必然伴生项目档案的形成及管理。为更好地服务企业中心工作，广大档案工作者要打牢基础，吃透标准规范，强化前端控制、过程管理，利用信息化手段规范光伏发电项目建设，将这一场广泛而深刻的经济社会系统性变革记录好、留存好、保管好、利用好，为实现碳达峰、碳中和贡献档案人的智慧与力量。

第二节 术语与定义

光伏发电建设项目档案管理涉及多个参与方、多种档案类型、多种归档格式与要求，档案工作者要了解一些基本概念与术语。

(1) 建设项目：建筑、安装等形成固定资产的活动中，按照一个总体设计进行施工，独立组成的，在经济上统一核算、行政上有独立组织形式，实行统一管理的整体工程。

(2) 建设单位：对项目实施进行组织管理，并在项目建设过程中负总责的组织。

(3) 参建单位：参与项目建设并承担特定法律责任的所有单位，主要包括勘察、设计、施工、总承包、监理、设备制造、第三方检测等单位。

(4) 项目文件：在项目建设全过程中形成的文字、图表、音像、实物等形式的文件材料。

(5) 项目档案：经过鉴定、整理并归档保存的项目文件。

(6) 项目文件归档：建设单位工程管理相关部门及参建单位将办理完毕且具有保存价值的项目文件系统整理后交档案部门保存的过程。

(7) 项目档案移交：根据合同、协议或规定，各参建单位将项目档案移交建设单位档案管理部门以及建设单位将有关项目档案交运行管理单位、项目主管部门等的过程。

(8) 项目电子文件：在数字设备及环境中生成，以数码形式存储于磁带、磁盘、光盘等载体，依赖计算机等数字设备阅读、处理、记录和反映项目建设和管理各项活动的文件。项目电子文件包括文本电子文件、图像电子文件、图形电子文件、视频电子文件、音频电子文件等。

(9) 项目电子档案：项目建设过程中产生的、具有保存价值并归档保存的一组有联系的电子文件及其相关过程信息的集合。

(10) 项目档案管理卷：档案管理机构在管理某一项目过程中形成的，包括项目概况、标段划分、参建单位归档情况说明、档案收集整理情况说明、交接清册说明等项目档案管理情况有关材料组成的专门案卷。

第三节 总 体 要 求

光伏发电建设项目档案管理工作总体要求包括体制机制、标准规范、人员、经费、设备设施的建设与保障，参建各方应通过全程管理、前端控制、合同约束等手段确保归档文件的完整、准确、系统、规范与安全。光伏发电建设项目档案管理工作具体包括：

（1）建设单位对项目档案工作负总责，实行统一管理、统一制度、统一标准。业务上接受档案行政管理部门和上级主管部门的监督和指导。

（2）建设单位与参建单位应加强项目档案管理，配备项目档案工作所需人员、经费、设施设备等各项管理资源。

（3）项目档案工作应融入项目建设，与项目建设管理同步，纳入项目建设计划、质量保证体系、项目管理程序、合同管理和岗位责任制。

（4）建设单位及各参建单位应加强项目文件过程管理，通过节点控制强化项目文件管理，实现从项目文件形成、流转到归档管理的全过程控制。

（5）项目档案应完整、准确、系统、规范和安全，满足项目建设、管理、监督、运行和维护等活动在证据、责任和信息等方面的需要。

第四节 项目档案工作组织与各方职责

项目建设单位对项目档案工作负总责，应建立与项目实际相匹配的项目档案工作组织。参与项目建设的各方，包括建设单位、勘察、设计单位、监理单位、施工、调试单位、总承包单位、生产运行单位等要切实履行档案工作相关职责，多方共同努力把项目档案工作做好。

一、项目档案工作组织

（1）建设单位应明确项目档案工作的分管领导，设立或明确与项目建设管理相适应的档案管理机构，配备满足项目档案工作需要的档案人员，在项目建设期间应保持档案人员的稳定。

（2）项目档案人员应具备档案专业知识和技能，掌握一定的项目管理和相关工程技术专业知识，经过项目档案管理培训。

（3）建设单位工程管理相关部门、各参建单位应配备专人或指定人员负责项目文件管理工作，在项目建设期间不得随意更换。

（4）建设单位应建立以档案管理机构为核心，工程管理相关部门和参建单位参与的项目档案管理工作网络，并建立沟通协调机制。

二、建设单位和参建单位的职责

（一）建设单位

（1）贯彻执行国家有关项目档案工作的法律、法规和标准规范（详见第二章）。根据项目建设管理实际，制定、完善项目文件管理和档案管理的制度、规范、程序，并组织协调工程管理相关部门与参建单位实施。

（2）与参建单位签订合同、协议时应设立专门章节或条款，明确项目文件管理责任，包括项目文件形成的质量要求、归档范围、归档时间、归档套数、整理标准、存储介质、格式、费用及违约责任等内容。监理合同条款还应明确监理单位对所监理项目的文件和档案的检查、审查责任。对参建单位进行合同履约考核时，应对项目文件管理条款的履行情况做出评价，合同款支付审批时应审查项目文件的归档情况，并将项目文件是否按要求管理和归档作为合同款支付的前提条件。

（3）项目开工前制定项目档案工作方案，对参建单位进行项目文件管理和归档交底。

（4）建立项目文件管理和归档考核机制，对项目文件的形成、积累和归档情况等进行考核。

（5）将项目档案信息化纳入项目管理信息化建设，统筹规划，同步实施。

（6）按档案行政管理部门和主管部门相关规定，进行项目档案管理登记，做好项目档案验收的准备和整改工作。

（二）建设单位档案管理部门

（1）监督、指导本单位工程管理相关部门及参建单位，做好项目文件的形成、收集、整理和归档工作，审查参建单位制定的针对该项目的文件管理和归档制度、规范。

（2）组织项目管理相关人员和档案人员档案业务培训。

（3）参加项目建设的重要会议、重大活动、阶段性检查验收、竣工验收等。

（4）负责审查项目文件归档的完整性和整理的规范性、系统性。

（5）负责项目档案的接收、整理、保管、鉴定、统计、利用和移交工作。

（三）建设单位工程管理相关部门

（1）对工程技术文件的规范性提出要求，组织对勘察、设计、监理、施工、总承包、检测、供货等单位归档文件的完整性、准确性、有效性和规范性进行审查。

（2）对本部门形成的项目文件进行收发、登记、积累和收集、整理与归档。

（3）机构和人员变动时，应及时清点交接项目文件，办理交接手续。

（四）勘察、设计单位

（1）建立符合建设单位要求的文件管理制度，并报建设单位审核确认。

（2）对项目勘测、设计活动和设计服务工作中形成的各类载体的文件进行收集、整理，并及时向建设单位移交。

（3）配备满足工作需要、符合安全保管要求的设施设备，采取相关措施确保项目文件的安全。

（五）监理单位

（1）建立符合建设单位要求的文件管理制度，并报建设单位审核确认。

（2）将设计、施工、调试、设备厂家等单位形成的各类文件及案卷质量纳入工程质量管控范围。

（3）负责对所监理项目归档文件的完整性、准确性、系统性、有效性和规范性进行审查，并签署审查意见。

（4）对在监理活动中形成的各类文件进行收集、整理，并及时向建设单位移交。

（5）配备满足工作需要、符合安全保管要求的设施设备，采取相关措施确保项目文件的安全。

（六）施工、调试单位

（1）建立符合建设单位要求的文件管理制度，并报建设单位审核确认。

（2）收集、整理职责范围内形成的各类文件，经自查合格，提交监理单位审查后及时向建设单位移交。

（3）负责收集、整理施工、调试中已实施的设计变更及执行文件、各阶段质量验收不符合项及整改闭环文件等，并提交监理单位审查后向建设单位移交。

（4）配备满足工作需要、符合安全保管要求的设施设备，采取相关措施确保项目文件的安全。

（七）总承包单位

（1）建立符合建设单位要求的文件管理制度，并报建设单位审核确认。

（2）负责项目总承包范围内项目文件的收集、整理和归档工作的组织协调；建立总承包范围内项目档案工作组织，履行项目档案管理职责任务；对各分包单位的档案实行监管、检查、指导与协调；各分包单位负责其分包部分文件的收集、整理，提交总承包单位审核，总承包单位应签署审查意见。

（3）负责承包范围内项目文件的收集、整理和归档工作。

（4）汇总、审核各分包单位提交的项目文件，经监理审查后及时向建设单位移交。

（5）配备满足工作需要、符合安全保管要求的设施设备，采取相关措施确保项目文件的安全。

（八）生产运行单位

（1）建立生产运行期相关档案管理制度。

（2）对生产运行、生产技术管理等各类文件进行收集、整理并及时归档。

（3）接收、保管建设单位移交的项目档案。

（4）配备满足工作需要、符合安全保管要求的设施设备，采取相关措施确保建设项目档案和电力生产档案等的安全。

第二章 项目档案制度建设

建章立制、熟悉各类标准规范是做好项目档案工作的基础与前提，本章主要介绍项目档案管理有关法律法规、标准规范与相关要求。

第一节 我国法律法规体系

为健全完善项目档案管理制度，需从我国法律法规体系着手，全面了解档案有关法律、法规、规章、规范性文件内涵、外延及其相互间关系。

一、《中华人民共和国宪法》

《中华人民共和国宪法》是国家的根本大法，规定一个国家的社会制度和国家制度的基本原则、国家机关的组织和活动的基本原则、公民的基本权利和义务等重要内容。宪法具有最高法律效力，是制定其他法律的依据，一切法律、法规都不得同宪法相抵触。

二、法律

法律有广义、狭义两种理解。广义上讲，法律泛指一切规范性文件；狭义上讲，仅指全国人民代表大会和全国人民代表大会常务委员会审议通过，由国家主席签署主席令予以公布的规范性文件。在与法规并列时，法律为狭义上的含义，一般均以“法”字配称，如《中华人民共和国档案法》《中华人民共和国刑法》等。

三、法规

法规包括行政法规和地方性法规。行政法规是指国务院根据宪法和法律制定，并由国务院总理签署国务院令方式公布，效力等级仅次于法律，如《中华人民共和国档案法实施办法》等；地方性法规是由省、自治区、直辖市以及较大的市的人民代表大会及其常务委员会制定，并由大会主席团或常委会发布公告予以公布，如《山东省档案条例》《河北省档案工作条例》等。

四、规章

规章包括国务院部门规章和地方政府规章。国务院部门规章是指国务院组成部门及其直属机构在职权范围内，依据法律、法规制定的规范性文件；地方政府规章是指各省、自治区、直辖市人民政府以及较大的市的人民政府，在职权范围内，依据法律法规制定的规范性文件。规章一般由省长、自治区主席、市长签署命令予以公布，其效力等级低于宪法、法律、行政法规和地方性法规。

五、规范性文件

广义的规范性文件，一般是指属于法律范畴（即宪法、法律、行政法规、地方性法规、国务院部门规章和地方政府规章等）的立法性文件和除此以外的由国家机关和其他团体、组织制定的具有约束力的非立法性文件的总和；狭义的规范性文件，一般是指法律范畴以外的其他具有约束力的非立法性文件，这类非立法性文件的制定主体比较多，例如各级党组织、各级人民政府及其所属工作部门、人民团体、社团组织、企事业单位、法院、检察院等。

六、效力等级关系

《中华人民共和国立法法》第七十八条、第七十九条、第八十条、第八十二条、第八十六条规定，上述规范性文件效力等级为：

（1）宪法的效力高于法律、法规和规章。

（2）法律的效力高于行政法规、地方性法规和规章。

（3）行政法规的效力高于地方性法规、规章。

（4）地方性法规的效力高于本级和下级地方政府规章。

（5）省、自治区的人民政府制定的规章的效力高于本行政区域内的较大的市的人民政府制定的规章。

（6）部门规章的效力与地方性法规的效力没有高下之分。两者发生冲突，由国务院提出意见，国务院认为应当适用地方性法规的，应当决定在该地方适用地方性法规的规定；认为应当适用部门规章的，应当提请全国人大常委会裁决。

（7）省、自治区的人民政府制定的规章的效力与本行政区域内的较大的市的地方性法规没有高下之分。

如果规范性文件采用狭义的理解，即指法律范畴以外的其他具有约束力的非立法性文件时，那么我国规范性文件效力等级关系如图 2-1-1 所示，即宪法效力大于法律效力大于法规效力大于规章效力大于规范性文件效力。

建立健全项目档案管理制度，除需遵循相关法律、法规、规章和规范性文件外，还需要遵照有关标准。我国的标准体系如图 2-1-2 所示，具体包括国际标准、国家标准、行业标准、地方标准和企业标准等。

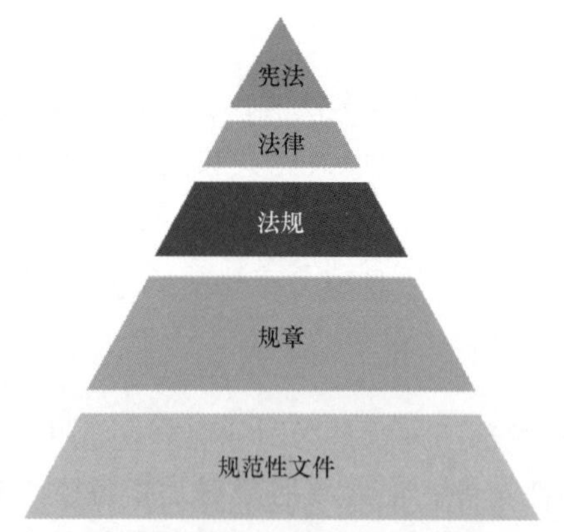

图 2-1-1　我国规范性文件效力等级关系图

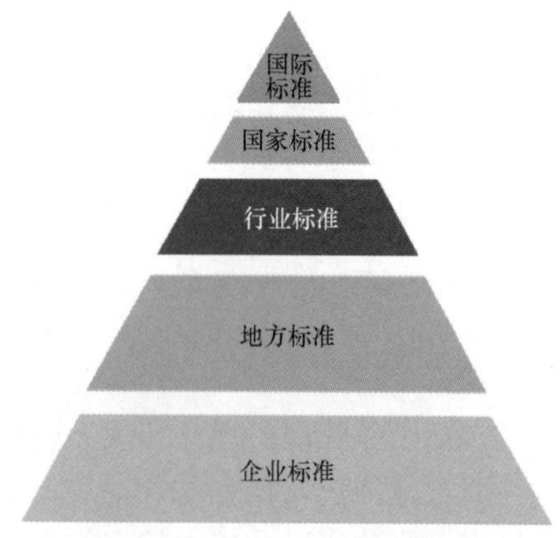

图 2-1-2　我国标准体系关系图

综合我国的规范性文件体系、标准体系，可归纳出以《中华人民共和国档案法》为核心的企业档案工作标准规范体系，如图 2-1-3 所示。最顶端为《中华人民共和国档案法》，效力等级最高；其次是法规、规章、规范性文件；然后是国际标准、国家标准；最后是行业标准和企业标准。

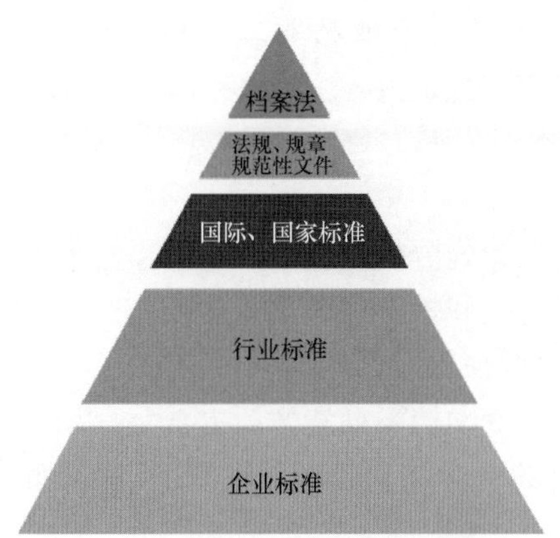

图 2-1-3　企业档案工作标准规范体系图

第二节　我国档案标准规范简介

本节主要介绍我国档案有关的法律、法规、标准规范，包括《中华人民共和国档案法》、档案行政法规、部门规章、规范性文件和档案相关的国际标准、国家标准、行业标准，以及企业标准制度等。项目档案工作者应做到"心中有数"，按需学习、消化、吸收。

一、《中华人民共和国档案法》

1987 年 9 月 5 日第六届全国人民代表大会常务委员会第二十二次会议通过。根据 1996 年 7 月 5 日第八届全国人民代表大会常务委员会第二十次会议《关于修改〈中华人民共和国档案法〉的决定》第一次修正。根据 2016 年 11 月 7 日第十二届全国人民代表大会常务委员会第二十四次会议《关于修改〈中华人民共和国对外贸易法〉等十二部法律的决定》第二次修正。2020 年 6 月 20 日第十三届全国人民代表大会常务委员会第十九次会议修订，自 2021 年 1 月 1 日施行。

《中华人民共和国档案法》是我国档案工作的基本法，这部法律的修订是我国档案法治建设进程中一个新的里程碑，对于促进新时代档案事业高质量发展具有重大意义和深远影响。档案法修订是贯彻落实习近平总书记关于做好新时代档案工作的重要指示和党中央决策部署的集中体现；是推进国家治理体系和治理能力现代化对档案工作提出的必然要求；是明确各类主体档案义务与权利，增强全社会档案意识的重要举措。

这次档案法的修订是对现行法的一次全面的完善和升级，调整幅度较大。修订后的档案法从原来的六章二十七条扩展到八章五十三条，新增了"档案信息化建设"和"监督检查"两个专章。这两章新增的内容将是"十四五"期间贯彻落实档案法的核心与重点。

二、档案行政法规、部门规章和规范性文件

（一）档案行政法规

（1）《中华人民共和国档案法实施办法》；

（2）《机关档案工作条例》；

（3）《科学技术档案工作条例》。

（二）档案部门规章（仅列举与企业档案工作相关的）

（1）《科学技术研究档案管理规定》；

（2）《机关档案管理规定》；

（3）《会计档案管理办法》；

（4）《档案管理违法违纪行为处分规定》；

（5）《企业文件材料归档范围和档案保管期限规定》；

（6）《电子公文归档管理暂行办法》；

（7）《国有企业资产与产权变动档案处置暂行办法》，修订后改名为《国有企业资产与产权变动档案处置办法》；已于2021年8月20日国家档案局局务会议审议通过，自2021年11月1日起施行。

（8）《国家重点建设项目档案管理登记办法》；

（9）《档案执法监督检查工作暂行规定》。

（三）档案规范性文件（仅列举与企业档案工作相关的）

（1）《全国档案事业统计调查制度》；

（2）《关于进一步加强和改进档案统计工作的意见》；

（3）《档案专业人员继续教育规定》；

（4）《国家档案局优秀科技成果奖励办法》；

（5）《国家档案局科技项目管理办法》；

（6）《企业境外档案管理办法》；

（7）《电子档案管理系统基本功能规定》；

（8）《企业数字档案馆（室）建设指南》；

（9）《建设项目档案监督指导工作指南》；

（10）《建设项目电子文件归档和电子档案管理暂行办法》；

（11）《关于进一步加强档案安全工作的意见》；

（12）《档案信息系统安全保护基本要求》；

（13）《企业电子文件归档和电子档案管理指南》；

（14）《金融企业业务档案管理规定》；

（15）《档案数字化外包安全管理规范》；

（16）《数字档案馆系统测试办法》；

（17）《档案信息系统安全等级保护定级工作指南》；

（18）《电子档案移交与接收办法》；

（19）《水利水电工程移民档案管理办法》；

（20）《关于加强知识产权档案管理的意见》；

（21）《关于进一步加强中央企业档案工作的意见》；

（22）《档案工作突发事件应急处置管理办法》；

（23）《重大建设项目档案验收办法》；

（24）《关于加强驻外机构和境外企业档案工作的意见》；

（25）《企业档案管理规定》；

（26）《工业企业档案分类试行规则》；

(27)《基本建设项目档案资料管理暂行规定》。

三、档案相关国际标准、国家标准

(一) 档案相关的国际标准（仅列举与企业档案工作相关的）

(1)《信息与文献　记录管理过程　记录用元数据　第1部分：原则》(ISO 23081—2017)；

(2)《文档管理　用于长期保存的电子文档文件格式　第2部分：PDF1.4 (PDF/A-2) 的使用》(ISO 19005-1—2011)；

(3)《航天空间数据和信息传输系统　开放式档案信息系统 (OAIS)　参考模型》(ISO 14721—2012)；

(4)《信息与文献　信息数字化实施指南》(ISO/TR 13028—2010)。

(二) 档案相关的国家标准（仅列举与企业档案工作相关的）

(1)《CAD电子文件光盘存储、归档与档案管理要求　第1部分：电子文件归档与档案管理》(GB/T 17678.1—1999)；

(2)《照片档案管理规范》(GB/T 11821—2002)；

(3)《文书档案案卷格式》(GB/T 9705—2008)；

(4)《科学技术档案案卷构成的一般要求》(GB/T 11822—2008)；

(5)《档案分类标引规则》(GB/T 15418—2009)；

(6)《信息与文献　文件管理　第1部分：通则》(GB/T 26162.1—2010)；

(7)《信息与文献　文件管理　文件元数据　第1部分：原则》(GB/T 26163.1—2010)；

(8)《电子文件归档与电子档案管理规范》(GB/T 18894—2016)；

(9)《党政机关电子公文归档规范》(GB/T 39362—2020)；

(10)《电子档案管理系统通用功能要求》(GB/T 39784—2021)。

四、档案相关的行业标准

(一) 国家档案局发布的档案行业标准（截至2021年5月底。同时，为保证标准全面、标准号不间断，一些废止的制度也一并列举）

(1)《档案工作基本术语》(DA/T 1—2000) (1992年版废止)；

(2)《科学技术研究课题档案管理规范》(DA/T 2—1992)；

(3)《档案馆指南编制规范》(DA/T 3—1992)；

(4)《缩微摄影技术 在16mm卷片上拍摄档案的规定》(DA/T 4—1992)；

(5)《缩微摄影技术 在A6平片上拍摄档案的规定》(DA/T 5—1992)；

(6)《档案装具》(DA/T 6—1992)；

(7)《直列式档案密集架》(DA/T 7—1992)；

(8)《明清档案著录细则》(DA/T 8—1994)；

(9)《明清档案档号编制规则》(DA/T 9—1994)；

(10)《高等学校档案实体分类法》(DA/T 10—1994)；

(11)《文件用纸耐久性测试法》(DA/T 11—1994)；

(12)《全宗卷规范》(DA/T 12—2012) (1994年版废止)；

(13)《档号编制规则》(DA/T 13—1994) (2021年修订中)；

(14)《全宗指南编制规范》(DA/T 14—2012) (1994年版废止)；

(15)《磁性载体档案管理与保护规范》(DA/T 15—1995);

(16)《档案字迹材料耐久性测试法》(DA/T 16—1995);

(17)《全国革命历史档案数据采集标准 革命历史档案著录细则》(DA/T 17.1—1995);

(18)《全国革命历史档案数据采集标准 革命历史资料著录细则》(DA/T 17.2—1995);

(19)《全国革命历史档案数据采集标准 革命历史档案资料主题标引规则》(DA/T 17.3—1995)(已废止);

(20)《全国革命历史档案数据采集标准 革命历史档案资料分类标引规则》(DA/T 17.4—1995)(已废止);

(21)《全国革命历史档案数据采集标准 革命历史档案机读目录软磁盘数据交换格式》(DA/T 17.5—1995)(已废止);

(22)《档案著录规则》(DA/T 18—1999)(2021年修订中);

(23)《档案主题标引规则》(DA/T 19—1999)(已废止);

(24)《民国档案目录中心数据采集标准 民国档案著录细则》(DA/T 20.1—1999);

(25)《民国档案目录中心数据采集标准 民国档案主题标引细则》(DA/T 20.2—1999)(已废止);

(26)《民国档案目录中心数据采集标准 民国档案分类标引细则》(DA/T 20.3—1999)(已废止);

(27)《民国档案目录中心数据采集标准 民国档案机读目录软磁盘数据交换格式》(DA/T 20.4—1999)(已废止);

(28)《档案缩微品保管规范》(DA/T 21—1999);

(29)《归档文件整理规则》(DA/T 22—2015)(2000年版废止);

(30)《地质资料档案著录细则》(DA/T 23—2000);

(31)《无酸档案卷皮卷盒用纸及纸板》(DA/T 24—2000);

(32)《档案修裱技术规范》(DA/T 25—2000)(2021年修订中);

(33)《挥发性档案防霉剂防霉效果测定法》(DA/T 26—2000);

(34)《档案防虫剂防虫效果测定法》(DA/T 27—2000);

(35)《建设项目档案管理规范》(DA/T 28—2018);

(36)《档案缩微品制作记录格式和要求》(DA/T 29—2002);

(37)《满文档案著录名词与术语汉译规则》(DA/T 30—2019)(2002年版废止);

(38)《纸质档案数字化规范》(DA/T 31—2017)(2005年版废止);

(39)《公务电子邮件归档管理规则》(DA/T 32—2021)(2005年版废止);

(40)《明清档案目录中心数据采集标准 明清档案机读目录数据交换格式》(DA/T 33—2005)(已废止);

(41)《国家档案馆爱国主义教育基地工作规范》(DA/T 34—2019)(2005年版废止);

(42)《档案虫霉防治一般规则》(DA/T 35—2017)(2007年版废止);

(43)《人身保险业务档案管理规范》(DA/T 36—2007);

(44)《历史图牒档案修裱技术规范》(DA/T 37—2008)(已废止);

(45)《档案级可录类光盘 CD—R、DVD—R、DVD+R 技术要求和应用规范》(DA/T 38—2021)(2008 年版废止);

(46)《会计档案案卷格式》(DA/T 39—2008);

(47)《印章档案整理规则》(DA/T 40—2008);

(48)《原始地质资料立卷归档规则》(DA/T 41—2008);

(49)《企业档案工作规范》(DA/T 42—2009);

(50)《缩微胶片数字化技术规范》(DA/T 43—2009);

(51)《数字档案信息输出到缩微胶片上的技术规范》(DA/T 44—2009);

(52)《档案馆高压细水雾灭火系统技术规范》(DA/T 45—2021)(2009 年版废止);

(53)《文书类电子文件元数据方案》(DA/T 46—2009);

(54)《版式电子文件长期保存格式需求》(DA/T 47—2009);

(55)《基于 XML 的电子文件封装规范》(DA/T 48—2009);

(56)《特殊和超大尺寸纸质档案数字图像输出到缩微胶片上的技术规范》(DA/T 49—2012);

(57)《数码照片归档与管理规范》(DA/T 50—2014);

(58)《电影艺术档案著录规则》(DA/T 51—2014);

(59)《档案数字化光盘标识规范》(DA/T 52—2014);

(60)《数字档案 COM 和 COLD 技术规范》(DA/T 53—2014);

(61)《照片类电子档案元数据方案》(DA/T 54—2014);

(62)《特藏档案库基本要求》(DA/T 55—2014);

(63)《档案信息系统运行维护规范》(DA/T 56—2014);

(64)《档案关系型数据库转换为 XML 文件的技术规范》(DA/T 57—2014);

(65)《电子档案管理基本术语》(DA/T 58—2014);

(66)《口述史料采集与管理规范》(DA/T 59—2017);

(67)《纸质档案真空充氮密封包装技术要求》(DA/T 60—2017);

(68)《明清纸质档案病害分类与图示》(DA/T 61—2017);

(69)《录音录像档案数字化规范》(DA/T 62—2017);

(70)《录音录像类电子档案元数据方案》(DA/T 63—2017);

(71)《纸质档案抢救与修复规范　第 1 部分:破损等级的划分》(DA/T 64.1—2017);

(72)《纸质档案抢救与修复规范　第 2 部分:档案保存状况的调查方法》(DA/T 64.2—2017);

(73)《纸质档案抢救与修复规范　第 3 部分:修复质量要求》(DA/T 64.3—2017);

(74)《纸质档案抢救与修复规范　第 4 部分:修复操作指南》(DA/Z 64.4—2018);

(75)《档案密集架智能管理系统技术要求》(DA/T 65—2017);

(76)《城市轨道交通工程文件归档要求与档案分类规范》(DA/T 66—2017);

(77)《档案保管外包服务管理规范》(DA/T 67—2017);

(78)《档案服务外包工作规范　第 1 部分:总则》(DA/T 68.1—2020);

(79)《档案服务外包工作规范　第 2 部分:档案数字化服务》(DA/T 68.2—2020);

(80)《档案服务外包工作规范　第 3 部分:档案管理咨询服务》(DA/T 68.3—2020);

(81)《纸质归档文件装订规范》(DA/T 69—2018);

(82)《文书类电子档案检测一般要求》(DA/T 70—2018);

(83)《纸质档案缩微数字一体化技术规范》(DA/T 71—2018);

(84)《岩心档案管理规范》(DA/T 72—2019);

(85)《档案移动服务平台建设指南》(DA/T 73—2019);

(86)《电子档案存储用可录类蓝光光盘(BD-R)技术要求和应用规范》(DA/T 74—2019);

(87)《档案数据硬磁盘离线存储管理规范》(DA/T 75—2019);

(88)《绿色档案馆建筑评价标准》(DA/T 76—2019);

(89)《纸质档案数字复制件光学字符识别(OCR)工作规范》(DA/T 77—2019);

(90)《录音录像档案管理规范》(DA/T 78—2019);

(91)《证券业务档案管理规范》(DA/T 79—2019);

(92)《政府网站网页归档指南》(DA/T 80—2019);

(93)《档案库房空气质量检测技术规范》(DA/T 81—2019);

(94)《基于文档型非关系型数据库的档案数据存储规范》(DA/T 82—2019);

(95)《档案数据存储用 LTO 磁带应用规范》(DA/T 83—2019);

(96)《档案馆应急管理规范》(DA/T 84—2019);

(97)《政务服务事项电子文件归档规范》(DA/T 85—2019);

(98)《财产保险业务档案管理规范》(DA/T 86—2021);

(99)《档案馆空调系统设计规范》(DA/T 87—2021);

(100)《产品数据管理(PDM)系统电子文件归档与电子档案管理规范》(DA/T 88—2021)。

此外,国家档案局 2021 年正在制订《档案馆照明设计规范》《电子会计凭证管理技术规范》《档案仿真复制工作规范》《档案服务外包工作规范　第 4 部分:档案整理服务》《电子档案移交接收操作规程》《电子会计档案管理规范》等行业标准,目前处于征求意见阶段。

(二)其他部委发布的档案行业标准

(1)《档案馆建筑设计规范》(JGJ 25—2010);

(2)《电力工程竣工图文件编制规定》(DL/T 5229—2016);

(3)《火电建设项目文件收集及档案整理规范》(DL/T 241—2012);

(4)《风力发电企业科技文件归档与整理规范》(NB/T 31021—2012);

(5)《光伏发电建设项目文件归档与档案整理规范》(NB/T 32037—2017);

(6)《水电建设项目文件收集与档案整理规范》(DL/T 1396—2014);

(7)《核电文件档案管理要求》(EJ/T 1225—2008)等。

五、企业标准与制度

光伏发电项目相关单位除需遵循《中华人民共和国档案法》、档案行政法规、部门规章、地方规章、规范性文件、相关国际标准、国家标准、行业标准外,还需要遵循企业自身标准与制度。对于通用的相关制度,建议从企业的集团公司层面,自上而下进行制定并“一贯到底”,项目建设单位直接参照执行,无须重新制定,达到为基层减负的目的。企业自身标准与制度主要包括:档号编制规则、档案鉴定、统计、借阅、库房管理、实物档案整理、档案数字化、录音、录像类档案管理、数码照片档案管理等。对于不便“一贯到底”的制度,各参建单位要针对项目建设实际制定相应的项目文件、项目档案管理制度,详见第三节。

第三节 光伏发电建设项目档案制度体系与相关要求

项目开工前，建设单位应建立覆盖项目各类文件、档案的管理制度。

一、项目文件管理制度

项目文件管理制度主要包括：

（1）项目文件管理流程、文件格式、编号、归档要求等。

（2）竣工图的编制单位、编制要求、审查流程和责任等。

（3）照片和音视频文件摄录的责任主体、阶段、节点、部位、内容、技术参数、归档要求等。

（4）对项目管理业务系统产生的应归档电子文件明确电子文件管理及归档要求，明确电子文件及其元数据的归档范围、时间、程序、接口及格式等，对项目电子文件形成与流转实施有效控制，保障其“四性”（真实性、完整性、可用性与安全性）。

二、项目档案管理制度

项目档案管理制度主要包括：

（1）项目档案管理办法，主要内容包括：项目档案管理原则、体制机制、文件形成、积累、归档的职责要求、档案收集、整理、保管、利用、统计要求、责任追究和奖惩措施、档案管理应急预案等。

（2）项目档案分类方案。

（3）项目文件材料归档范围和档案保管期限表（核心）。

（4）项目档案整理编目细则（包括纸质档案、电子档案、照片档案、录音录像档案、实物档案、电子光盘等的整理编目）。

三、相关要求

（1）建设单位在项目管理相关制度中应提出档案管理的要求，将项目文件和项目档案的管理要求纳入项目管理制度。

（2）参建单位项目部应根据建设单位档案管理制度，制定与建设单位的要求相适应的项目文件管理制度和档案整理规范。

（3）建设单位和参建单位应适时对项目文件和项目档案管理制度和业务规范进行修订完善。

（4）建设单位、参建单位应做好制度的宣贯工作，定期开展培训，解读制度，交流答疑，并对制度执行情况进行检查、通报。

四、光伏发电建设项目常用标准规范及制度清单

本章第二节介绍了很多档案有关制度，作为光伏发电建设项目的参与方，下面这些标准规范与项目档案工作息息相关，应当重点学习。在建立健全项目文件、项目档案相关管理制度时应严格遵守国家标准、行业标准、上级单位制度，不能相互冲突或违背。

（1）《照片档案管理规范》（GB/T 11821—2002）；

（2）《科学技术档案案卷构成的一般要求》（GB/T 11822—2008）；

（3）《电子文件归档与电子档案管理规范》（GB/T 18894—2016）；

（4）《电子文件管理系统通用功能要求》（GB/T 29194—2012）；

(5)《电子档案管理系统通用功能要求》(GB/T 39784—2021);

(6)《技术制图　复制图的折叠方法》(GB/T 10609.3—2009);

(7)《光伏发电建设项目文件归档与档案整理规范》(NB/T 32037—2017);

(8)《电力工程竣工图文件编制规定》(DL/T 5229—2016);

(9)《档案馆建筑设计规范》(JGJ 25—2010);

(10)《建设项目档案管理规范》(DA/T 28—2018);

(11)《纸质档案数字化规范》(DA/T 31—2017);

(12)《档案虫霉防治一般规则》(DA/T 35—2017);

(13)《档案级可录类光盘 CD−R、DVD+R 技术要求和应用规范》(DA/T 38—2021)(2008 年版废止);

(14)《企业档案工作规范》(DA/T 42—2009);

(15)《版式电子文件长期保存格式需求》(DA/T 47—2009);

(16)《数码照片归档与管理规范》(DA/T 50—2014);

(17)《档案数字化光盘标识规范》(DA/T 52—2014);

(18)《照片类电子档案元数据方案》(DA/T 54—2014);

(19)《档案信息系统运行维护规范》(DA/T 56—2014);

(20)《电子档案管理基本术语》(DA/T 58—2014);

(21)《录音录像类电子档案元数据方案》(DA/T 63—2017);

(22)《档案服务外包工作规范　第 1 部分:总则》(DA/T 68.1—2020);

(23)《档案服务外包工作规范　第 2 部分:档案数字化服务》(DA/T 68.2—2020);

(24)《档案服务外包工作规范　第 3 部分:档案管理咨询服务》(DA/T 68.3—2020);

(25)《纸质归档文件装订规范》(DA/T 69—2018);

(26)《纸质档案数字复制件光学字符识别(OCR)工作规范》(DA/T 77—2019);

(27)《录音录像档案管理规范》(DA/T 78—2019);

(28)《科学技术研究档案管理规定》(国家档案局令第 15 号);

(29)《重大建设项目档案验收办法》(档发〔2006〕2 号);

(30)《光伏发电站设计规范》(GB 50797—2012);

(31)《光伏发电工程电气设计规范》(NB/T 10128—2019);

(32)《光伏发电站施工规范》(GB 50794—2012);

(33)《光伏发电工程施工组织设计规范》(GB/T 50795—2012);

(34)《光伏发电站接入电力系统技术规定》(GB/T 19964—2012);

(35)《光伏发电系统接入配电网技术规定》(GB/T 29319—2012);

(36)《光伏发电站防雷技术要求》(GB/T 32512—2016);

(37)《光伏发电工程建设监理规范》(NB/T 32042—2018);

(38)《光伏发电工程质量监督检查大纲》(国能安全〔2016〕102 号);

(39)《光伏发电站土建施工单元工程质量评定标准》(NB/T 32047—2018);

(40)《光伏发电工程验收规范》(GB/T 50796—2012);

(41)《光伏发电工程达标投产验收规程》(NB/T 32036—2017);

(42)《国家优质工程奖评选办法》(中施企协字〔2019〕16 号);

(43)《建设项目电子文件归档和电子档案管理暂行办法》(档发〔2016〕11 号)。

第三章　项目文件管理

本章主要介绍项目文件形成要求、竣工图的编制要求以及项目文件的收集、整理与归档。

第一节　项目文件形成要求

（1）项目前期文件、管理性文件应符合国家有关法律法规、相关行业的规定；工程技术文件应符合国家、行业有关技术规范和标准的规定（详见第二章有关内容）。

（2）项目文件应格式规范、内容准确、清晰整洁、编号规范、签字及盖章手续完备并满足耐久性要求。

（3）归档的项目文件应为原件。因故用复制件归档时，应加盖复制件提供单位公章或档案证明章，确保与原件一致。

（4）重要活动及事件、原始地形地貌、建设过程中的工程形象进度、隐蔽工程、关键节点工序、重要部位、地质及施工缺陷处理、工程质量、安全事故、重要芯样等必须形成照片和音视频文件。

第二节　竣工图编制要求

一、总体要求

竣工图应完整、准确、规范、清晰、修改到位，真实反映项目竣工时的实际情况。

二、编制依据

应将设计变更、工程联系单、技术核定单、洽商单、材料变更、会议纪要、备忘录、施工及质检记录等涉及变更的全部文件汇总后经监理单位审核，作为竣工图编制的依据。

三、竣工图编制说明

竣工图编制单位应编写竣工图总说明和各专业、卷册的编制说明。竣工图编制说明主要内容包括工程概况、编制单位、人员、时间、编制依据、方法、变更情况、竣工图卷册数、张数等。

四、设计单位编制竣工图

竣工图可由设计单位或者施工单位进行编制，光伏发电建设项目竣工图一般由设计单位编制。

设计单位编制竣工图应符合《电力工程竣工图文件编制规定》（DL/T 5229—2016）要求。

（1）未发生修改的施工图作为竣工图时，应在图标栏附近空白处，使用红色印泥加盖竣工图章。竣工图章式样如图 3-2-1 所示。

图 3-2-1　竣工图章式样（单位：mm）

（2）重新绘制竣工图，图标栏改为竣工图标，监理单位应进行审查，并在竣工图卷册目录上使用红色印泥加盖竣工图审查章；竣工图审查章的内容应填写齐全、清楚，并由相关责任人签字。竣工图审查章式样如图 3-2-2 所示。

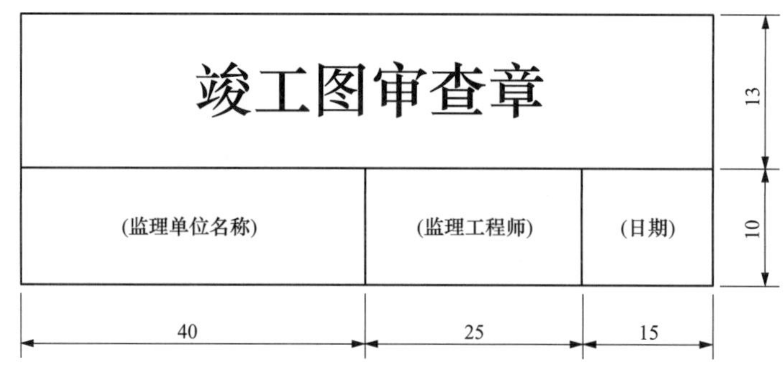

图 3-2-2　竣工图审查章式样（单位：mm）

五、施工单位编制竣工图

合同约定由施工单位编制竣工图的，施工单位编制竣工图应符合《建设项目档案管理规范》（DA/T 28—2018）要求。竣工图章由施工单位加盖，监理单位审查，竣工图章的内容应填写齐全、清楚，并由相关责任人签字。竣工图章式样如图 3-2-3 所示。

六、竣工图印制与折叠

（1）使用施工图编制竣工图时，应使用新图纸，不得使用复印的白图编制竣工图。

（2）竣工图套数应按合同条款约定和有关规定执行，应满足项目建设单位、运行管理单位、有关部门或项目主管单位的需要。

（3）竣工图应按《技术制图　复制图的折叠方法》（GB/T 10609.3—2009）的要求统一折叠。

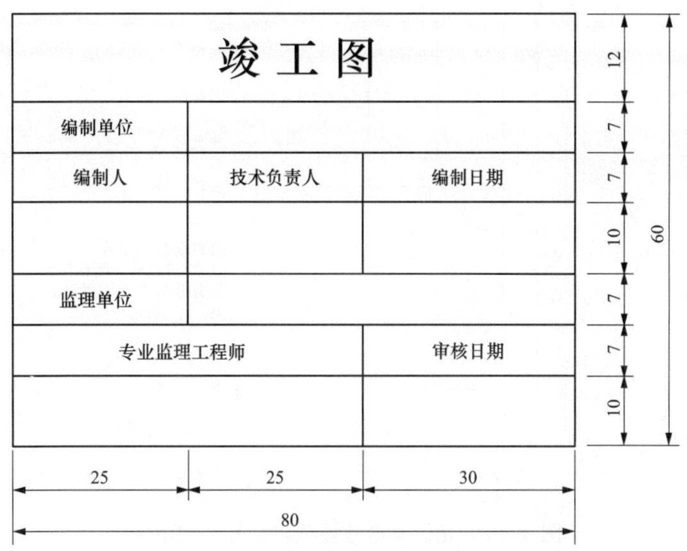

图 3-2-3　竣工图章式样（单位：mm）

第三节　项目文件收集与整理

本节主要内容包括项目文件的收集、分类、组卷、排列、编目、装订、装盒等。

一、收集范围

本书以《光伏发电建设项目文件归档与档案整理规范》（NB/T 32037—2017）为基础，以十几家标杆光伏发电建设项目科技档案管理工作实际为参考，进一步细化、完善、规范了光伏发电建设项目文件的收集范围，形成了附录 A。

二、分类

（一）分类原则

按照《光伏发电建设项目文件归档与档案整理规范》（NB/T 32037—2017）要求，根据光伏发电建设项目特点，结合档案形成的阶段、专业性质、文件的来源等进行分类整理。

（二）类目设置

项目档案设“6　电力生产”“7　科学技术研究”“8　项目建设”“9　设备仪器”四个一级类目；各二级类目及以下类目设置的具体内容详见《光伏发电建设项目文件归档与档案整理规范》（NB/T 32037—2017）。

（三）档号结构

考虑到光伏发电建设项目档案多数为新能源集中管理模式，建议档号结构为：全宗号-档案门类、行业类型代码和建设项目排序号-项目代号（或年度）-分类号-案卷流水号-件号。示例：A0001-KJG02-0011-800-001-001，如图 3-3-1 所示。

（1）科技档案代码：用“科技”汉语拼音首字母“KJ”标识。

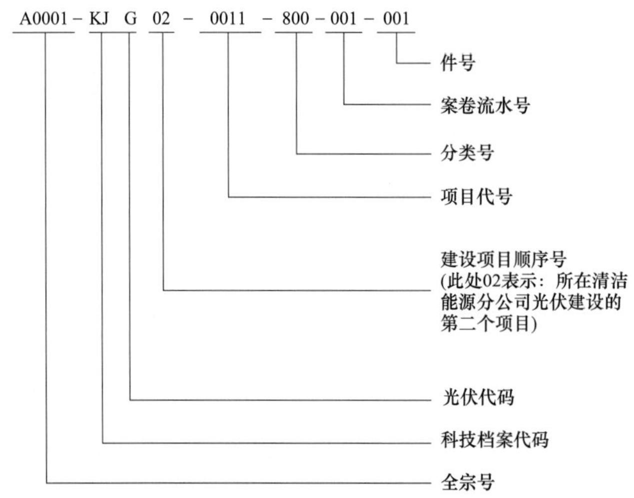

图 3-3-1　光伏发电建设项目档号结构示例

（2）行业类型代码：光伏-G。

（3）建设项目排序号：本全宗下所建同类型项目的排序流水号。增加该字段的目的是便于建设单位全部新能源项目档案集中管理。因为，很多新能源项目档案均保管在一个档案库房，使用一个全宗号，使用不同的建设项目排序号以区分不同光伏项目。

（4）项目代号（或年度）、分类号、案卷流水号：按照《光伏发电建设项目文件归档与档案整理规范》（NB/T 32037—2017）执行。

改造后的档号编制规则，既能够满足行业标准的档号编制要求，又符合新能源项目档案工作实际。

三、组卷

（一）组卷原则

遵循科技文件的形成规律，保持案卷内科技文件的有机联系和案卷的成套性、系统性，便于档案的保管和利用。

（二）组卷要求

（1）卷内文件齐全、完整，签章手续完备。

（2）卷内文件的载体和书写印制材料符合档案保护要求。

（3）分类科学，组卷合理，符合系统性、成套性特点。

（4）根据卷内文件的内容和数量组成一卷或多卷。卷内文件内容应相对独立完整。

（5）独立成册、成套的科技文件，应保持其原貌，不宜拆散重新组卷。

（三）组卷方法

（1）生产准备、试运行、运行等生产类文件按照年度、阶段、事由结合时间顺序组卷。

（2）科研项目文件按照科研项目（课题）组卷。

（3）建设项目文件按项目、工期，结合阶段、专业、事由、来源、时间等特征组卷，其中：

1）项目前期文件、项目管理文件、竣工验收文件按阶段、事由、来源结合时间特征组卷，其中招标投标、合同文件按招标的标段、合同组卷。

2）设计文件，分阶段、专业，按卷册号组卷，设计变更文件应按专业、时间等组卷。

3）施工文件，按单位工程、分部工程或装置、阶段、结构、专业等组卷。

4）调试文件，按阶段、专业等组卷。

5）质量监督文件，按阶段等组卷。

6）监理文件，按专业、事由，结合时间、文种等组卷。

7）原材料质量证明文件，分专业按材料种类、型号等组卷。

（4）设备文件，按专业、系统、台套组卷。

（5）成册、成套的科技文件宜保持其原有形态。

（6）通用图、标准图可放入相应的卷册中或单独组卷；其他涉及该通用图、标准图的项目，应在卷内备考表中注明并标注通用图、标准图的图号和档号。

（7）建设项目和设备仪器在维修和维护中所形成的科技文件，宜采取插卷方式放入原案卷中；亦可单独组卷排列在原案卷之后，并在原案卷的备考表中予以说明和标注。

（8）建设项目后评估、改扩建或重建所形成的科技文件应单独组卷。

四、排列

（一）案卷排列

案卷排列按分类表类目顺序依次排列。

（二）卷内文件排列

1. 电力生产、科研类

电力生产、科研类卷内文件按专业结合工作程序排列，其中科研类档案按课题立项、方案论证、研究实验、总结鉴定、成果和知识产权申报、推广应用等阶段排列。

2. 建设项目类

（1）项目前期、项目管理、项目竣工等阶段形成的管理性文件，按事由结合时间（阶段）或重要程度排列。应按批复在前，请示在后；复文在前、来文在后；审批文件在前，报审文件在后；结论性文件在前，依据性文件在后；译文在前，原文在后的顺序排列。

（2）单位工程文件，按单位工程管理性文件、施工记录及相关试验报告、质量验收文件顺序排列。其中，施工记录，按施工工序排列；施工质量验收文件，应依据单位工程质量验收划分表顺序排列。

（3）设计更改文件，应分专业按变更文件的流水号依次排列；卷内文件按变更执行情况汇总表、设计变更通知单、执行记录依次排列。

（4）原材料质量证明文件，应分专业按材料种类排列。卷内文件按质量跟踪记录、原材料进场报审单、出厂质量证明文件、复试委托单及复试报告顺序排列。

（5）监理文件，按事由、文种、时间排列。

（6）调试文件，应分专业按管理文件、调试记录（报告）、调试质量验收文件排列。

（7）施工图、竣工图应分专业按卷册号顺序排列。

3. 设备类

卷内文件应保持系统、成套性特点，分专业、系统、台套，按质量证明文件、设备技术文件及随机图纸顺序排列。文字材料在前，图样在后；译文在前，原文在后。

五、编目

（一）页号编写

（1）文件应以有效内容的页面编写页号。页号位置，单面的，在文件右下角；双面的，正面在右下角，反面在左下角。

（2）文件页号按案卷装订的形式分别编写。按卷装订的，卷内文件应从“1”编写连续页号；按件装订的，每份文件从“1”编写页号，件与件之间页号不连续。卷内目录、卷内备考表不编写页号。

（3）成套图样或印刷成册的文件，已有页号的，不必另行编写。

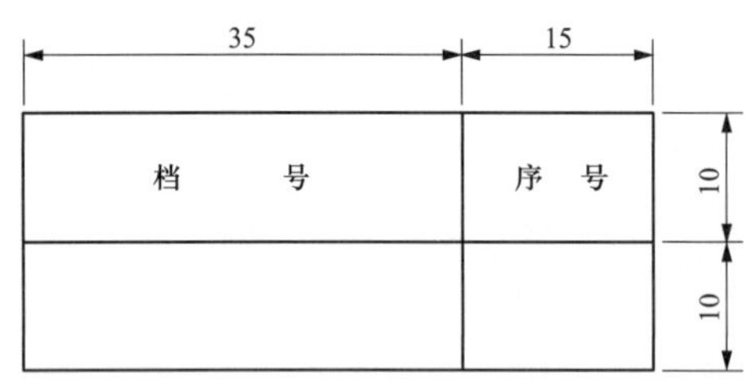

图 3-3-2　档号章式样（单位：mm）

（二）件号编写

按“件”装订的文件，应依卷内文件排列顺序逐件编号，在每份文件首页上方的空白位置加盖档号章，并填写档号和序号。档号章式样如图3-3-2所示。

（三）案卷封面

案卷封面（填写式样见附录C中C.1）可采取外封面和内封面两种形式，按“件”装订的外封面可打印粘贴或放入盒内；整卷装订的可采用内封面，不再打印外封面。案卷封面格式按《科学技术档案案卷构成的一般要求》（GB/T 11822—2008）执行。案卷封面的编制要求如下：

（1）案卷题名，应简明、准确地揭示卷内文件的内容。

1）案卷题名主要包括项目名称、专业、阶段、卷内文件内容等。

2）归档的外文材料案卷题名应译成中文。

（2）立卷单位，填写案卷整理单位的全称。

（3）起止日期，填写案卷内科技文件形成的最早和最晚的日期，用8位阿拉伯数字标识，如：20170101-20170201。

（4）保管期限，填写依照有关规定划定的保管期限。同一案卷内文件保管期限不同的，应从长。

（5）密级，依据有关规定标注，文件材料无密级的不填写。

（6）档号由全宗号、项目排序号、项目代号或年度、分类号、案卷号组成。

（四）卷内目录

卷内目录（填写式样见附录C中C.2.1和C.2.2）应排列在卷内文件首页之前，不编写页号。卷内目录格式按照《科学技术档案案卷构成的一般要求》（GB/T 11822—2008）执行。

（1）序号，用阿拉伯数字依次标注卷内文件排列的顺序。

（2）文件编号，填写文件的发文字号或编号、图样的图号、通知单编号、合同号等；若无，则空白不填。

（3）责任者，填写文件形成者。合同文件应填写合同双方或各方责任单位。

（4）文件题名，填写文件标题全称。文件题名应准确、完整，没有题名或题名不完整的，立卷人可根据文件内容自拟题名，卷内文件题名不得出现重名或“之一”等。

（5）日期，填写文件形成的日期，用8位数标识，如：20160101。文件形成日期只有年月的，按当月第 1 日补齐 8 位。

（6）页数（页号），按照装订形式分别填写。按“件”装订的，应按“件”逐一填写每份文件的总页数；整卷装订的，应填写每份文件首页页号，最后一个文件填写起止页号，中间用“—”隔开。

（7）备注，根据需要，填写需注明的情况。

（五）卷内备考表

（1）卷内备考表（填写式样见附录 C 中 C.3.1 和 C.3.2）排列在卷内全部文件之后，不编写页号。卷内备考表格式按照《科学技术档案案卷构成的一般要求》（GB/T 11822—2008）执行。

（2）卷内备考表应标明案卷内全部文件总件数、总页数以及在组卷和案卷提供利用过程中需要说明的问题。

（3）立卷人及日期，由案卷整理责任人签名，并填写完成立卷日期。

（4）检查人及日期，由案卷质量检查人签名，并填写日期。

（5）互见号，应填写反映同一内容而载体不同且另行保管的档案档号，同时应注明其载体类型。

（六）案卷脊背

案卷脊背（填写式样见附录 C 中 C.4）可根据需要选择填写档号、案卷题名、保管期限等内容。

（七）案卷目录

案卷目录（填写式样见附录 C 中 C.5）应包含序号、档号、案卷题名、总页数等内容。

六、装订

（一）案卷内文件可整卷装订或以“件”为单位装订

（1）以“件”为单位装订的案卷，应在每件文件首页上方空白处加盖档号章。档号章按照《科学技术档案案卷构成的一般要求》（GB/T 11822—2008）填写。档号章填写示例如图 3-3-3 所示。

档号	序号
C0706-KJG02-0011-800-001	1

图 3-3-3　档号章填写示例

注：“C0706-KJG02-”可以嵌刻在档号章内，“0011-800-001”手写在“档号”格内。

（2）整卷装订的案卷，案卷封面、卷内目录、卷内文件材料及备考表合并装订。

（3）图纸可不装订，在每张图纸标题栏附近空白处加盖档号章。

（4）应要求出图单位按照《技术制图　复制图的折叠方法》（GB/T 10609.3—2009）的规定，统一折叠图纸。

（5）破损的科技文件按《档案修裱技术规范》（DA/T 25—2000）修复，不得使用胶带粘贴。

（6）对非标准 A4 幅面文件，应粘贴或折叠后达到 A4 标准幅面。

（7）外文材料应保持原装订形式。

（二）装订方法

归档科技文件装订应结实、整齐，装订方式和装订材料的选择应满足归档文件在保管期限内装订牢固和安全保护要求。

（1）归档科技文件装订一般采用线装法的直角装订或三孔一线装订法，不使用热熔胶、办公胶水、塑封压膜、回形针、大头针、燕尾夹、装订夹条、不锈钢夹、封套等可能对归档文件造成损害或者固定效果不佳的方式装订。

（2）相同保管期限、厚度相似的归档文件装订方式应一致。

1）永久、定期 30 年保管的归档文件，应采用线装法装订。归档文件页数较少的，使用直角装订；页数较多的，使用三孔一线装订。

2）定期 10 年保管的归档文件，原装订方式、材料能够满足保管期限需要的，可以维持原装订方式不变，也可采用不锈钢订书钉装订；装订时应无坏钉、漏钉、重钉，归档文件不掉页；需要拆除不符合要求的订书钉时，应尽量减轻对归档文件的损害，装订位置与原订书钉保持一致，以尽量降低对纸张可能造成的危害。

七、装盒

将装订好的案卷放入相应卷盒内。卷盒、卷皮、卷内表格规格及制成材料应符合《科学技术档案案卷构成的一般要求》（GB/T 11822—2008）。

第四节　项目文件归档

一、归档时间

（1）电力生产文件，应在工作事项完成后，由文件形成部门及时收集、整理、归档。

（2）科学技术研究文件，应在项目鉴定、评审结果公示期结束一个月内，由成果研发负责人或科技主管部门及时收集、归档。后续获奖文件及时归档。

（3）技术改造、设备检修等文件，应在工程完工后一个月内，由项目承包单位收集整理完毕，经项目负责人审查合格后移交归档。

（4）项目建设过程中形成的文件，应在合同工程完工验收后三个月内，由施工、调试、设计单位自检、监理单位审查、建设单位验收合格后移交归档；监理文件由监理单位自检，建设单位验收合格后移交归档。

（5）设备仪器文件，应在设备开箱检验后，及时收集、整理、移交归档。

（6）电子文件逻辑归档应实时进行，物理归档应与纸质文件归档时间一致。

二、归档份数

项目前期文件、招投标、合同文件、竣工验收文件等一般归档一份原件。各参建单位归档份数按合同约定执行。

三、归档手续

（1）建设单位各职能部门收集、整理职责范围内的应归档项目文件，以单份文件移交归档的填写“科技文件交接登记表”（见表 3-4-1，表格中斜体字为填写示例），经移交部门负责人审核、档案部门审查符合归档要求后，办理归档手续。

表 3-4-1　　　　科技文件交接登记表　　　　第1页　共×页

序号	文件编号	责任者	文件题名	日期	页数	备注
1	×××〔2019〕6号	×××公司	关于×××招标的批复	20191016	3	
2	×××〔2019〕2号	×××公司	关于×××招标的请示	20190929	15	
3	招纪字〔2019〕9号	×××公司	[×××项目光伏组件等招标领导小组会议纪要]	20191112	9	

移交部门：　　　　　　　　　　　　接收部门：

移交人：　　　　（签名）　　　　　接收人：　　　　　　（签名）

审核人：　　　　（签名）　　　　　交接时间：

（2）各参建单位将合同范围应归档的项目文件收集、整理、组卷、编目并经本单位自检、监理审查、建设单位验收后，填写“光伏项目档案交接签证表”，办理项目档案交接签证。“光伏项目档案交接签证表”见第四章“项目档案移交”中表4-2-1。

（3）电力生产、科研课题档案经相关部门、项目单位整理、组卷、编目并完成自检、审查后，填写“电力生产/科研档案交接登记表”，办理电力生产、科研课题档案移交手续。“电力生产/科研课题档案交接登记表”见第四章“项目档案移交”中表4-2-3。

第四章　项目档案移交

项目档案移交是指项目建成后，各参建单位根据合同、协议规定，向业主单位、生产使用单位及其他有关单位移交项目档案的一系列工作活动。项目档案移交是项目档案管理工作动态流程中的最后一个环节，也是项目建设的一项重要内容。做好项目档案移交工作，明确移交要求和移交手续，将为项目后续的生产运营工作提供档案资源保障。

第一节　移　交　要　求

一、移交时间

（1）电力生产文件，应在工作事项完成后，由文件形成部门及时收集、整理、归档。

（2）科学技术研究文件，应在项目鉴定、评审结果公示期结束一个月内，由成果研发负责人或科技主管部门及时收集、归档，后续获奖文件及时归档。

（3）技术改造、设备检修等文件，应在工程完工后一个月内，由项目承包单位收集整理完毕，经项目负责人审查合格后移交归档。

（4）项目建设过程中形成的文件，应在合同工程完工验收后三个月内，由施工、调试、设计单位自检、监理单位审查、建设单位验收合格后移交归档；监理文件由监理单位自检，建设单位验收合格后移交归档。

（5）设备仪器文件，应在设备开箱检验后，及时收集、整理、移交归档。

（6）电子文件逻辑归档应实时进行，物理归档应与纸质文件归档时间一致。

（7）数码照片、录音录像电子档案、实物档案等特殊载体档案的移交见第五章相关内容。

二、移交审查

（一）审查流程

（1）合同工程完工后，施工、调试、设计等单位应按国家有关规定及《光伏发电建设项目文件归档与档案整理规范》（NB/T 32037—2017），对移交档案的真实性、完整性、准确性、系统性、规范性及案卷整理质量进行自查，再经监理单位审查、建设单位验收审查；审查合格并签署审查意见后，方可办理交接手续。

（2）监理单位及其他单位形成的档案由建设单位审查验收后办理移交手续。

（3）总承包单位按合同承包范围负责检查、汇总分包单位项目档案，经监理单位审查，建设单位验收后办理移交手续。

（4）电力生产、科研类档案，按照职责范围，经形成部门自检，档案部门验收审查。

（二）审查内容

项目档案的审查分为技术审查和档案审查。

（1）技术审查应对竣工档案的完整性、准确性等进行审查，由建设、监理及各有关单位的专业技术人员负责。技术审查应符合下列要求：

1）依据国家、行业现行标准、规范审查施工文件的用表、施工文件的签署程序。

2）按工程管理程序、施工工序审查施工文件形成的真实性、完整性。

3）依据现场施工实际情况审查施工记录内容的准确性、可靠程度及竣工图的质量。

（2）档案审查应对竣工档案的系统整理、归档文件的质量和有效性进行审查，由建设、监理及各有关单位档案人员负责。档案审查应符合下列要求：

1）参照归档范围审查移交竣工档案的成套性及归档文件质量。

2）按系统整理要求审查竣工档案分类的科学性，组卷、排列的合理性，编目的规范性。

第二节　移　交　手　续

一、各参建单位项目档案的移交

（1）各参建单位按照《光伏发电建设项目文件归档与档案整理规范》（NB/T 32037—2017）要求，办理“项目档案交接签证表”（见表4-2-1，表格中斜体字为填写示例）和“案卷移交目录”（见表4-2-2，表格中斜体字为填写示例）。施工、监理、建设单位分别进行自检和审查并签署意见，办理移交手续，交接签证表移交双方各留存一份。

（2）总承包单位应将形成的档案汇总整理，编制项目档案归档说明和“光伏项目档案交接签证表”和《案卷移交目录》，一并向建设单位移交。

二、电力生产、科研类档案的移交

（1）电力生产、科研类档案，按照职责范围，经本单位文件材料形成部门自检，档案部门验收审查符合归档要求后，填写“电力生产/科研课题档案交接登记表”（详见表4-2-3，表格中斜体字为填写示例）和“案卷移交目录”，办理交接手续。档案交接签证或交接登记表应由交接双方责任人签字盖章，交接双方各留存一份备查。

（2）生产期的技改、小型基建项目，若通过招标确定由外包单位实施的，这些项目产生的档案建议由外包单位填写“光伏项目档案交接签证表”和“案卷移交目录”，办理档案移交归档手续。

三、特殊载体档案的移交

数码照片、录音录像电子档案、实物档案及电子光盘由移交单位编制归档登记表和移交清单，办理移交接收手续。

四、建设单位向运行管理单位移交档案

竣工验收后，建设单位应向运行管理单位办理档案移交。项目档案移交时，应办理项目档案移交手续，包括档案移交的内容、数量等，并有完备的清册、签字等交接手续。若项目建设单位在项目建成投产后直接承担生产运行管理职责，则不产生本阶段的档案移交工作。

表 4-2-1

光伏项目档案交接签证表

项目（工程）名称　　*华能×××光伏项目×××工程*

移交单位（章）　　*×××××××公司*

接收单位（章）　　*华能××××××××××*

交 接 日 期　　*2020年×月×日*

续表

<table>
<tr><td>项目（工程）名称</td><td colspan="4">华能×××光伏项目×××工程</td></tr>
<tr><td>合同编号</td><td colspan="4">×××-×××</td></tr>
<tr><td rowspan="2">档案数量</td><td>文字材料</td><td>××卷</td><td>照片/声像</td><td>照片××张</td></tr>
<tr><td>竣工图</td><td>—</td><td>电子文件光盘</td><td>××张（××GB）</td></tr>
<tr><td colspan="5">档案归档说明：（后附案卷目录）
华能×××光伏项目容量为×××MW，安装××设备，项目于××××年××月××日开工，××年××月××日并网发电。
×××有限公司承接该项目×××工程，施工范围包括×××，共××个单位工程，于××××年××月××日开工，××××年××月××日完工。工程建设过程中，按照国家、行业档案管理标准、规范及建设单位档案管理制度（写出制度名称），认真开展项目档案工作。依据《光伏发电建设项目文件归档与档案整理规范》（NB/T 32037—2017）《科学技术档案案卷构成的一般要求》（GB/T 11822—2008）等，已经完成×××工程项目档案的整理工作。
×××项目×××工程共形成档案正本××卷，副本××卷，照片××张，光盘××张（××GB）。
（其他需要说明的内容。）</td></tr>
<tr><td rowspan="2">移交
单位
自检
意见</td><td colspan="4">［对照相关标准、规范，结合工程实际，对拟移交项目档案的完整性、准确性、系统性、规范性、有效性等进行技术和档案方面的自查，写明自检情况和意见］
技术负责人：________
年　月　日</td></tr>
<tr><td colspan="4">［同上要求，写明自检情况和意见］
档案人员：________
年　月　日</td></tr>
<tr><td rowspan="2">监理
单位
审核
意见</td><td colspan="4">［对照相关标准、规范，结合工程实际，对拟移交项目档案的完整性、准确性、系统性、规范性、有效性等进行技术审查和档案审查，写明审查情况和意见］
项目总监：________
年　月　日</td></tr>
<tr><td colspan="4">［同上要求，写明审查情况和意见］
档案人员：________
年　月　日</td></tr>
<tr><td rowspan="2">建设
单位
验收
意见</td><td colspan="4">［对照相关标准、规范，结合工程实际，对拟接收的项目档案的完整性、准确性、系统性、规范性、有效性等进行技术审查和档案审查，写明对移交项目档案的审查情况，表明是否同意接收等意见］
工程负责人：________
年　月　日</td></tr>
<tr><td colspan="4">［同上要求，写明审查情况和验收意见］
档案人员：________
年　月　日</td></tr>
</table>

表 4-2-2　　**案卷移交目录**　　第 1 页共×页

序号	档号	案卷题名	立卷单位	保管期限	页数	备注
1	C0706-KJG02-0011-830-001	×××项目光伏区建安工程施工组织设计报审及交底记录	×××有限公司	30 年	294	
2	C0706-KJG02-0011-830-002	×××项目光伏区建安工程×××施工单位资质、人员资格证书及报审	×××有限公司	30 年	95	
3	C0706-KJG02-0011-830-003	×××项目光伏区建安工程供货单位、检验检测单位资质及报审	×××有限公司	30 年	82	
4	C0706-KJG02-0011-830-004	×××项目光伏区建安工程质量验收划分表及施工图会检记录	×××有限公司	30 年	75	
5	C0706-KJG02-0011-830-005	×××项目光伏区建安工程主要施工机械检验证书及报审	×××有限公司	30 年	172	
6	C0706-KJG02-0011-830-006	×××项目光伏区建安工程计量器具及试验设备检验证书及报审	×××有限公司	30 年	101	
7	C0706-KJG02-0011-830-007	×××项目光伏区建安工程技术标准清单及达标投产实施检查记录	×××有限公司	30 年	19	
8	C0706-KJG02-0011-830-008	×××项目光伏区建安工程强条执行计划及学习培训记录	×××有限公司	30 年	132	
9	C0706-KJG02-0011-830-009	×××项目光伏区建安工程强制性条文执行记录	×××有限公司	30 年	156	
10	C0706-KJG02-0011-830-010	×××项目光伏区建安工程土建施工方案报审及安全技术交底记录	×××有限公司	30 年	168	
11	C0706-KJG02-0011-830-011	×××项目光伏区建安工程电气安装施工方案报审及安全技术交底记录	×××有限公司	30 年	113	
12	C0706-KJG02-0011-830-012	×××项目光伏区安全专项方案、生活区施工方案报审及安全技术交底记录	×××有限公司	30 年	163	
13	C0706-KJG02-0011-830-013	×××项目光伏区建安工程施工月报	×××有限公司	30 年	15	
14	C0706-KJG02-0011-830-014	×××项目 220kV 升压站施工组织设计报审及交底记录	×××有限公司	30 年	130	
15	C0706-KJG02-0011-830-015	×××项目 220kV 升压站施工单位资质、人员资格证书及报审	×××有限公司	30 年	243	

表 4-2-3　　　　**电力生产/科研课题档案交接登记表**　　　移交时间：　年　月　日

<table>
<tr><td>电力生产/
科研课题
项目名称</td><td colspan="2"></td></tr>
<tr><td>归档说明</td><td colspan="2">（1. 电力生产类档案：按技改、检修、外购设备等文件材料收集归档情况，编写说明。
2. 科研课题类档案：按课题立项、方案论证、研究试验、总结鉴定、成果和知识产权申报、推广应用等阶段文件收集整理归档情况，编写说明。
3. 说明较多时，可另附页。）</td></tr>
<tr><td rowspan="3">移交档案
数量</td><td>文字材料案卷数量：______卷（件）</td><td>照片/声像档案：______张/件______ GB</td></tr>
<tr><td>竣工图案卷数量：______卷册______（张）</td><td>电子文件光盘：______张______ GB</td></tr>
<tr><td colspan="2">其他：</td></tr>
<tr><td>移交单位（部门）
自查意见</td><td>（应填写：经自查，符合归档要求，申请移交。）

移交人（签名）：

年　月　日</td><td>（应填写：同意移交。）

单位（部门）负责人（签名）：

移交（单位）部门（盖章）：

年　月　日</td></tr>
<tr><td colspan="3">××电力生产/科研课题档案移交目录或文件交接登记表附后，共×页</td></tr>
<tr><td>档案部门
审查意见</td><td>（应填写：经审查，符合归档要求，同意接收归档。
或
经审查，××方面已经完成整改，同意接收归档。）

接收人（签名）：

年　月　日</td><td>（应填写：同意接收归档。）

部门负责人（签名）：

档案主管部门（盖章）：

年　月　日</td></tr>
</table>

注　1. 光伏建设项目档案交接按照“光伏项目档案交接签证表”（见表 4-2-1）执行。

2. “电力生产/科研课题档案交接登记表”应附“案卷移交目录”（见表 4-2-2）或“科技文件交接登记表”（见表 3-4-1）。

第五章　项目档案管理

本章内容主要包括项目档案整理、鉴定、保管、利用、统计等相关工作。

第一节　项目档案整理

建设单位档案部门对建设项目在立项、审批、招投标、勘察、设计、施工、监理及竣工验收全过程中形成的经过鉴定、整理的全部项目档案进行汇总整理，编制检索工具，建立项目档案管理卷。

一、制定项目档案分类方案

建设单位根据《光伏发电建设项目文件归档与档案整理规范》（NB/T 32037—2017），结合建设项目实际，制定项目档案分类方案，可参见附录 A。

二、项目档案汇总整理

建设项目的设计、施工、监理等单位在项目建设完工后，将完成整理、组卷、编目并经移交单位自检、监理、建设单位审查同意移交接收的项目档案移交建设单位。建设单位档案部门依据项目档案分类方案对全部项目档案进行统一汇总整理，组成一个完整的建设项目档案体系，并通过编目加以固定，排列上架。

建设单位项目档案的汇总整理包括实体档案汇总整理和电子档案的汇总整理，并编制项目档案整理情况说明，对全部的项目档案进行统计。

三、编制目录，建立项目档案管理卷

项目档案管理卷是指档案管理机构在管理某一项目过程中形成的，包括项目概况、标段划分、参建单位归档情况说明、档案收集整理情况说明、交接清册说明等项目档案管理情况有关材料组成的专门案卷。

建设单位档案部门要根据全部的项目档案，编制项目档案案卷目录、特殊载体档案目录等，建立项目档案管理卷。

第二节　项目档案鉴定

一、确定保管期限

建设单位档案部门应依据保管期限表对项目档案进行价值鉴定，确定其保管期限，同一卷内有不同保管期限的文件时，该卷保管期限应从长。

二、保管期限分类

项目档案保管期限分为永久和定期两种，定期一般分 30 年和 10 年。

三、鉴定销毁

对于保管期限已满的项目档案，应重新鉴定其保管价值，对于仍具有保管价值的档案，应赋予其新的保管期限；对于没有保管价值的项目档案，经鉴定销毁领导小组审议同意后，进行销毁。销毁档案需在指定地点，由档案管理部门有关人员组织，档案鉴定小组及业务部门各派一人监销。监销人在档案销毁前应当按照档案销毁清册所列内容进行清点核对。销毁完毕后，监销人和销毁人共同在《档案销毁清册》上签字，写明销毁日期，并注明“已销毁”。档案鉴定过程中形成的鉴定工作申请、报告、销毁清册等材料应立卷归档，永久保存。

第三节　项目档案保管

档案保管是对已整理归档并入库上架的实体档案和归档保存的电子档案及其载体的日常维护和管理，确保档案的有序存放，维护档案的完整与安全，便于各方对档案的利用。

一、库房建设

建设单位在项目建设初期，应将档案库房建设列入建设计划，办公室、阅览室、档案库房应实现“三分开”，有条件的应考虑档案的整理室、特殊载体档案的陈列室等。

改造、新建或扩建档案库房参照《档案馆建筑设计规范》(JGJ 25—2010) 的相关要求进行建设。库房楼面荷载满足安全要求。档案库房应符合防火、防盗、防水、防潮、防高温、防紫外线照射、防尘、防有害生物（霉、虫、鼠）等“八防”要求。

二、设施设备

建设单位和参建单位根据档案工作的实际需求，为项目档案的安全保管提供必要的设施设备，确保档案的保管和安全。设施设备主要包括：

(1) 档案柜架：密集架、防磁柜、特殊载体档案陈列柜等。

(2) 档案保护设施设备：消防设施设备、温湿度监控设备、防盗、防光、防尘等设施设备，主要有：消防自动报警和气体灭火器材、加湿机、除湿机、空调（或温湿度监控和调节一体机、恒温恒湿机）、防盗门窗（或入室报警器）、防紫外线窗帘、吸尘器、档案消毒柜、空气净化器等。

(3) 办公设备：计算机、打印机、复印机、扫描仪、装订机、光盘刻录机等。

三、库房管理

(1) 档案管理部门应建立档案库房管理制度，落实“八防”措施，加强库房日常管理。

(2) 档案库房应专人管理，借阅者和无关人员未经许可不得进入库房。

(3) 做好库房温度、湿度记录和调节工作，确保各类载体档案的安全保管。

(4) 定期清扫档案库房，保持干净整洁，案卷排列整齐有序；不得存放与档案保管、保护无关的物品，严禁存放易燃易爆等危险物品及其他杂物。

(5) 档案人员应定期组织检查、维护档案库房设施设备，发现隐患，及时排查处理，确保档案装具正常使用、档案保护设施设备正常运转。

(6) 档案人员应做好档案的接收、移交、利用、出入库等日常登记工作；定期对档案进行清点核对，做好清点记录，对破损档案及时进行修补和复制。

第四节　项目档案利用

项目档案价值的实现在于满足用户的利用需求，为企业的生产、经营、基建、管理及可持续发展提供有效服务。

一、建立制度

建设单位应建立档案利用制度，对利用的范围、对象、审批流程等做出明确规定。制度的建设应遵循“以用户为中心，以利用为导向”原则，在确保安全保密的前提下，尽可能开放利用。

二、借阅流程

（1）借阅实体档案，应填写借阅利用登记表；项目档案原件一般不外借；用户利用完毕，应反馈利用效果情况。

（2）在档案管理系统中查阅利用权限范围内的电子档案，档案系统应能自动记录查阅行为，形成浏览查阅日志；在档案管理系统中查阅非利用权限范围内的电子档案，应由查阅人提出在线查阅申请，经审批同意，档案人员开放查阅权限后用户方可阅览。

三、归还清点

归还实体档案时，档案人员应与阅档人当面清点检查，经检查无误后办理归还手续。

四、责任追究

如发现档案损坏、散失、涂改、勾画、私自拆装及档案系统被攻击、电子档案遭到侵害等情况，应及时汇报，视情节严重程度，追究查询、借阅人员相应的责任。

五、档案编研

建设单位档案部门应根据项目建设和运行管理的需要编制必要的编研材料，如专题文件汇编、项目大事记、常用图集、专题研究等。

第五节　项目档案统计

档案统计工作应遵循真实性、准确性、及时性与完整性原则，如实反映项目档案及档案工作状况和成果。

一、建立基础台账

档案部门要建立档案管理各类基础台账，及时准确地记录档案接收、整理、保管、利用、移出、鉴定销毁、档案数字化加工及档案专兼职人员、档案设施设备等情况，为档案统计工作奠定基础。

二、统计分析

档案统计结果可以用文字、图表的方式表达，支持以可视化方式显示，便于统计分析。

第六章　特殊载体档案管理

本章主要介绍光伏发电项目建设过程中对特殊载体档案的管理，包括数码照片档案管理、录音、录像类电子档案管理、实物档案管理和光盘档案管理。

第一节　数码照片档案管理

数码照片是指用数字成像设备拍摄获得的，以数字形式存储于磁带、磁盘、光盘等载体，依赖计算机等数字设备阅读、处理，并可在通信网络上传送的静态图像文件。数码照片档案是机关、团体、企事业单位和其他组织在处理公务过程中形成的对国家和社会具有保存价值并归档保存的数码照片。数码照片档案一般由数码图像、文字说明和可交换图像文件（exchangeable image file，EXIF）信息三部分组成。

数码照片档案与传统照片档案的构成既有相同之处也有不同之处。相同之处是，两者都有图像和文字说明；不同之处是，数码照片档案没有底片，但是在数码照片拍摄过程中会形成一系列信息，即 EXIF 信息。EXIF 信息是镶嵌在图像文件格式内的一组拍摄参数，主要包括拍摄时的光圈、焦距、分辨率、相机品牌型号、日期时间等。

一、归档范围

光伏项目建设过程中反映原始地形地貌、重大事件（如开工典礼、领导视察、竣工仪式等）、重大活动、重要会议、各阶段质量监督检查、隐蔽工程、重要部位、关键工序、缺陷处理（施工缺陷、设备缺陷等）、工程质量、安全事故及其他具有保存价值的照片。具体范围参见附录 B。

二、归档时间

（1）建设单位形成的反映项目建设的数码照片，自形成之日起 3 个月内（最迟不能超过 6 个月），由形成部门及时整理并向本单位档案管理部门移交。

（2）各参建单位应及时收集整理，在工程竣工后与纸质档案一起向建设单位移交。

三、归档要求

（1）归档的数码照片应是用数字成像设备直接拍摄形成的原始图像文件，不能对数码照片的内容和 EXIF 信息进行修改和处理。

（2）对反映同一内容的若干张数码照片，应选择其中具有代表性和典型性并能全面反映事件全貌的数码照片归档，且主题鲜明，影像清晰、画面完整；反映同一场景的数码照片一般只归档一张。

（3）归档的数码照片应为 JPEG、TIFF 或 RAW 格式，推荐采用 JPEG 格式；拍摄像素应在 600 万以上。

（4）归档的数码照片应附加文字说明，文字说明应综合运用“六要素”即事由、时间、地点、人物、背景、摄影者，概括揭示该张数码照片所反映的主要内容；数码照片中有重要人物的应明确其具体位置。

（5）数码照片可通过存储到符合要求的脱机载体上进行离线归档，也可通过相关管理系统在线归档。

（6）归档时，应参照《电子文件归档与电子档案管理规范》（GB/T 18894—2016）对数码照片进行真实、完整、可用和安全方面的鉴定、检测。

（7）应办理移交接收手续，填写“数码照片归档登记表”（示例见表6-1-1，表格中斜体字为填写示例）和“数码照片移交清单”（示例见表6-1-2，表格中斜体字为填写示例），交接双方各留一份备查。

表6-1-1　　数码照片归档登记表

<table>
<tr><td>单位（部门）名称</td><td colspan="3">×××公司（×××建设单位××部门）</td></tr>
<tr><td>归档时间</td><td colspan="3">年　　月　　日</td></tr>
<tr><td>归档数码照片数量</td><td>张　　MB</td><td>照片格式</td><td>JPG</td></tr>
<tr><td>归档方式</td><td colspan="3">［在线归档/离线归档］</td></tr>
<tr><td>检验项目</td><td colspan="3">检验结果</td></tr>
<tr><td>载体外观检验</td><td colspan="3">外观良好，无划痕、无破损等现象</td></tr>
<tr><td>病毒检验</td><td colspan="3">经检查，无病毒</td></tr>
<tr><td>真实性检验</td><td colspan="3">未修改、剪裁，且是本工程的真实记录</td></tr>
<tr><td>可靠性检验</td><td colspan="3">来源可靠</td></tr>
<tr><td>完整性检验</td><td colspan="3">数码照片及其元数据能一一对应，数量准确且齐全、完整</td></tr>
<tr><td>可用性检验</td><td colspan="3">可读、可利用</td></tr>
<tr><td>技术方法与相关软件说明登记表、软件、说明资料检验</td><td colspan="3">［写明对技术方法与相关软件说明登记表、软件、说明资料检验的情况及结果］</td></tr>
</table>

（附数码照片移交清单共　　页）

移交单位（部门）（盖章）：　　　　接收单位（部门）（盖章）：

负责人（签字）：　　　　负责人（签字）：

移交人（签字）：　　　　接收人（签字）：

移交日期：　　　　接收日期：

表 6-1-2　　　　**数码照片移交清单**

序号	照片号	题 名	时间	摄影者	互见号	备注
1	*C0706-ZP2020-D30-0012-0001*	*华能×××光伏项目××支架基础施工照片*	*20200531*	×××	*C0706-GP2019-003*	互见号：应填写反映同一内容不同载体档案的档号，并注明其载体类型

四、数码照片整理

（一）分类和排列

（1）同一个光伏建设项目的数码照片档案按“年度-保管期限-照片组”分类。

（2）反映原始地形地貌、重大事件、重大活动、重要会议、质量监督检查等的数码照片，按照片形成的年度分类；反映工程施工的数码照片，考虑到工程建设跨年度的可能性，以及保持数码照片编号的连续性，这类跨年度形成的反映工程施工的数码照片归入工程竣工年度。

（3）照片的保管期限参照纸质档案的保管期限，分为永久和定期（30年、10年），以代码Y、D30、D10标识。

（4）照片组是指有密切联系的若干张数码照片的集合。如一次会议、一项活动、一个单位工程等反映同一问题或事由的若干张数码照片为一个照片组，全部存储到同一层级文件夹内。

（5）同一照片组内的数码照片档案按形成时间排列。

（二）档号结构

（1）参照《数码照片归档与管理规范》（DA/T 50—2014），照片档案档号结构为：全宗号-档案门类代码和年度-保管期限代码-组号-张号，如图6-1-1所示。

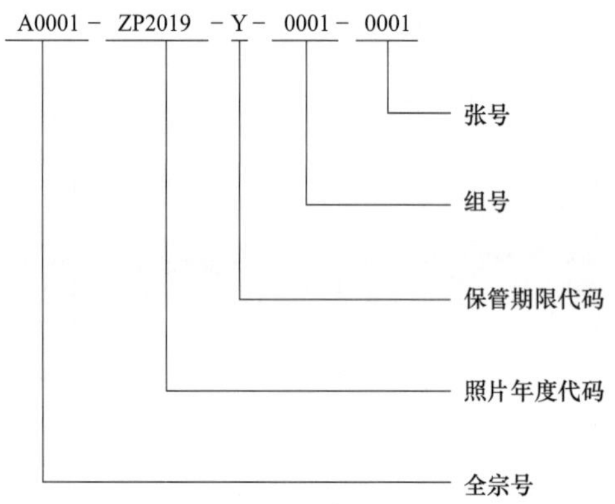

图6-1-1　数码照片档案档号结构示例

（2）若同一全宗内有多个项目同时在建，其照片档号可能存在重复，可参照光伏建设项目纸质档案档号编制方法，在全宗号后增加项目排序号。如2019年度某清洁能源分公司下的第二个光伏建设项目产生的永久保管的第一组第一张照片，数码照片档案档号为：全宗号-KJG02-ZP2019-Y-0001-0001，其中KJG02表示某清洁能源分公司下的第二个光伏建设项目，详细内容可参见本书第三章。

（三）命名

（1）整理过程中，应对数码照片进行重命名。

（2）数码照片采用档号命名，命名规则为“全宗号-档案门类代码和年度-保管期限代码-

组号-张号．扩展名”。

1）档案门类代码和年度：用“照片”2位汉语拼音首字母“ZP”标识；年度为4位阿拉伯数字。

2）保管期限代码：分别用Y、D30和D10代表永久、30年和10年。

3）组号：为4位阿拉伯数字，同一年度内的照片组从“0001”开始顺序编号。

4）张号：为4位阿拉伯数字，同一照片组内的数码照片从“0001”开始顺序编号。

示例：2019年某公司某光伏建设项目的原始地貌数码照片为本年度第一组照片，保管期限为“永久”，存储格式为JPEG，则该组第一张照片文件名为：全宗号-ZP2019-Y-0001-0001.jpg。

（四）著录

数码照片档案按张编目，应至少包括以下著录项目：全宗号、保管期限、年度、部门、照片组号、张号、参见号、摄影者、时间、组题名、文字说明、文件格式、知悉范围等。

（1）全宗号：立档单位的代号，由上级单位统一编制并印发执行。

（2）部门：归档部门，采用部门全称或规范化简称，并保持一致和稳定。

（3）参见号：与本张照片有密切联系的其他载体档案的档号，如纸质档案的档号等。

（4）摄影者：照片的拍摄人及其工作单位。

（5）时间：数码照片拍摄时间。时间采用8位阿拉伯数字，依次为：年度4位，月和日各2位，不足两位的在前补“0”。

（6）组题名：本组照片所共同反映的主要内容。

（7）文字说明：本张照片的说明，包括事由、时间、地点、人物、背景等要素。对于有人物的照片，应标明主要人物的职务及其在照片中的位置，如×××省委书记×××（前排右三）、×××公司总经理×××（前排左二）。

（8）文件格式：本张照片的计算机文件类型，包括JPEG、TIFF或RAW。

（9）知悉范围：本张照片允许查看的人员范围。

（10）保管期限、年度、照片组号、张号说明见照片整理的“分类和排列”部分。

（五）存储

（1）在线存储：在档案管理系统中建立数码照片档案门类，并对数码照片进行著录和挂接。

（2）离线存储：包括离线存储结构的确定和离线存储载体的选择。对于没有档案信息系统的单位推荐使用离线存储方式。

1）离线存储结构。数码照片档案可采用建立层级文件夹的形式进行存储，一般应在计算机硬盘非系统分区建立“数码照片档案”总文件夹，在总文件夹下依次按不同年度、保管期限和照片组建立层级文件夹，并以年度、保管期限代码和照片组号命名层级文件夹；照片较少的，可采用年度、保管期限代码命名层级文件夹。

示例：某公司数码照片档案统一存放在档案室计算机硬盘的非系统分区D盘根目录下，2019年该公司拍摄的光伏建设项目一组原始地貌数码照片为2019年第一组照片，保管期限为“永久”，该组数码照片的存放路径如下：

D：\数码照片档案\2019\Y\

2）离线存储载体。

a. 数码照片档案应存储在耐久性好的载体上，推荐采用一次写入型光盘作为数码照片档案长期保存的存储载体。

b. 离线存储载体一式三套，一套封存保管，一套查阅利用，一套异地保存。

c. 存储数码照片档案的光盘按照《档案数字化光盘标识规范》（DA/T 52—2014）进行标识。

（六）保管

（1）在线存储的数码照片档案保管条件应符合《计算机场地通用规范》（GB/T 2887—2011）的要求。

（2）离线存储在磁性载体上的数码照片档案保管应符合《磁性载体档案管理与保护规范》（DA/T 15—1995）的要求。

（3）离线存储在光盘上的数码照片档案保管应符合《电子文件归档光盘技术要求和应用规范》（DA/T 38—2008）的要求。

（4）对存储数码照片档案的磁性载体每满2年、光盘每满4年进行一次抽样机读检验，抽样率不低于10%，如发现问题应及时采取恢复措施。

（5）对存储在磁性载体上的数码照片档案，应每4年转存一次，原载体同时保留时间不少于4年。

（七）数码照片冲印成纸质照片

纸质照片档案的整理、存储和保管按照《照片档案管理规范》（GB/T 11821—2002）执行，并形成“照片档案册内总说明”（见表6-1-3，表格中斜体字为填写示例），“照片档案册内目录”（见表6-1-4，表格中斜体字为填写示例）“照片档案册内标签”（见表6-1-5，表格中斜体字为填写示例）“册内备考表”（见表6-1-6，表格中斜体字为填写示例）。

五、注意事项

（1）按照双套制要求，应将数码照片打印出纸质照片进行异质备份。所备份的照片整理要求和方法按照《照片档案管理规范》（GB/T 11821—2002）执行。

（2）保存数码照片的环境温度建议为17～20℃；相对湿度为34%～45%。

（3）保存数码照片的光盘应定期检查，发现问题及时解决，必要时要进行数据迁移。

表 6-1-3　　照片档案册内总说明

<table>
<tr><td colspan="3">本册照片说明：华能×××光伏项目××地块支架基础施工照片</td></tr>
<tr><td colspan="3">立册单位：×××有限公司</td></tr>
<tr><td colspan="3">本册照片档案收录了华能×××光伏项目××地块支架基础施工的工程照片共××张。
归档的照片影像清晰，画面完整，未加修饰剪裁，是基建过程的真实记录</td></tr>
<tr><td>保管期限</td><td>30 年</td><td>册内照片共××张</td></tr>
<tr><td colspan="3">自 2020 年 × 月× 日起至 2020 年×月 × 日止</td></tr>
</table>

表 6-1-4　　照片档案册内照片目录

照片号	题 名	时间	页号	互见号	备注
0706-ZP2020-D30-0012-0001	华能×××光伏项目××地块支架基础施工照片	20200531	1	C0706-GP2020-004	互见号：应填写反映同一内容不同载体档案的档号，并注明其载体类型

表 6-1-5　　照片档案册内标签

题　名：华能××光伏项目 1 号地块 1 号方阵支架基础施工照片
照片号：C0706-ZP2020-D30-0012-0001
互见号：C0706-GP2020-004
参见号：C0706-KJG02-0011-8311-001
摄影者：×××　　　时间：20200530
文字说明：2020 年 5 月 30 日，1 号地块 1 号方阵支架基础静压预应力管桩施工照片

表 6-1-6　　**册内备考表**

本册情况说明：*册内共有××工程照片××张，其对应的数码照片刻录光盘号为：C0706-GP2020-002。*
（其他需要说明的内容）

立册人：×××（手签名）
立册时间：*2020 年 5 月 30 日*
检查人：×××（手签名）
检查时间：*2020 年 5 月 31 日*

第二节　录音、录像类电子档案管理

录音、录像类电子文件是国家机构、社会组织或个人在履行其法定职责过程中，通过计算机、数字化转换等电子设备形成、传输和存储的数字音频和数字音视频文件。录音、录像类电子文件由内容、结构、背景信息组成。录音、录像类电子档案即具有凭证、查考和保存价值并归档保存的录音、录像类电子文件。

一、归档范围

（1）光伏项目建设过程中，经摄录设备直接形成的反映原始地形地貌、重大事件（如开工典礼、领导视察、竣工仪式等）、重大活动、重要会议、各阶段质量监督检查、隐蔽工程、重要部位、关键工序、缺陷处理（施工缺陷、设备缺陷等）、工程质量、安全事故及其他具有保存价值的录音录像电子文件。

（2）以摄录设备直接形成的录音录像文件为素材，遵循活动时序与客观事实编辑制作的录音录像电子文件。

二、归档时间

（1）建设单位形成的反映项目建设的录音录像电子文件，自形成之日起 3 个月内（最迟不能超过 6 个月），由形成部门及时整理并向本单位档案部门移交。

（2）各参建单位应及时收集整理，在工程竣工后与纸质档案一起向建设单位移交。

三、归档要求

（1）录音录像电子文件应客观、系统地反映主题内容，画面完整、端正，声音和影像清晰；有多件录音录像电子文件或数字复制件反映相同场景或主题内容的，应挑选一件归档。

（2）录像电子文件应是音频、视频封装为一体的音视频文件。

（3）在保证录音录像电子文件真实性、完整性、可用性和安全性的基础上，应通过转码、复制等方式将录音录像电子文件采集、转存在计算机存储器中，经过系统整理、著录后再制作离线载体并归档。

（4）模拟录音录像文件按照《录音录像档案数字化规范》（DA/T 62—2017）进行数字化转换，形成数字复制件、机读目录等，纳入录音录像电子文件管理，相应的录像带、一次写光盘等原始记录载体按照实物档案进行管理。

（5）应以通用或开放格式收集、存储并归档录音录像电子文件。录音电子文件归档格式为 WAVE、MP3 等，音频采样率不低于 44.1kHz；录像电子文件归档格式为 MPEG、MP4、FLV、AVI 等，视频比特率不低于 8Mbit/s；珍贵的录像电子文件可收集、归档一套 MXF 格式文件。

（6）归档的录音、录像类电子文件应附加文字说明。录音类电子文件文字说明应包括：讲话人姓名、职务、讲话内容、讲话时长、录制者、录制日期、密级等；录像类电子文件文字说明应包括：录像片的主要内容、放映时长、拍摄者、拍摄地点、摄制日期、密级等。

（7）记录重大活动录音录像文件应与重大活动筹备、实施过程中形成的各种文字材料、重要实物等一并收集、归档，包括公文、活动日程、领导讲话、交流发言材料、名册、座次表、宣传册、活动标志、证件、礼品、纪念章、场馆设计图等。文字材料、重要实物等按照文书档案和实物档案有关要求进行整理、编目并归档保存。

四、归档方式

（1）录音、录像类电子文件可通过存储到符合要求的脱机载体上进行离线归档，也可通过档案管理系统在线归档。

（2）以离线方式归档的，应结合计算机文件大小、载体容量等因素适时制作离线归档载体，将应归档的录音录像电子文件、机读目录等按原有存储结构复制到一次写光盘或专用移动硬盘，并对离线归档载体进行编号标识。

五、归档程序

（1）采用在线方式归档的，基于档案管理系统完成归档程序。

（2）以离线方式归档的，由交接双方借助专用计算机手工完成相关步骤：

1）清点、核实录音录像电子文件及其元数据数量、原始载体与机读目录数量、原始载体内记录或存储的录音录像文件与机读目录数量的一致性；清点、核实原始载体编号与标识、原始载体是否完好无损并可正常使用；清点、核实重大活动文字材料、重要实物的数量等。

2）鉴定、检测录音录像电子文件格式、元数据著录的规范性，录音录像电子文件、机读目录、原始载体等是否感染计算机病毒。参照《电子文件归档与电子档案管理规范》（GB/T 18894—2016）对录音、录像类电子文件进行真实、完整、可用和安全方面的鉴定、检测。

3）以离线方式归档的，完成清点、鉴定工作后，应将录音录像电子文件及机读目录导入档案管理系统并挂接，建立录音录像电子文件与元数据的一一对应关系。

4）由档案管理系统为录音录像电子文件赋予唯一标识符，并在管理过程元数据中记录归档登记行为，并采集音频参数、视频参数、格式信息等结构元数据，生成固化信息。

（3）办理归档交接手续，填写“录音、录像类电子文件归档登记表”（见表 6-2-1，表格中斜体字为填写示例）和移交清单（录音类电子文件移交清单见表 6-2-2，录像类电子文件移交清单见表 6-2-3，表格中斜体字为填写示例），交接双方各留一份备查。

表 6-2-1　　　录音、录像类电子文件归档登记表

单位（部门）名称	*×××公司（×××建设单位××部门）*		
归档时间	*20200620*	归档门类	□录音　□录像
归档数量	件数：　文件大小：××× MB　时间总长：		
文件格式	*WAVE、MP3 或 MPEG、MP4、FLV、AVI*		
归档方式	*［在线归档/离线归档］*		
检验项目	检验结果		
载体外观检验	*外观良好，无划痕、无破损等现象*		
病毒检验	*经检查，无病毒*		
真实性检验	*是本工程的真实记录*		
可靠性检验	*来源可靠*		
完整性检验	*电子文件及其元数据能一一对应，数量准确且齐全、完整*		
可用性检验	*可读、可利用*		
技术方法与相关软件说明登记表、软件、说明资料检验	*［写明对技术方法与相关软件说明登记表、软件、说明资料检验的情况及结果］*		
文件形成单位（部门）（盖章） 经办人（签字）： 负责人（签字）： 年　月　日	档案部门（盖章） 经办人（签字）： 负责人（签字）： 年　月　日		

（附录音、录像类电子文件移交清单共________页）

表 6-2-2　　录音类电子文件移交清单

序号	题　名	讲话人姓名及职务	讲话内容	时间长度	录制者及所在单位	录制日期	录制地点	文件大小	备注
1	×××公司总经理张××在×××光伏项目开工典礼上的讲话	张××，×××公司总经理、党委委员	工程概况、施工进度计划、工程总动员等	6分19秒	×××（×××公司）	20201009	×××光伏项目×××区域	568MB	

表 6-2-3　　录像类电子文件移交清单

序号	题名	摄录者及所在单位	摄录日期	摄录地点	时间长度	文件大小	备注
1	××××光伏项目开工典礼	×××（×××公司）	20201009	×××光伏项目×××区域	20分19秒	1.1GB	

六、整理

（一）分类和排序

同一全宗内的录音、录像类电子档案，按年度分类，按文件形成时间排序。

（二）档号结构

录音档案档号结构为：全宗号-录音档案代码和文件所属年度-件号；录像档案档号结构为：全宗号-录像档案代码和文件所属年度-件号。图例如图 6-2-1 所示。

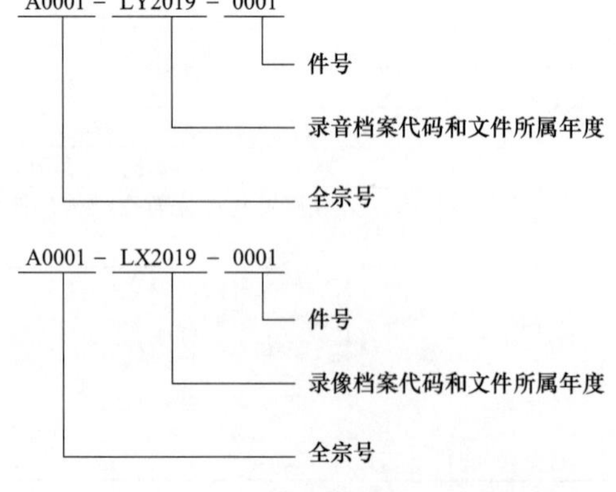

图 6-2-1　录音录像档案档号结构示例

（三）命名

（1）整理过程中，应对录音、录像类电子档案进行重命名。

（2）录音类电子档案采用“全宗号-录音档案代码和文件所属年度-件号．扩展名”格式命名。

1）录音档案代码为“录音”2位汉语拼音首字母“LY”标识，文件所属年度为4位阿拉伯数字。

2）件号：为4位阿拉伯数字，同一年度内的录音类电子文件从“0001”开始顺序编号。

示例：2019年某公司光伏建设项目开工典礼的一段录音为本年度第一个录音类电子文件，若存储格式为WAVE，则该录音电子文件名应为：全宗号-LY2019-0001. wav。

（3）录像类电子档案采用“全宗号-录像档案代码和文件所属年度-件号．扩展名”格式命名。

1）录像档案代码为“录像”2位汉语拼音首字母“LX”标识，文件所属年度为4位阿拉伯数字。

2）件号：为4位阿拉伯数字，同一年度内的录像类电子文件从“0001”开始顺序编号。

示例：2019年某公司光伏建设项目开工典礼的一段录像为本年度第一个录像类电子文件，若存储格式为AVI，则该录像电子文件名应为：全宗号-LX2019-0001. avi。

七、著录

各单位应建立录音、录像类电子档案门类，元数据著录应至少包括以下项目：全宗号、档案门类代码、年度、件号、题名、摄录者、摄录日期、时间长度、保管期限、密级、电子文件大小、格式名称、参见号等。

（1）全宗号：立档单位的代号，由上级主管单位统一编制并印发执行。

（2）档案门类代码：录音录像电子文件的档案门类代码，录音——LY，录像——LX。

（3）年度：录音录像文件形成年度。

（4）题名：录音、录像类电子档案记录的主要内容，包括时间、地点、业务活动、主要人物等。

（5）生成方式：录音、录像类电子档案比特流首次形成的方式，如原生、编辑、数字化。

（6）摄录者：录制者或拍摄者及其工作单位名称。

（7）编辑者：在尊重客观事实基础上对录音、录像类电子档案进行剪辑、非线性编辑的责任人及其工作单位。

（8）摄录日期：录制或拍摄日期，著录格式为yyyymmdd，如20190101。

（9）编辑时间：对录音、录像类电子档案进行剪辑或非线性编辑的时间。

（10）数字化时间：对录音录像档案进行数字化转换的时间。

（11）时间长度：录音录像文件持续时间的数量，以小时、分、秒为计量单位，著录格式为hh：mm：ss。

（12）电子文件大小：录音录像电子文件或模拟录音录像文件数字复制件的字节数。

（13）格式名称：录音、录像类电子档案编码格式的一组描述信息，如WAVE、MP3、AVI等。

（14）保管期限：保管期限的代码。录音录像文件保管期限分为永久、定期30年或10

年，以代码 Y、D30、D10 标识。

（15）密级：录音、录像类电子档案的保密等级。

（16）原始载体编号：记录或存储录音录像文件的原始载体编号。

（17）参见号：与录音、录像文件密切关联的其他载体或门类文件材料的唯一编号。

（18）著录者：对录音录像文件进行著录的责任人及其工作单位名称。

（19）工作活动名称：工作活动、重要会议、重大事件等的名称。

（20）起始时间：工作活动的开始日期。

（21）结束时间：工作活动的结束日期。

八、录音（录像）类电子档案目录

录音、录像类电子文件应形成《录音（录像）类电子档案目录》（见附录 C 中 C.7）。

九、存储

（一）在线存储

在线存储应在档案管理系统中建立录音、录像类电子档案门类，并对录音、录像类电子档案进行著录和挂接。

（二）离线存储

离线存储包括离线存储结构的确定和离线存储载体的选择。对于没有档案信息系统的单位推荐使用离线存储方式。

1. 离线存储结构

录音、录像类电子档案可采用建立层级文件夹的形式进行存储。一般应在计算机硬盘非系统分区建立“录音、录像类电子档案”总文件夹，在总文件夹下依次按不同年度、录音（录像）类电子档案建立层级文件夹，并以年度、录音（录像）类电子档案命名层级文件夹。

示例：某公司录音、录像类电子档案统一存放在档案室计算机硬盘的非系统分区 D 盘根目录下，2019 年该公司光伏建设项目开工典礼的录音、录像类电子档案为 2019 年产生的第一个录音、录像类电子档案，该录音、录像类电子档案的存放路径如下：

录音类电子档案：

D：\录音、录像类电子档案\录音类电子档案\2019\

录像类电子档案：

D：\录音、录像类电子档案\录像类电子档案\2019\

2. 离线存储载体

（1）录音、录像类电子档案应存储在耐久性好的载体上，推荐采用一次写入型光盘作为长期保存的存储载体。

（2）离线存储载体一式 3 套，一套封存保管，一套供查阅利用，一套异地保存。

（3）存储录音、录像类电子档案的光盘，按照《档案数字化光盘标识规范》（DA/T 52—2014）进行标识。

十、保管

（1）在线存储的录音、录像类电子档案保管条件应符合《计算机场地通用规范》（GB/T 2887—2011）的要求。

（2）离线存储在磁性载体上的录音、录像类电子档案保管应符合《磁性载体档案管理与保护规范》(DA/T 15—1995)的要求。

(3) 离线存储在光盘上的录音、录像类电子档案保管应符合《电子文件归档光盘技术要求和应用规范》(DA/T 38—2008)的要求。

(4) 对存储录音、录像类电子档案的磁性载体每满2年、光盘每满4年进行一次抽样机读检验，抽样率不低于10%，如发现问题应及时采取恢复措施。

(5) 对存储在磁性载体上的录音、录像类电子档案，应每4年转存一次，原载体同时保留时间不少于4年。

十一、转换与迁移

当出现在线存储系统需更新换代、经检测离线存储载体达到或超过三级预警线、录音录像电子档案格式即将淘汰等情况时，应按照《电子文件归档与电子档案管理规范》(GB/T 18894—2016)要求，对录音录像电子档案、模拟录音录像档案数字复制件或存储载体实施转换或迁移。

第三节　实物档案管理

实物档案即具有档案属性的实物通过收集整理而转化成的档案。

一、归档范围

(1) 项目建设过程中获得的各种奖状、奖杯、奖牌、奖旗、锦旗、证书等。

(2) 建设单位因机构变更、撤销、合并而废止的旧印章；因磨损等原因重新刻制而替换的旧印章。

(3) 在项目建设的可研阶段、重要工程建设阶段、第一批生产的、阶段生产和重要节点产生的样品、产品、模型等。

(4) 在国内外交往、交流等公务活动中获赠的与建设项目相关的重要纪念品；建设单位组织的各种重大活动中形成的纪念品、使用过的牌匾等。

(5) 上级领导、知名人士、有关单位赠送给建设单位的题词、字画、工艺品、锦旗等。

(6) 其他有凭证、纪念、研究价值，且文字材料无法替代的具有保存价值的实物。

二、归档要求

(1) 应归档的实物一般自形成之日或职能部门接收后3个月内向档案管理部门移交归档。

(2) 归档的实物应保持整洁、完好无损。

(3) 归档的实物应当拍照，拍照质量应符合《数码照片归档与管理规范》(DA/T 50—2014)要求，并在档案管理系统中进行挂接。

(4) 实物档案移交时，交接双方应办理移交接收手续，填写“实物档案移交接收登记表”(见表6-3-1，表格中斜体字为填写示例)。重要实物档案或不能直接反映归档内容的，移交人应在备注中说明。

三、整理

(一) 分类

归档实物可按实物形成年度、数量、种类等进行分类。同一全宗内实物档案应保持分类一致性和稳定性。

(1) 凡单位形成实物数量较少的，可按年度分开。

（2）凡单位每年度形成实物数量和种类较多的，可采用年度、载体名称分类法。

表 6-3-1　　实物档案移交接收登记表

序号	载体名称	责任者	题名	日期	数量	移交单位（部门）	移交人	移交日期	接收人	备注
1	*奖牌*	*×××公司*	*×××光伏×××获电力行业科技成果一等奖*	*20200616*	*1*	*×××公司工程部*	*张××*	*20200630*	*李××*	

（二）编号

（1）实物档案以件（套）为单位进行编号。

（2）实物档案档号结构为：

全宗号-实物档案代码及内容指向年度-载体名称代码-件号，如：全宗号-SW2019-JP-0001。

1）全宗号：立档单位的代号，由上级主管单位统一编制并印发执行。

2）实物档案代码及内容指向年度：用“实物”汉语拼音首字母“SW”标识，年度采用四位阿拉伯数字。

3）载体名称代码：取载体名称规范化简称的 2 位汉语拼音首字母标识，如：奖牌——JP，奖状——JZ，奖杯——JB，奖旗——JQ，证书——ZS，印章——YZ，探伤底片——TS，模型——MX，题词——TC，字画——ZH，其他——QT 等，重名可增加一位字母或字母加数字组合。

探伤底片可按照工件或焊口编号进行装袋，以“袋”为单位进行实物档案整理、编目。

实物档案未按照载体名称分类的，可省略载体名称代码。

4）件号：归档实物在分类方案的最低一级类目内的排列顺序号，一般用 4 位阿拉伯数字标识，不足 4 位的，前面用“0”补足，如“0001”。

（三）归档签

归档实物可根据档号格式确定归档签内容，归档签粘贴在不影响实物品相的合适位置。

C0706-SW2020-JP-0001

图 6-3-1　实物档案归档签示例

实物档案归档签示例如图 6-3-1 所示图中斜体字为

填写示例。

四、编目

（1）归档实物应根据档号顺序编制目录，主要包括序号、档号、载体名称、题名、责任者、日期、数量、保管期限、存放地点、互见号、备注等项目。

1）序号：实物档案的流水号。

2）档号：依据分类方案编制的代码。

3）题名：著录要完整准确，题名不能反映实物主要内容、不便于检索的，应根据实物档案反映的内容，综合运用时间、级别、事由、授予者、实物名称等要素拟写；重新拟写的题名外加“［］”。

4）责任者：填写形成、颁发、授予、赠送实物的单位或个人。

5）日期：填写实物落款日期，无落款日期的，填写相应的文件发文日期。无法考证日期的可填写归档日期，用八位阿拉伯数字标识，如：“20190506”，并在备注栏中说明。

6）保管期限：根据实物档案的重要程度，将保管期限分为永久和定期（30、10 年），以代码 Y、D30、D10 标识。

7）存放地点：填写实物档案存放的档案库房或暂存的具体地点。

8）互见号：填写反映同一内容不同载体档案的档号。

备注：可根据实际填写需注明的情况。

（2）实物档案目录（见附录 C 中 C. 8）应打印装订成册。

五、排列

归档实物可按分类方案进行排列，同一全宗内实物档案排列方式应保持一致。

六、保管

（1）实物档案应专库或专柜保管。对珍贵的实物档案，必要时采取安全措施单独保管；具有陈列价值的实物档案，办理借用手续后可进行陈列，陈列期间实物档案的保管由陈列部门负责。

（2）存放实物档案的库房和柜架应保持整洁，定期除尘，避免实物档案褪色。易虫蛀、易锈蚀的实物档案要做好防虫、防锈蚀的技术保护，确保实物档案完好无损。

七、利用

实物档案原件一般不外借，因特殊需要的，应按照档案借阅利用管理办法，办理借用手续。利用珍贵的或不易搬动的实物档案，可提供实物档案照片进行利用。

第四节　光盘档案管理

光盘是指用激光扫描记录和读出方式保存信息的一种介质。光盘从功能上分为只读光盘、可录类光盘和可重写光盘。档案级光盘是指耐久性达到特定要求和各项技术指标优于工业标准的可记录光盘。档案级光盘的归档寿命大于 20 年。

一、归档光盘档号编制

参照《档案数字化光盘标识规范》（DA/T 52—2014），光盘档案档号结构可为：全宗号－光盘档案代码和年度－光盘序号，如图 6-4-1 所示。

光盘档案代码：用“光盘”2 位汉语拼音首字母“GP”标识。

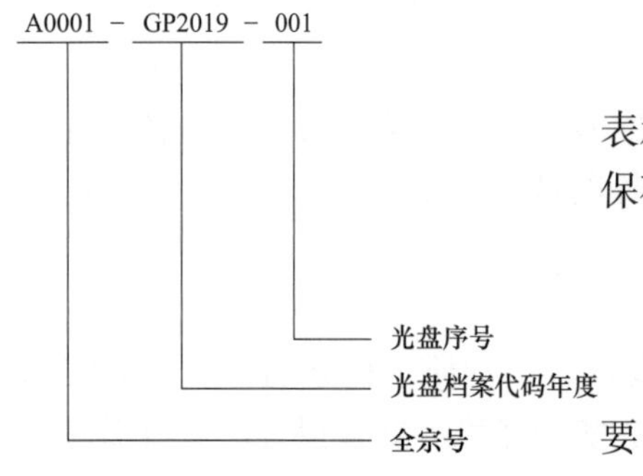

图 6-4-1　光盘档案档号结构示例

二、归档光盘套数

归档光盘一式 3 套，套号用大写英文字母 A 、B、C 表示，A 表示封存保管，B 表示查阅利用，C 表示异地保存。

三、归档光盘的标识

（一）盘盒纸标识内容

（1）封面标识：光盘编号、套号、全宗名称、内容摘要、保管期限、密级、保密期限、档案级光盘。

1）内容摘要：填写对档案信息内容的简要说明，标明光盘存储内容所对应的全宗号、目录号、起止卷号及起止时间。

2）保管期限：填写存储在光盘内档案的保管期限。

3）密级与保密期限：填写存储在光盘内档案的最高密级与最长保密期限。

4）档案级光盘：填写“是”或“否”。

光盘盘盒纸封面标识见表 6-4-1（表格中斜体字为填写示例）。

表 6-4-1　光盘盘盒纸封面标识

光盘编号	*C0706-GP2020-001*	套号	A		
全宗名称：*华能×××公司*					
内容摘要：*本光盘备份的是华能×××光伏项目光伏区建安工程档案。档号自 C0706-KJG02-0011-830-001～016，C0706-KJG02-0011-8311-001～015，C0706-KJG02-0011-8312-001～015 共 1263 个 PDF，4.05GB*					
保管期限	*30 年*	密级与保密期限	—	档案级光盘	*是*

（2）封底标识：文件格式、类型及容量、运行环境、制作单位、制作日期、复制单位、复制日期、备注。

1）文件格式：填写光盘内各种文件的存储格式。示例：PDF、DOC、XLS、RTF、AVI、TXT、JPEG、MPEG、MP3 等。

2）类型及容量：填写光盘载体的类型及存储数据的容量。

示例：CD-R、620MB；DVD-R、4.2GB 等。

3）运行环境：填写识别或操作档案光盘的软、硬件系统。

4）制作单位：填写制作光盘内容的立档单位。

5）制作日期：填写制作光盘的年、月、日。示例：20190630。

6）复制单位：填写复制光盘的单位。

7）复制日期：填写复制光盘的年、月、日。示例：20200630。

8）备注：填写特殊情况的说明。

光盘盘盒纸封底标识见表 6-4-2（表格中斜体字为填写示例）。

表 6-4-2　　　　光盘盘盒纸封底标识

<table>
<tr><td colspan="6">光盘背景信息</td></tr>
<tr><td rowspan="5">光盘编号：C0706-GP2020-001</td><td>文件格式</td><td>PDF</td><td>类型容量</td><td>DVD-R
4.05GB</td><td rowspan="5">光盘编号：C0706-GP2020-001</td></tr>
<tr><td>运行环境</td><td colspan="3">Windows 10，Adobe Reader</td></tr>
<tr><td>制作单位</td><td>×××有限公司</td><td>制作日期</td><td>20201220</td></tr>
<tr><td>复制单位</td><td></td><td>复制日期</td><td></td></tr>
<tr><td>备注</td><td colspan="3"></td></tr>
</table>

（3）盘脊标识：光盘编号（填写式样见附录 C.9）。

（二）盘面标识内容

光盘编号、套号、类型及容量、制作单位、制作日期、复制单位、复制日期。光盘盘面标识如图 6-4-2 所示（图中斜体字为填写示例）。

（三）填写要求

（1）盘盒纸标识：可书写型油墨印刷或可打印型油墨，也可使用毛笔或碳素、蓝黑色墨水钢笔填写，填写时字迹要工整。

（2）光盘盘面：填写时应使用符合档案保护要求的书写材料，光盘盘面禁止使用粘贴标签。

（3）打印：若通过光盘打印的方法制作光盘盘面，应使用支持光盘盘面的打印机。

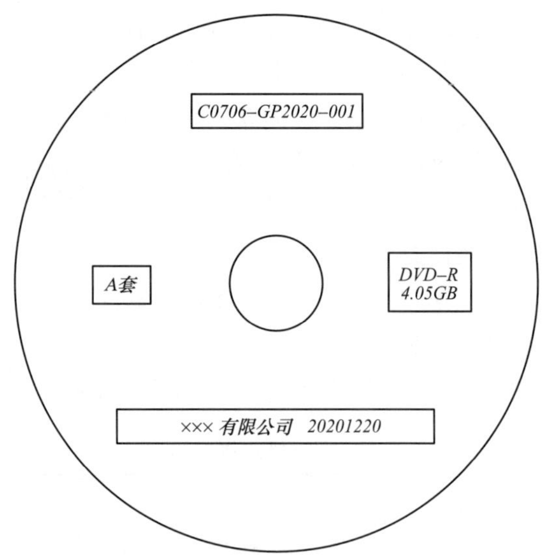

图 6-4-2 光盘盘面标识

四、归档光盘的保存

（1）光盘应放在光盘盒内，垂直置于光盘架内存放。

（2）禁止将光盘放置在高温、高湿环境或温、湿度迅变的环境中，禁止将光盘长时间暴露在日光或紫外光下。

（3）光盘应置于洁净度较高的环境中。

（4）防止光盘的机械碰撞和挤压变形。

五、归档光盘的使用

（1）在准备刻录光盘前才拆除串轴盒或光盘盒外的塑封包装，禁止在没有准备刻录光盘时打开光盘包装。

（2）禁止使用刻录机读取光盘。

（3）手拿光盘时用两个手指捏住光盘的中心孔和外缘，禁止用手弯曲光盘。

（4）使用非溶剂基墨水的软性标签笔在光盘标签面上书写光盘标签。禁止用硬笔在光盘标签面书写标签，禁止在光盘的激光读出面数据区书写标签。

（5）使用后立即将光盘放回光盘盒。

六、归档光盘的维护

（1）擦拭光盘去除光盘上灰尘、异物、污斑、指纹和液体，应使用干净的棉布从光盘的中心沿半径方向朝光盘的外缘擦拭，禁止沿光盘的圆周方向擦拭光盘。

（2）使用三级水清洁光盘，对实在难以清洁的，可使用稀释的异丙醇，用无绒布或擦镜纸做湿的擦洗和拭干。

第七章　项目档案信息化建设

本章主要介绍项目档案信息化建设有关内容，包括项目电子文件归档、项目电子档案管理、项目档案的数字化以及中国华能等三家单位在项目档案信息化建设方面的实践案例。

第一节　项目电子文件归档

项目电子文件是指建设项目在建设过程中通过计算机等电子设备产生的文字、图表、图像、音频、视频等不同形式的信息记录。项目电子档案是指建设项目建设过程中产生的、具有保存价值并归档保存的一组有联系的电子文件及其相关过程信息的集合。

一、职责与分工

项目电子文件归档和电子档案管理应当遵循项目建设和信息系统运行的规律，坚持统一管理、全程管理、规范标准、便于利用、安全保密的管理原则；应建立严格的管理制度，明确相关部门电子文件归档和电子档案管理的职责与分工。项目电子文件归档和电子档案管理的具体内容包括：

（1）档案部门负责制定电子文件归档与电子档案管理制度，提出业务系统电子文件归档功能要求，负责电子档案管理系统的建设与应用培训；负责指导电子文件形成或办理部门按归档要求管理应归档电子文件；负责电子文件归档和电子档案编目、管理和处置等各项工作。

（2）电子文件形成或办理部门负责电子文件的收集、整理、著录和移交归档等工作。

（3）信息化部门负责依据标准建设业务系统电子文件归档功能，参与电子档案管理系统建设，为电子档案管理提供信息化支持。

（4）保密部门负责监督涉密电子文件归档和电子档案的保密管理。

二、项目电子文件归档范围

光伏项目电子文件归档包括电子文件及其元数据归档。

（1）光伏建设项目电子文件归档范围参见附录 A。

（2）电子文件元数据归档范围。

1）应归档电子文件元数据应与电子文件一并收集、归档。

2）电子文件应归档元数据至少应包括：

a. 题名、文件编号、责任者、日期、机构或问题、保管期限、密级、格式信息、计算机文件名、计算机文件大小、文档创建程序等文件实体元数据。

b. 记录有关电子文件拟制、办理活动的业务行为、行为时间和机构人员名称等元数据。如收文发文包括：发文的起草、审核、签发、复核、登记、用印、核发等，收文的签收、登记、初审、承办、传阅、催办、答复等。如果采用业务系统产生施工、监理等文件，参照此条执行。

c. 声像类电子文件应归档元数据包括题名、摄影者、录音者、摄像者、人物、地点、业务活动描述、密级、计算机文件名等。

三、项目电子文件的收集与整理

（一）项目电子文件及其元数据的收集

（1）应在业务系统电子文件拟制、办理过程中完成电子文件的收集，声像类电子文件、在单台计算机中经办公、绘图等应用软件形成的电子文件的收集由电子文件形成部门基于电子档案管理系统或手工完成。

（2）齐全、完整地收集电子文件及其组件，电子文件内容信息与其形成时保持一致。

（3）业务系统应在电子文件拟制、办理过程中采集电子文件元数据。

（4）在档案管理系统中，著录、采集经办公、绘图等应用软件形成的各门类电子文件元数据，以及声像类电子文件元数据。

（二）项目电子文件的整理

（1）应在电子文件拟制、办理或收集过程中完成保管期限鉴定、分类、排序、命名、存储等整理活动。

（2）应以件为管理单位整理电子文件，也可根据实际以卷为管理单位进行整理。整理活动应保持电子文件内在的有机联系，建立电子文件与元数据的关联。

（3）应基于业务系统完成电子文件、纸质文件的整理，声像类电子文件的整理由电子文件形成部门基于电子档案管理系统或手工完成。

（4）项目电子文件分类按照附录A执行，保管期限分为永久、定期30年和定期10年。

（5）应在分类方案下按照业务活动、形成时间等关键字，对电子文件元数据、纸质文件目录数据进行同步排序，排序结果应能保持电子文件、纸质文件之间的有机联系。

（6）应按规则命名电子文件，命名规则应能保持电子文件及其组件的内在有机联系与排列顺序，能通过计算机文件名元数据建立电子文件与相应元数据的关联。

（7）可参照分类方案在计算机存储器中建立文件夹集中存储电子文件及其组件，完成整理活动。

四、项目电子文件归档

（一）项目电子文件归档程序与要求

（1）电子文件形成或办理部门、档案部门可在归档过程中基于业务系统、电子档案管理系统完成电子文件及其元数据的清点、鉴定、登记、归档等主要归档程序。

（2）应清点、核实电子文件的门类、形成年度、保管期限、件数及其元数据数量等。

（3）应对电子文件的真实性、完整性、可用性和安全性进行鉴定，鉴定合格率应达到100%，包括：电子文件及其元数据的形成、收集和归档符合制度要求；电子文件及其元数据能一一对应，数量准确且齐全、完整；电子文件与元数据格式符合要求；以专有格式归档的，其专用软件、技术资料等齐全、完整；加密电子文件已解密；电子文件及其元数据经安全网络或专用离线存储介质传输、移交；电子文件无病毒，电子文件离线存储介质无病毒、无损伤、可正常使用。

（4）档案部门应将清点、鉴定合格的电子文件及其元数据导入电子档案管理系统预归档库，自动采集电子文件结构元数据，通过计算机文件名建立电子文件与元数据的关联，在管理过程元数据中记录登记行为，登记归档电子文件。

(5) 应依据清点、鉴定结果，按批次或归档年度填写电子文件归档登记表（见表 7-1-1，表格中斜体字为填写示例），完成电子文件的归档。

表 7-1-1　　　　电子文件归档登记表

单位（部门）名称	*×××公司（×××建设单位××部门）*		
归档时间		归档电子文件门类	
归档电子文件数量	卷　　件　　张		
归档方式	*[在线归档/离线归档]*		
检验项目	检验结果		
载体外观检验	*外观良好，无划痕、无破损等现象*		
病毒检验	*经检查，无病毒*		
真实性检验	*移交归档的电子文件是本工程的真实记录*		
可靠性检验	*来源可靠*		
完整性检验	*电子文件及其元数据能一一对应，数量准确且齐全、完整*		
可用性检验	*可读、可利用*		
技术方法与相关软件说明 登记表、软件、说明资料检验	*[写明对技术方法与相关软件说明、登记表、软件、 说明资料检验的情况及结果]*		

电子文件形成或办理部门（盖章）：　　　　　　档案部门（盖章）：

负责人（签字）：　　　　　　负责人（签字）：

年　月　日　　　　　　年　月　日

注　数码照片、录音录像类电子档案移交按“数码照片归档登记表”（见表 6-1-1）和“录音、录像类电子文件归档登记表”（见表 6-2-1）及其移交清单执行，其他电子文件按此表执行。

（二）电子文件归档时间与归档方式

(1) 除合同或协议中另有约定外，各参建单位应当在项目通过交工验收后 3 个月内，将项目电子档案向建设单位移交；建设单位应当在项目竣工验收后 3 个月内，向使用单位移交项目电子档案。业务系统形成的电子文件可实时归档。

(2) 应基于安全的网络环境或专用离线存储介质，采用在线归档或离线归档方式，通过电子档案管理系统客户端或归档接口完成电子文件及其元数据的归档。

（三）电子文件归档格式

(1) 电子文件归档格式应具备格式开放、不绑定软硬件、显示一致性、可转换、易于利用等性能。

(2) 电子文件应以通用格式形成、收集并归档，或在归档前转换为通用格式。版式文件格式，可采用 PDF、PDF/A 格式。

(3) 以文本、位图文件形成的电子文件应按以下要求归档：电子公文正本、定稿、公文处理单应以版式文件格式，其他电子文件、电子文件组件可以版式文件、RTF、WPS、DOCX、JPG、TIFF、PNG 等通用格式归档；或电子文件及其组件按顺序合并转换为一个版式文件。

(4) 照片类电子文件以 JPEG、TIFF 等格式归档；录音类电子文件以 WAV、MP3 等格式归档；录像类电子文件以 MPG、MP4、FLV、AVI 等格式归档，珍贵且需永久保存的可收集、归档一套 MXF 格式文件。

（5）专用软件生成的电子文件原则上应转换成通用格式归档。

（四）电子文件元数据归档格式

（1）应根据电子文件归档接口以及元数据形成情况确定电子文件元数据归档格式，可以 ET、XLS、DBF、XML 等任一格式归档。

（2）声像类电子文件元数据、在单台计算机中经办公、绘图等应用软件形成的电子文件，可以 ET、XLS、DBF 等格式归档。

五、电子档案的编目

（1）应对电子档案与纸质档案进行同步整理审核、编制档号等编目活动。

（2）应采用文件级档号或唯一标识符作为要素为电子档案及其组件重命名，同时更新相应的计算机文件名元数据。

（3）完成整理编目后，应将电子档案及其元数据、纸质档案目录数据归入电子档案管理系统正式库，可参照分类方案在计算机存储器中建立文件夹集中存储电子文件及其组件，完成整理活动。

第二节　项目电子档案管理

建设单位应当建立项目电子档案管理系统，管理项目全部电子档案，系统应当具备接收登记、分类组织、鉴定处置、权限控制、检索利用、安全备份、统计打印、移交输出、系统管理等基本功能。

一、电子档案的存储

配置与项目电子档案管理系统相适应的在线存储设备，实现电子档案及其元数据的安全存储。

二、电子档案的备份

（1）统筹制定电子档案备份方案和策略，实施电子档案及其元数据、电子档案管理系统及其配置数据、日志数据等备份管理。

（2）应结合单位电子档案管理和信息化建设实际，实施电子档案近线备份与灾难备份。

（3）电子档案离线备份应采用一次写光盘、磁带、硬磁盘等离线存储介质，可根据异地备份、电子档案珍贵程度和日常应用需要等实际情况，制作相应的套数，并在装具上标识套别。

（4）离线存储介质应作防写处理；避免擦、划、触摸记录涂层；应装盒，竖立存放或平放，避免挤压；应远离强磁场、强热源，并与有害气体隔离等。

三、电子档案的利用

（1）应根据工作岗位、职责等要求在电子档案管理系统为利用者设置相应的电子档案利用权限。利用者应在权限允许范围内检索、浏览、复制、下载电子档案、电子档案组件及其元数据。

（2）电子档案及其元数据的离线存储介质不得外借，其使用应在档案部门的监控范围内。

（3）对电子档案采用在线方式提供利用时，应遵守国家有关信息安全的相关规定，从技术和管理两方面采取严格的管理措施。

（4）电子档案的提供利用应严格遵守国家相关保密规定。

四、电子档案的统计

（1）可按档案门类、年度、保管期限、卷数、件数、移交、电子档案容量等要素，对室藏电子档案数量等情况进行统计。

（2）可按年度、档案门类、保管期限、卷数、件数、利用人次、利用目的、复制、下载等要素对电子档案利用情况进行统计。

（3）根据工作需要对电子档案进行的其他相关统计。

第三节　项目档案的数字化

档案数字化是指利用扫描仪、照相机、计算机等设备和技术，对纸质、模拟录音、录像、实物等传统载体档案等进行数字化加工，将其转化为存储在磁带、磁盘、光盘等载体上的数字图像、录音、录像文件，并按照内在联系，建立起目录数据与之关联关系的处理过程。项目档案数字化是指对建设项目档案进行数字化加工处理并建立目录数据与数字化成果关联关系的处理过程。

应根据档案的珍贵程度、开放程度、利用率、亟待抢救程度、数字化资金情况等因素统筹规划、科学开展档案数字化工作。数字化加工过程中应采取有效的管理和技术手段，真实反映档案内容，确保档案数字化成果的质量，最大限度地展现档案原貌。

一、组织与管理

（1）应对档案数字化工作进行统筹规划、组织实施、协调管理，加强安全保障、技术保障、监督检查、成果验收等，确保数字化工作的顺利开展。

（2）应配备具有相应能力的工作人员，通过科学规范的管理制度，对数字化加工人员进行规范管理，对外聘工作人员进行严格审核。

（3）应配备专用的档案数字化加工场地，并进行合理布局；配置设施设备，满足档案数字化工作的需要。

（4）数字化加工场地的选择及温湿度等环境的控制应有利于档案实体的保护。场地内应配备可覆盖全部场地的防火、防水、防有害生物、防盗报警、视频监控等安全管理的设施设备。

二、基本环节

（一）办理档案出入库手续

档案管理人员应制定档案数字化工作方案，确定数字化对象，分别填写“纸质档案数字化交接登记表”（见表 7-3-1）和“实物档案数字化交接登记表”（见表 7-3-2），经档案部门负责人批准后，按照规定办理档案出入库手续。

注意：建设项目中形成的数码照片、录音、录像类电子档案为原生电子文件，不需要数字化加工。

表 7-3-1　　　　纸质档案数字化交接登记表

出库时间	批次	档号	件数	页数	出库人	数字化接收人	入库时间	入库检查人	备注

表 7-3-2　　　　实物档案数字化交接登记表

出库时间	批次	档号（起止）	件数	数字化方式	出库人	数字化接收人	入库时间	入库检查人	备注

（二）档案数字化基本环节

档案数字化的基本环节主要包括：数字化前处理、目录数据库建立、档案扫描或信息采集、图像或音视频处理、数据挂接、数字化成果验收与移交等。

（三）档案入库手续

档案数字化工作完成后，按照档案入库相关要求，对调取并进行数字化处理的出库档案进行处理和清点，并履行档案入库手续。

三、纸质档案数字化流程

（一）数字化前处理

（1）确定扫描页：原则上应将确定为数字化对象的纸质档案全部扫描，不宜进行挑扫。如有不需要扫描的页面应加以标注。

（2）编制页号：

1）应对没有页号或页号不正确的档案重新编制页号。

2）重新编制页号时，应在统一位置书写页号，且不压盖档案内容。

3）书写页号所使用的笔、墨等不应破坏档案原件或对档案长期保存造成影响。

4）应将破损页面、缺页等特殊情况进行登记。

（3）目录数据准备：

1）按照目录数据库建立时制定的数据规则，对照档案原件内容，规范档案中的目录内容。

2）对需在目录数据库中进行标记的情况进行标记。

（4）拆除装订：应以对纸质档案的保护为原则确定是否拆除装订；如需拆除装订物，应注意保护档案不受损害，并对排列顺序不准确的档案进行重排；特殊装订且拆除装订后需恢复的档案，在拆除装订物时应采用拍照等方式记录档案原貌，以便于恢复。

（5）技术修复：

1）破损严重或其他无法直接进行扫描的纸质档案，应先由专业技术人员进行技术修复。

2）褶皱不平影响扫描质量的纸质档案应先进行压平等相应技术处理。

（二）目录数据库建立

（1）目录数据库数据规则的制定应符合《档案著录规则》（DA/T 18—1999）要求。

（2）数据库选择应考虑可转换为通用数据格式，以便于数据交换。

（3）数据库结构的设计应特别注意保持档案的内在联系，有利于纸质档案数字化成果的管理和利用。

（4）将纸质档案数字化前处理工作中对纸质档案目录进行修改、补充的结果录入数据库，形成准确、完整的目录数据。

（5）可采用计算机自动校对与人工校对相结合的方式，对目录数据的质量进行检查，包括著录项目的完整性、著录内容的规范性和准确性等；发现不合格的数据应及时进行修改。

（三）档案扫描

（1）基本要求：档案扫描应根据纸质档案原件实际情况、数字化目的、数字化规模、计算机网络和存储条件等选择相应的扫描设备和进行相关参数的设置和调整。参数的设置和调整应保证扫描后数字图像清晰、完整、不失真，图像效果最接近档案原貌。

（2）扫描设备：

1）扫描设备的选择应特别注意对档案实体的保护，尽量采用对档案实体破坏性小的扫描设备进行数字化。

2）超出所使用扫描仪扫描尺寸的档案可采用更大幅面扫描仪进行扫描，也可以采用小幅面扫描仪分幅扫描后进行图像拼接的方式处理；分幅扫描时，相邻图像之间应留有足够的重叠，并且采用标板等方式明确说明分幅方法；若后期采用软件自动拼接的方式，重叠尺寸建议不小于单幅图像对应原尺寸的三分之一。

3）对于极其珍贵且尺寸不规则的档案，为方便直观显示原件大小，可采用标板、标尺等方式标识原件大小等信息。

4）应遵循相关设备的使用规律进行定期维护、保养。

（3）扫描色彩模式：

1）页面中有红头、印章或插有照片、彩色插图、多色彩文字等的档案，应采用彩色模式进行扫描。

2）页面为黑白两色，并且字迹清晰、不带插图的档案，可采用黑白二值模式进行扫描。

3）页面为黑白两色，但字迹清晰度差或带有插图的档案，也可采用灰度模式扫描。

（4）扫描分辨率：

1）扫描分辨率的选择，应保证扫描后图像清晰、完整，并综合考虑数字图像后期利用方式等因素。

2）扫描分辨率不应小于200dpi。如文字偏小、密集、清晰度较差的，以及需要进行OCR识别的档案，建议扫描分辨率不小于300dpi。

3）如有COM输出、仿真复制、印刷出版等其他用途时，可根据需要调整扫描分辨率。需要进行COM输出的档案，扫描分辨率建议不小于300dpi；需要进行高精度仿真复制的档案，扫描分辨率建议不小于600dpi；需要进行印刷出版的档案，可结合档案幅面、印刷出版幅面、印刷精度要求等选择合适的分辨率。

（5）存储格式：

1）纸质档案数字图像长期保存格式为TIFF、JPEG或JPEG2000等通用格式，图像压缩率的选择可根据实际应用的需求而定。

2）纸质档案数字图像利用时，也可从网络浏览速度、易操作性、存储空间占用等方面进行综合考虑，将图像转换为双层PDF、OFD等其他格式。

3）同一批档案应采用相同的存储格式。

（6）图像命名：

1）应以档号为基础对数字图像命名，图像命名方式的选择应确保图像命名的唯一性。

2）建议将数字图像存储为单页文件，并按档号与图像流水号的组合对图像命名。

3）数字图像确需存储为多页文件时，可采用该档案的档号对图像命名。

4）应科学建立纸质档案数字图像的存储路径，确保数据挂接的准确性。

（四）图像处理

（1）图像拼接：对分幅扫描形成的多幅数字图像，应进行拼接处理，合并为一个完整的图像，以保证纸质档案数字图像的整体性；拼接时应确保拼接处平滑地融合，拼接后整幅图像无明显拼接痕迹。

（2）旋转及纠偏：对不符合阅读方向的数字图像应进行旋转还原；对出现偏斜的图像应进行纠偏处理，以达到视觉上基本不感觉偏斜为准。

（3）裁边：如需对数字图像进行裁边处理，应在距页边最外延至少2～3mm处裁剪图像。

（4）去污：如需对数字图像进行去污处理，以去除在扫描过程中产生的污点、污线、黑边等影响图像质量的杂质，应遵循展现档案原貌的原则，处理过程中不得去除档案页面原有的纸张蜕变斑点、水渍、污点、装订孔等痕迹。

（5）图像质量检查：

1）数字图像不完整、无法清晰识别或图像失真度较大时，应重新扫描。

2）对于漏扫、重扫、多扫等情况，应及时改正。

3）数字图像的排列顺序与档案原件不一致时，应及时进行调整。

4）对数字图像拼接、旋转及纠偏、裁边、去污等处理情况进行检查，发现不符合图像质量要求时，应重新进行图像处理。

（五）数据挂接

（1）应借助相关软件对数据库中的目录数据与其对应的纸质档案数字图像进行挂接，以实现目录数据与数字图像的关联。

（2）逐条对挂接结果进行检查，包括目录数据与纸质档案数字图像对应的准确性、已挂接数字图像与实际扫描数量的一致性、数字图像是否能正常打开等，发现错误应及时进行纠正。

（六）数字化成果验收与移交

（1）验收方式：应采用计算机自动检验与人工检验相结合的方式对纸质档案数字化成果进行验收检验。

（2）验收内容：

1）纸质档案数字化成果包括数字图像、档案目录数据、元数据、数字化工作中产生的工作文件、存储载体等。

2）应对目录数据进行验收，主要包括数据库中各条目的内容、格式等的准确程度、必填项是否填写等。

3）应对元数据进行验收，主要包括元数据元素的完整性和赋值规范性等。

4）应对数字图像进行验收，主要包括数字化参数、存储路径、命名的准确性、图像的完整性、排列顺序的准确性、图像质量等。

5）应对数据挂接进行验收，主要包括目录数据与其对应的数字图像的挂接的准确性等。

6）应对档案数字化交接登记表等工作文件进行验收。

7）应对存储载体进行验收，主要包括载体的可用性、有无病毒等。

（3）验收指标：能够采用计算机自动检验的项目应采用计算机自动检验的方式进行100％检验，检验合格率应为100％；对于无法用计算机自动检验的项目，可根据情况以件或卷为单位采用抽检的方式进行人工检验；抽检比率不得低于5％，对于数据库条目与数字图像内容对应的准确性，抽检合格率应为100％，其他内容的抽检合格率不应低于95％。

（4）验收结论：

1）每批纸质档案数字化成果质量检验满足“验收内容”和“验收指标”要求，予以验收“通过”。验收未通过应视情况进行返工或修改后，重新进行验收。

2）验收完成后，形成验收报告，经验收组成员签字后生效。

（5）移交：

1）经验收合格的完整数据应及时进行备份。为保证数据安全，备份载体的选择应多样化，可采用在线、离线相结合的方式实现多套备份；备份数据应进行检验，检验内容主要包括备份数据能否打开、数据信息是否完整、文件数量是否准确等；数据备份后应在相应的备份介质上做好标签，以便查找和管理。

2）验收合格的数据及其备份数据应按照纸质档案数字化工作方案及时移交，并履行交接手续。

（七）档案归还入库

（1）档案装订：纸质档案数字化工作完成后，拆除过装订物的档案如需装订，应注意保持档案原貌，做到安全、准确、无遗漏。

（2）档案归还入库：按照档案入库相关要求对纸质档案进行处理和清点，并履行档案入库手续。

四、项目档案数字化注意事项

随着信息技术的不断发展以及“单套制”政策的出台，项目档案工作数字化转型是未来发展趋势。建设项目纸质档案数字化工作是过渡时期的一项重要工作，对于信息化基础较好的企业，应优先选择通过系统之间的对接实现项目电子文件归档和电子档案管理。

过渡期间，不得不采取数字化加工方式的企业，应注意不断提高纸质档案数字化加工质量，具体来说，就是“以用户利用为导向”，不断提升扫描质量。目前，很多档案管理系统具备全文检索功能，但是，很多建设项目在纸质档案数字化加工过程中将项目档案扫描成单层PDF，扫描分辨率有的更是高达600dpi，这就导致扫描文件过大，档案系统打不开或者打开速度较慢，且不能全文检索，给后期利用工作带来不便。

项目档案数字化加工过程中，扫描分辨率应根据文件实际选定，一般情况下采用黑白二值扫描，300dpi基本能够满足利用需要。扫描成的单层PDF的企业，可通过OCR转换工具，批量转换成双层PDF后再进行系统挂接。实验发现，单层PDF转换成双层PDF不仅可以实现全文检索，而且文件大小平均减少30%，极大减轻档案系统负担，提升打开文件速度与用户查找利用体验。

五、实物档案数字化流程

实物档案根据载体的不同，可分别采用扫描或拍摄的方法进行数字化。扫描方式适合于纸质载体的实物档案，如奖状、证书等；数码相机彩色拍摄方式，适合于非纸质载体的实物档案，如奖牌、奖杯、锦旗等。

采取扫描方式进行数字化的实物档案数字化流程同本章“纸质档案数字化流程”。

六、安全与保密

（1）应按照国家有关法律、法规，加强档案数字化各环节的安全管理，确保档案实体和信息安全。

（2）档案数字化可采用自主组织加工或档案数字化服务外包等方式。

（3）档案数字化采用自主组织加工的，应采取下列安全保密措施：

1）应组织数字化人员签署保密承诺书，自觉履行保密责任，防止失密、泄密事件发生。

2）应对档案数字化加工过程中涉及档案实体与档案数字化成果移交的各个环节，建立完备的登记和交接手续。

3）数字化加工设施设备不得与互联网连接。

4）数字化成果应通过验收且确认无病毒，方可按要求移交。

（4）档案数字化采用外包服务方式的，应按照《档案服务外包工作规范》（DA/T 68）相关部分执行。

第四节　案例:中国华能数字档案馆（室）建设探索与实践

中国华能集团有限公司（以下简称“中国华能”）成立于1985年，是以电为核心的国有重要骨干企业，业务涉及电力、煤炭、金融、科技及交通运输等产业，总装机容量2亿kW，年发电量超过7000亿kWh，约占全国的10%。中国华能集团有限公司的电力资产遍及31个省区市以及海外6个国家，资产总额超过1万亿元，在国内发电行业中率先进入世界企业500强，2021年排名为第248位。

一、案例概述

2018年4月，国家档案局确定中国华能总部等35家单位为全国企业数字档案馆（室）建设试点单位。中国华能按照“统一规划、统一标准、统一设计、统一投资、统一建设、统一管理”原则，以“大集中”方式建设华能系统统一的数字档案馆，经2年多建设、迭代、优化，累计300多家单位上线使用数字档案馆。中国华能数字档案馆坚持“以用户为中心，以利用为导向”理念，能够涵盖电子档案全生命周期管理，实现全系统档案信息资源的可控、能控、在控与共商、共建、共享。数字档案馆赋能档案工作，有力推动了企业档案工作数字化转型。

二、实施背景

（一）建设数字档案馆是国家经济发展对档案工作的必然要求

“互联网之父”罗伯特·卡恩认为，截至2025年全球可能会进入全数字时代。在这样的背景下，以“5iABCD”（5G、工业互联网、人工智能、区块链、云计算、大数据）为代表的数字技术迅速发展，网络强国、数字中国、智慧社会初现端倪。电子发票、电子商务、财务共享中心、工业互联网的广泛应用，使文件数据化、电子化趋势愈加明显，这给传统的纸质档案管理带来挑战。建设数字档案馆，实现对电子文件和电子档案真实、完整、可用和安全管理，是国家经济发展对档案工作的必然要求。

（二）建设数字档案馆是落实上级文件精神的内在要求

2014年1月，国资委印发《中央企业档案信息化建设工作指引》，要求各中央企业加快推进企业档案信息化建设，实现中央企业档案资源数字化、信息采集标准化、信息存储安全化、信息服务网络化。2017年9月，国家档案局印发《企业数字档案馆（室）建设指南》，从基础设施建设、电子档案管理系统建设、数字档案资源建设、制度规范建设、安全保密体系建设五个方面进行指引，为企业数字档案馆（室）建设工作提供了根本遵循。2020年6月20日，新修订的《中华人民共和国档案法》指出，企事业单位应当积极推进电子档案管理信息系统建设，与办公自动化系统、业务系统等相互衔接。有条件的档案馆（室）应当建设数字档案馆（室）。

（三）建设数字档案馆是数字经济时代企业档案工作数字化转型的必由之路

数字经济时代，给企业档案工作带来挑战：一是企业大量应用信息技术对档案管理效率的提高提出迫切需求；二是信息化条件下企业要求更便捷的获取档案信息；三是电子文件的大量出现，客观上要求应用信息技术手段开展档案工作。建设数字档案馆（室）能够有效提升公司整体档案管理水平，使档案工作与企业实力、价值相匹配。通过“大集中”部署方式建设数字档案馆（室），能够解决系统各单位各自为政建设档案管理系统导致的信息孤岛、资源重复投入等问题；能够实现有效的信息共享与档案工作统一领导、分级管理；全方位、全流程、全范围、深层次的档案数字化转型也是“十四五”时期企业档案工作的重点任务。

三、创新做法

如图 7-4-1 所示为中国华能数字档案馆（室）建设体系，图 7-4-2 所示为中国华能数字档案馆（室）界面改造图示。中国华能数字档案馆（室）建设的创新做法，可以归纳为“坚持一个中心、建立两个体系、抓好三项工作”。

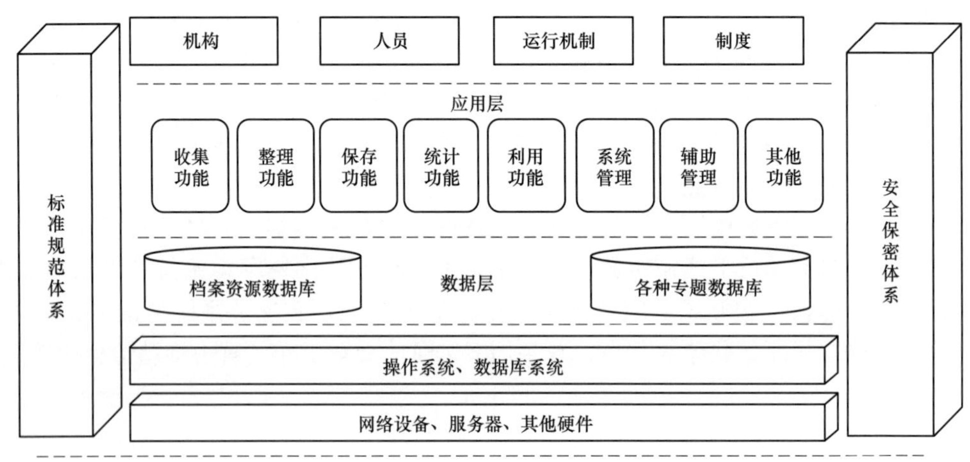

图 7-4-1　中国华能数字档案馆（室）技术建设体系

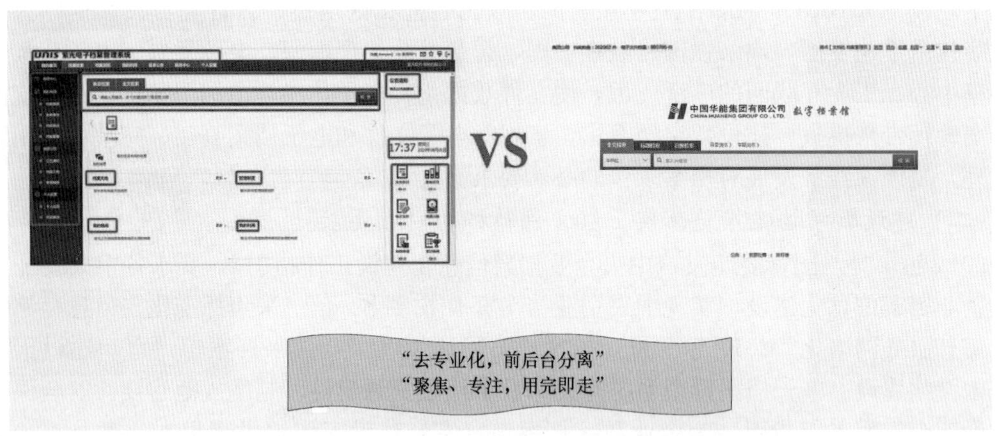

图 7-4-2　中国华能数字档案馆（室）界面改造图示

（一）坚持以用户为中心

1. 聚焦检索，扎实做好用户利用界面优化

良好的用户使用体验是数字档案馆（室）建设的重要方面，中国华能数字档案馆（室）建设始终坚持“以用户为中心，以利用为导向”理念，参照“百度”搜索引擎模式，契合用户上网习惯，去除档案有关元素，聚焦检索利用，让用户“用完即走”。采用“前后台分离”方式，前台界面设置“档案数量”“电子文件数量”指标，让用户实时掌握本全宗档案信息资源情况，倒逼全宗单位加快档案信息资源建设步伐；后台界面恢复档案专业版本，让专业的人干专业的事。

2. 不断迭代，将用户意见建议纳入系统优化需求

中国华能数字档案馆设置“我要吐槽”模块，收集用户意见建议，推动系统不断迭代升级。对于用户的“吐槽”，档案人员确保“凡是有交代，件件有着落，事事有回应”。系统上线以来，累计收到用户反馈数十项，按照用户建议优化了检索、档案借阅、公告、排行榜等模块。

3. 开放权限，用户视角展现档案信息资源

电子档案的保密与开放是一把双刃剑，中国华能在做好数字档案馆安全保密体系建设的同时，最大化用户利用权限。制定了数字档案馆档案利用权限管理办法，设置了公开、部门可见、条目可见、隐藏等四类权限，其中 80％以上的电子档案权限为公开，但用户只能浏览，下载需审批，且浏览时有个人信息水印；在用户检索结果界面，赋予每一件电子档案“可读”或者“需审批”标签，让用户一目了然；对于需审批的且不涉及商业秘密的电子档案，制度上授权档案管理员进行线上审批，档案审批流程由纸质状态下的 4 步优化成 2 步，极大提升用户档案利用体验。

（二）建立配套的档案制度体系

数字档案馆实施前，中国华能相关档案制度适用范围一般限定于总部或二级单位，很少涉及基层企业。本着为基层减负，并与“大集中”建设数字档案馆相匹配，中国华能在数字档案馆实施过程中，制定、修订档案相关制度 21 项，涉及档案数字化、元数据、权限、借阅等方面，其中“一贯到底”制度 16 项，二级单位、基层单位可直接使用，无需重新制定。完善的制度体系，为高质量推广数字档案馆奠定了坚实基础。

（三）建立安全保密体系

中国华能数字档案馆部署在企业内网中，与互联网严格物理隔离，系统已通过国家信息系统安全等级保护二级备案。中国华能数字档案馆建立了严格的安全保密体系，确保非授权用户“进不来，拿不走，赖不掉”，实现“保数据、保核心、保安全”目的。一是坚守“涉密不上网，上网不涉密”的底线。二是执行严格的“三员”管理制度，即系统管理员、安全保密管理员和审计管理员各司其职，相互制约。三是限制电子档案的下载，避免外泄。开发“收藏”功能，做到电子档案不落地，对于确需下载情况，可提交审批。四是全面的日志监控，包括登录日志、查询日志和检索日志。五是用户浏览电子档案原文时，会显示包含个人信息的水印，避免拍照、截屏等信息泄露风险。六是与系统运维人员签订保密承诺书，运维人员对服务器的任何操作必须经过第三方软件，且全程录频可追溯。

（四）抓好历史电子档案治理工作

档案信息资源建设是中国华能数字档案馆建设的重点与亮点，而历史电子档案治理又是档案信息资源建设的核心。中国华能下大力气整治历史电子档案：一是梳理完成 1985～2020 年部门历史沿革，根据元数据方案，补录相关元数据；二是开展压缩包文件专项整治工作，解压相关文件，转换成符合电子档案长期保存的格式，并优化办公自动化系统，严禁上传压缩包文件、补全前端系统元数据，从源头上堵住漏洞；三是为提升用户浏览电子档案体验，规范电子档案命名与排序；四是盘点纸质档案，摸清家底，做到纸质档案与数字档案馆中的电子档案一一对应；五是进行“四性检测”（即真实性、完整性、可用性、安全性），确保电子档案的真实、完整、可用与安全；六是按照知悉范围判定要求，给历史电子档案赋值权限，确保不因部门变换造成权限混乱。

（五）抓好档案专项工作模块开发工作

中国华能数字档案馆主要功能涵盖档案收集、整理、鉴定、销毁、检索、借阅、权限管控、全宗管理、库房管理、审计日志等，能够涵盖电子档案全生命周期管理工作，为完成相关档案专项工作，开发了相应模块。

1. 档案安全工作

为确保数字档案馆中档案信息资源的绝对安全，中国华能采购2套蓝光光盘库系统，分别放置山东与北京，实现异质异地备份，各单位通过“大集中”部署方式的数字档案馆统一使用蓝光光盘库资源。

2. 项目档案工作

按照《建设项目电子文件归档和电子档案管理暂行办法》（档发〔2016〕11号）要求，开发了电力科技档案管理模板模块。该模块主要以电力行业项目文件归档与档案管理规范为基础，以华能基层标杆电厂电力建设项目科技档案管理实际为参考，进一步细化并规范风电、光伏等项目文件的收集、整理工作，从源头上解决“归什么”“怎么归”“何时归”“由谁归”问题。项目建设单位可参照模板线上开展工程档案管理工作，确保建设项目文件的完整、准确、系统、规范与安全。

3. 档案评价工作

档案评价模块主要根据评价指标，对参评单位档案工作进行自评和复评，达到以评促教、以评促改的目的。档案评价模块支持上传不同的评价方案，对不同单位进行测评，如开展保密测评、公文测评等，实现一次开发建设，多业务共享共用效果。

4. 档案统计工作

严格按照《全国档案事业统计调查制度》要求，实现华能系统档案数据的填报、汇总与上报。

5. 排行榜模块

可根据用户检索、浏览、借阅情况实时展示热搜文件榜、借阅文件榜、个人榜等，也可手动上传各部门年度归档情况榜单、档案评价结果榜单等。

（六）抓好数字档案馆高质量推广工作

中国华能总部作为国家档案局确定的全国企业数字档案馆（室）建设试点单位之一，已完成试点任务，高标准通过了国家验收，形成了可推广的数字档案馆建设方案与档案工作模式。组建了400余人的数字档案馆全宗（立档单位）管理员人才队伍。为实现全系统档案信息资源统一管控、共享利用，各单位需激发全宗管理员工作活力，复制总部模式，实现“从1到N”。同时，档案工作者要从幕后走向前台，跳出“故纸堆”，在档案信息化中露头角、显芳华。

四、效果及影响

中国华能总部数字档案馆的建设带来了良好的经济效益，通过“大集中”部署方式建设数字档案馆，节约费用约2500万元；通过“单套制”归档，预计每年仅管理类文件归档即可节约费用上千万元。同时，数字档案馆的建设也带来了良好的管理效益，目前，中国华能总部数字档案馆有1985～2020年各类档案信息资源25万件，上线近1年来，用户查档量超过1万件次，是传统纸质档案利用模式的100倍；特别是疫情防控期间，数字档案馆为总部各部门提供了6000人次非接触性查档服务，真正做到了疫情防控期间档案工作“不断档”，档案服务“不打烊”；试点期间，累计接待来自各行各业的十多家央企60余人到公司调研学习，社会效益良好。

第五节　案例：　某通道项目电子档案管理探索与实践

某通道项目是集“桥、岛、隧、水下互通”于一体的世界级超大型集群工程，是国家“十三五”期间重大工程和粤港澳大湾区核心交通枢纽工程。该项目为国家档案局确定的第一批建设项目电子文件归档和电子档案管理试点项目。项目单位联合建筑信息模型（building information modeling，BIM）咨询单位，搭建协同管理平台，平台集成项目管理、OA系统、计量支付、质量监督管理、施工监测、拌和站管理等系统，在我国交通行业首次提供业主、监理、设计、施工、监控、监测等不同角色用户同一平台统一办公，引入CA认证技术完成各大业务系统升级改造，攻克身份认证、私钥加密、电子档案存储有效性等关键问题，很多做法值得借鉴。

一、试点目标

（1）研究建立以电子文件和电子档案规范化、科学化管理为核心，明确相关单位、机构、人员权责，覆盖“形成、流转、归档、利用”等全流程的项目电子文件管理制度体系。

（2）研究支撑建设项目电子文件凭证价值作用的技术应用，探索解决建设项目电子文件凭证效力问题的管理机制和管理模式。

（3）研究在建项目电子文件管理及其系统开发中涉及的元数据、电子签名、电子公章、封装和备份等相关技术方案。

（4）研究建设项目电子文件归档范围、保管期限和电子档案分类体系，探索项目电子档案“单套制”。

（5）根据国家档案局对建设项目和电子文件管理的总体要求，研究有可操作性的建设项目电子文件归档和电子档案管理系统功能需求。

（6）研究基于大数据、云计算的项目电子档案数据挖掘和利用技术。

二、主要做法

1. 创新档案工作管理模式

利用建筑信息模型（building information modeling，BIM）信息化管理平台，引入电子签名技术，实现档案与工程进度、质量、安全、造价等业务的协同管理，以BIM三维模型为载体，把项目智能建造、智慧工地和协同管理各模块统一集成，形成三维可视化的工程建设大数据平台。以该大数据平台为依托，实现项目“双套制”管理，并在此基础上探索建设项目电子档案“单轨制”管理模式。

2. 提前部署，通过合同约束落地

建设项目电子文件归档和电子档案管理工作在工程管理中推广应用需要两个前提条件，一是上级领导的积极支持，因为电子化管理将带来管理变革，很多人员会感到不适应，部门之间可能出现不配合现象；二是充足的资金保障。该试点单位将档案信息化工作纳入了项目建设计划和竣工验收要求，纳入了招标要求和合同管理，通过合同履约实现了试点工作落地。

3. 建章立制，以制度管理确保顺利推进

为确保电子档案与智慧建造相结合，项目单位编制了档案工作规划。该规划以智能建造为载体，以档案质量控制为核心，以电子档案管理为手段，创新采取线上指导线下模式，提前部署档案分类方案，实现虚拟预立卷；为统一标准、细化操作，发布《项目文件形成及整理管理办法》，对照传统档案管理办法，明确项目电子文件归档范围、保管期限和分类体系；制定档案考核评价办法，施行“惩罚到单位，奖励到个人”制度。

4. 引入 CA 认证，解决电子档案可信难题

为保证电子签名的合法性，按照国家要求，办理个人数字证书和单位电子公章，签署数字证书使用责任承诺函，由本人签名领取并拍照存档，确保数字证书领用手续规范；对项目上使用的质量管理系统、文档管理系统、计量管理系统和 BIM 系统分别引入 CA 认证，实现电子签名；将非人工采集的数据导入质量管理系统，在质量管理系统中进行数字签名，形成原始记录；所有文件采取版式文件格式保存，符合电子档案长期保存要求；各业务系统产生的电子文件与档案系统完成对接，实现在线归档。

5. 规范竣工图编制工作，实现电子化

以往项目建设中，施工单位（编制单位）在编制竣工图过程中，由于图号、图名规则相对施工图传承性差，随意性强，导致竣工图绘制版本不统一。此外，施工单位一般在完成90%施工乃至100%施工完毕后才进入竣工图编制准备阶段，施工单位往往过程管理不及时，管理变更文件、变更台账等不规范，导致最终竣工图绘制不完整，增加了后期竣工图审核返工量。另外，监理单位签字工作量大，整个项目竣工图编制进度也无法满足建设单位要求。

为使竣工图编制过程可控、可追溯、合规，该通道项目通过竣工图编制电子文件系统提供统一的组织机构树，各参建单位使用电子签名技术，在竣工图中作可视化签名，由施工单位进行变更令登记，上传至竣工图管理系统，系统根据变更令涉及内容（图册、图号、图纸），建立变更令、施工图、竣工图三者之间的关联关系，确保设计变更到位。同时，分散监理单位审核竣工图的时段，针对性强，确保监理单位审核到位。

6. 严格文件上传，确保电子化归档率

各参建单位上传电子文件时，需上传在 OA 系统、质量管理系统、计量变更系统、BIM 系统、竣工图编制管理系统中形成的电子文件及其元数据，不允许上传数字化扫描文件；前期工作形成的纸质文件，可数字化扫描后形成 PDF 格式文件上传，并完成主管签字确认，确保纸质档案与电子档案的一致性；上传文件题名按照制度要求进行统一命名和排序。

三、实现效果

通过全流程电子化管理，该建设项目电子化归档率高达95%以上，为建设项目电子档案“单套制”管理树立了榜样。

第六节　案例：某水电项目电子档案管理探索与实践

某央企集团下属水电站进行了电子文件归档和电子档案管理国家试点，取得了一定成效。

一、试点内容

根据国家档案局《建设项目电子文件归档和电子档案管理试点》方案要求，以某水电站施工管理 App 系统为载体，围绕“研究支撑建设项目电子文件凭证价值作用的技术应用，探索解决建设项目电子文件凭证效力问题的管理机制和管理模式”开展试点研究。

二、试点目标

基于施工管理 App，实现水电站具备条件的业务信息系统原生电子文件向数字档案馆系统归档，实现“单套制”管理目标。目前，已经实现大坝混凝土专业 27 种工序类质量验评文件电子归档，实现了“特定人员、指定地点、规定时间”“三位一体”的管理模式。

三、主要做法

将项目电子文件归档与电子档案管理要求前置业务系统，改造施工管理 App，采用电子签名、人像拍照、人员定位等技术实现“特定人员、指定地点、规定时间”，完成质量验评文件签字“三位一体”管理，确保施工现场验评电子文件的真实、有效，避免代签、未在现场核查即批量签，维护电子档案的原始记录性，并实现了原生性项目电子文件在线归档。某水电站质量验评文件“三位一体”管理示意图如图 7-6-1 所示。

“特定人员”是通过电子签名＋人像拍照技术实现；“指定地点”通过定位系统（GPS 和北斗）和 ZigBee 技术实现；“规定时间”通过执行严格的管理程序并应用信息化手段实现。

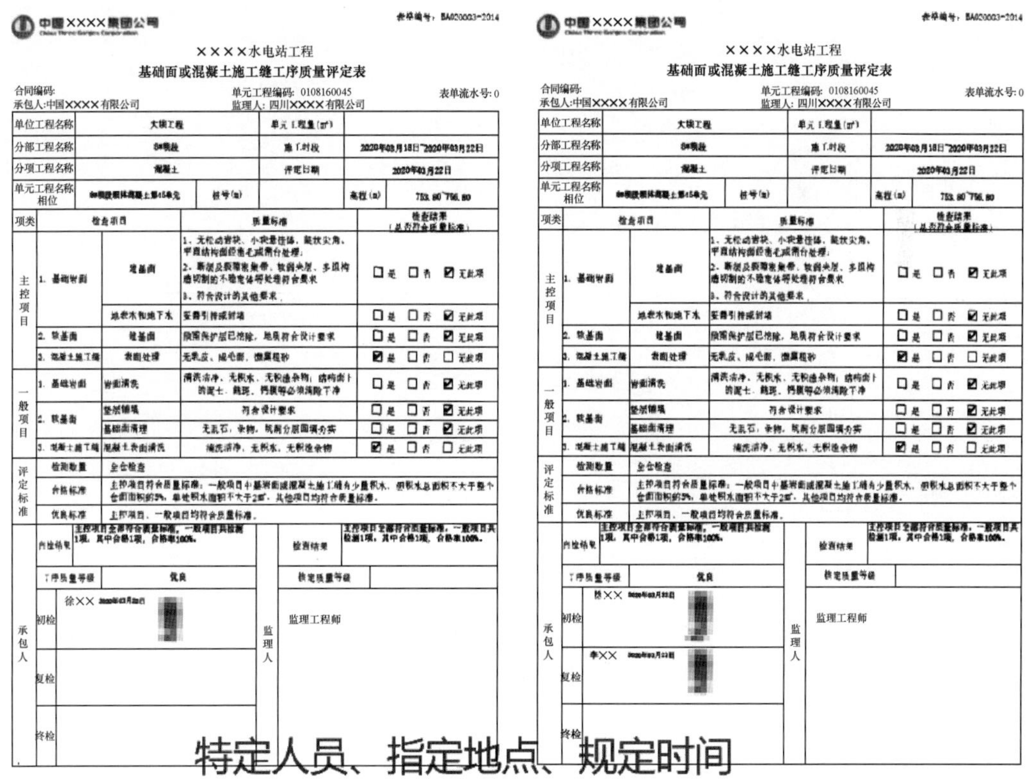

中国××××集团公司　　表单编号：BA020003-2014

××××水电站工程

基础面或混凝土施工缝工序质量评定表

合同编码:　　单元工程编码: 0108160045　　表单流水号: 0

承包人:中国××××有限公司　　监理人: 四川××××有限公司

单位工程名称	大坝工程		单元工程量(m³)	
分部工程名称	8#坝段		施工时段	2020年03月18日~2020年03月22日
分项工程名称	混凝土		评定日期	2020年03月22日
单元工程名称相位	8#坝段坝体混凝土第45单元	桩号(m)		高程(m) 753.80~756.80

项类	检查项目		质量标准	检查结果（是否符合质量标准）
主控项目	1. 基础岩面	建基面	1、无松动岩块、小块悬挂体、陡坎尖角，平面结构面已凿毛或用台处理；2、断层及裂隙密集带、软弱夹层、多组构造切割的不稳定体等处理符合要求；3、符合设计的其他要求	□是 □否 ☑无此项
		地表水和地下水	妥善引排或封堵	□是 □否 ☑无此项
	2. 软基面	建基面	预留保护层已挖除，地质符合设计要求	□是 □否 ☑无此项
	3. 混凝土施工缝	表面处理	无乳皮、成毛面，微露粗砂	☑是 □否 □无此项
一般项目	1. 基础岩面	岩面清洗	清洗洁净、无积水、无积渣杂物；结构面上的泥土、锈斑、钙膜等必须清除干净	□是 □否 ☑无此项
	2. 软基面	垫层铺填	符合设计要求	□是 □否 ☑无此项
		基础面清理	无乱石，杂物，坑洞分层回填夯实	□是 □否 ☑无此项
	3. 混凝土施工缝	混凝土表面清洗	清洗洁净，无积水，无积渣杂物	☑是 □否 □无此项
评定标准	检测数量		全仓检查	
	合格标准		主控项目符合质量标准；一般项目中基础面或混凝土施工缝有少量积水，但积水总面积不大于整个仓面面积的5%，单处积水面积不大于2m²，其他项目均符合质量标准。	
	优良标准		主控项目、一般项目均符合质量标准。	

承包人			监理人	
自检结果	主控项目全部符合质量标准，一般项目共检测1项，其中合格1项，合格率100%。		检查结果	主控项目全部符合质量标准，一般项目共检测1项，其中合格1项，合格率100%。
工序质量等级	优良		核定质量等级	
初检	徐×× 2020年03月22日		监理工程师	
复检				
终检				

中国××××集团公司　　表单编号：BA020003-2014

××××水电站工程

基础面或混凝土施工缝工序质量评定表

合同编码:　　单元工程编码: 0108160045　　表单流水号: 0

承包人:中国××××有限公司　　监理人: 四川××××有限公司

单位工程名称	大坝工程		单元工程量(m³)	
分部工程名称	8#坝段		施工时段	2020年03月18日~2020年03月22日
分项工程名称	混凝土		评定日期	2020年03月22日
单元工程名称相位	8#坝段坝体混凝土第45单元	桩号(m)		高程(m) 753.80~756.80

项类	检查项目		质量标准	检查结果（是否符合质量标准）
主控项目	1. 基础岩面	建基面	1、无松动岩块、小块悬挂体、陡坎尖角，平面结构面已凿毛或用台处理；2、断层及裂隙密集带、软弱夹层、多组构造切割的不稳定体等处理符合要求；3、符合设计的其他要求	□是 □否 ☑无此项
		地表水和地下水	妥善引排或封堵	□是 □否 ☑无此项
	2. 软基面	建基面	预留保护层已挖除，地质符合设计要求	□是 □否 ☑无此项
	3. 混凝土施工缝	表面处理	无乳皮、成毛面，微露粗砂	☑是 □否 □无此项
一般项目	1. 基础岩面	岩面清洗	清洗洁净、无积水、无积渣杂物；结构面上的泥土、锈斑、钙膜等必须清除干净	□是 □否 ☑无此项
	2. 软基面	垫层铺填	符合设计要求	□是 □否 ☑无此项
		基础面清理	无乱石，杂物，坑洞分层回填夯实	□是 □否 ☑无此项
	3. 混凝土施工缝	混凝土表面清洗	清洗洁净，无积水，无积渣杂物	☑是 □否 □无此项
评定标准	检测数量		全仓检查	
	合格标准		主控项目符合质量标准；一般项目中基础面或混凝土施工缝有少量积水，但积水总面积不大于整个仓面面积的5%，单处积水面积不大于2m²，其他项目均符合质量标准。	
	优良标准		主控项目、一般项目均符合质量标准。	

承包人			监理人	
自检结果	主控项目全部符合质量标准，一般项目共检测1项，其中合格1项，合格率100%。		检查结果	主控项目全部符合质量标准，一般项目共检测1项，其中合格1项，合格率100%。
工序质量等级	优良		核定质量等级	
初检	[illegible]×× 2020年03月22日		监理工程师	
复检	李×× 2020年03月22日			
终检				

图 7-6-1　某水电站质量验评文件“三位一体”管理示意图

四、实现效果

该试点项目实现质量验评等文件“三位一体”管理（特定人员、指定地点、规定时间），确保该类归档电子文件的原始记录性，能够有效防止施工阶段相关人员不在现场、代签、签字无效等问题发生。

第八章　项目档案验收

本章以中国华能集团有限公司组织的项目档案验收为例，介绍项目档案验收工作情况。

第一节　验　收　组　织

一、确定验收管理权限

根据电力建设项目的规模和类型，按以下原则开展档案专项验收工作：

（1）光伏项目核准容量200MW及以上由集团公司办公室组织验收；200MW以下由所属产业（区域）公司组织验收，验收结果报集团公司备案。

（2）重大科技示范项目，政府或集团公司认定的重点工程或对集团公司发展有重大经济、社会、战略影响的项目由集团公司组织验收。

二、项目档案验收组的组成

（1）集团公司组织的项目档案验收，验收组由集团公司办公室、项目所在地省（市）级档案行政管理部门、项目主管单位档案部门人员和专家组成。

（2）产业（区域）公司组织的项目档案验收，验收组由组织单位、项目所在地省（市）级或地市级档案行政管理部门人员和专家组成，集团公司指定两名档案专家参加。

（3）项目档案验收组人数为不少于5人的单数。项目档案验收组组长由验收组织单位人员担任，必要时可邀请有关专业技术人员参加。

第二节　验收依据及条件

一、验收依据

光伏发电建设项目档案验收依据《光伏发电建设项目文件归档与档案整理规范》（NB/T 32037—2017）《建设项目档案管理规范》（DA/T 28—2018）《科学技术档案案卷构成的一般要求》（GB/T 11822—2008）及相关标准规范开展。

二、验收条件

（1）项目主体工程和辅助设施已按照设计建成，能满足生产或使用的需要。

（2）项目试运行指标考核合格或者达到设计能力。

（3）完成了项目建设全过程文件材料的收集、整理与归档工作。

（4）项目档案的分类、组卷、编目等整理工作基本完成。

（5）各专项验收工作基本完成。

三、验收前的自检

项目档案验收前，项目建设单位应组织项目设计、施工、监理等方面负责人以及有关人员，根据档案工作的相关要求，依照“中国华能集团有限公司建设项目档案验收细则”进行全面自检，见表8-2-1。

表8-2-1　　中国华能集团有限公司建设项目档案验收细则

序号	验收项目	验收内容及要求	备查材料	备注
1	**项目档案基础管理工作**			
1.1	建立项目档案管理体制	（1）认真贯彻执行国家档案工作法律法规，建立了切合实际的项目档案工作管理体制和工作程序 （2）根据国家、行业档案管理相关标准规范，结合建目实际，制定了项目档案管理制度，编制了项目文件归档范围和档案保管期限表	建设单位制定的相关制度、归档范围、保管期限表和有关文件	
1.2	建设单位对项目档案工作实行统一管理	（1）建设单位对项目档案工作负总责，对项目档案工作实行统一管理、统一制度、统一标准，对本单位各部门和设计、施工、监理等参建单位进行有效的监督、指导、培训 （2）建设单位及各参建单位加强项目文件过程管理，通过节点控制强化项目文件管理，实现从项目文件形成、流转到归档管理的全过程控制 （3）项目档案管理纳入项目建设管理，制定了项目档案管理工作计划，检查工程进度、质量的同时检查项目档案的收集、整理情况，确保项目档案工作与项目建设同步进行	档案移交计划；档案工作方案及交底记录；相关指导、检查记录及问题整改记录等	
1.3	项目档案工作实行领导负责制	（1）明确了项目档案工作分管领导及归口管理部门，建立了由建设单位及施工、设计、监理等单位专兼职档案人员组成的档案管理网络 （2）实行了各部门和有关人员归档工作责任制并有考核和控制措施	领导分工、机构设置文件、部门职责分工、人员岗位职责、档案管理网络图	
1.4	项目档案纳入合同管理	（1）项目文件材料的收集、整理和归档工作纳入项目建设单位与有关单位签订的合同、协议中 （2）合同、协议中明确了项目文件的管理责任，监理单位对项目文件和档案的检查、审查责任 （3）对参建单位进行合同履约考核时，将项目文件是否按要求管理和归档作为合同款支付的前提条件，档案人员参与合同付款签字	相关合同协议、档案人员参与合同付款的凭证性文件	*
1.5	档案工作人员配备	（1）建设、监理及施工单位等配备了适应工作需要的专职档案人员，在项目建设期间保持档案人员的稳定 （2）档案人员具备档案专业知识和技能，熟悉相关工程管理和专业知识，经过项目档案管理培训，并取得培训证书	有关文件、档案人员培训证明文件等	

续表

序号	验收项目	验收内容及要求	备查材料	备注
1.6	档案信息化建设	(1) 使用符合档案管理要求的软件，并纳入集团公司数字档案馆统一建设，项目档案实现了信息化管理 (2) 配置了满足档案信息化需要的硬件设施、设备	软件使用及系统运行情况	
1.7	档案工作所需经费落实	(1) 档案室（馆）必备设施、设备等的经费落实 (2) 保障项目档案工作正常开展的经费落实	有关凭证性材料	
2	**项目档案完整性、准确性、系统性、规范性情况**			
2.1	项目档案的完整性	按照《建设项目档案管理规范》和行业有关标准规范所确定的内容，将项目建设全过程中应归档的各种载体文件（原件）收集齐全		
2.1.1	项目前期文件	(1) 项目核准、开展前期工作的请示与批复 (2) 预（初）可研及可研报告、审查意见 (3) 配套设施可研报告、审查意见及接入意见、行政许可意见 (4) 项目选址的请示与批复、压覆矿产、文物、军事和净空高度等审查意见、证明及批复 (5) 节能、环境影响、安全设施、水土保持、水资源论证、职业病危害、地震安全性及地质灾害等评估报告、审查意见及批复、备案登记、许可证书 (6) 工程规划许可证	归档范围 归档目录 档案实体	*
2.1.2	设计文件	(1) 地质、地形勘察报告及图纸，重要土岩样及说明等文件材料 (2) 地形、地貌、控制点、建筑物、构筑物及重要设备安装测量定位、观测记录 (3) 水文、气象、地震等文件材料 (4) 水质、水源、煤质等资源分析报告及选用批复 (5) 初步设计、审查意见、初步设计（概算）的批复 (6) 施工图	归档范围 归档目录 档案实体	
2.1.3	项目准备及项目管理性文件	(1) 建设项目用地申请、批复相关文件，征地拆迁、移民、安置及补偿的规划、合同、协议等文件，用地规划许可证、使用许可证等 (2) 工程、设备、物资（材料）等招投标文件 (3) 工程、设备、物资（材料）、其他项目等合同、协议文件 (4) 项目开工审批、施工组织设计及审查文件 (5) 物资管理台账、海关检验及缺陷索赔 (6) 质量监督机构成立文件，各阶段质量检查意见、报告及结论，监检报告及整改验收	归档范围 归档目录 档案实体	*

续表

序号	验收项目	验收内容及要求	备查材料	备注
2.1.4	施工文件（含土建、安装）	（1）开工报告、图纸会检 （2）施工组织设计、作业指导书、方案（措施）及交底 （3）原材料及构件质量证明文件、复检报告、现场检验报告、跟踪记录台账 （4）设计更改文件（变更单、材料代用单、工程联系单、更改登记表等） （5）施工记录、性能测试、单体调试及试验记录 （6）施工测量、观测、检测、校验等记录及报告 （7）缺陷处理记录 （8）隐蔽工程验收记录、中间验收及交工验收签证 （9）质量验收、控制文件核查表 （10）竣工报告、竣工验收记录、质量评价文件等	归档范围 归档目录 档案实体	*
2.1.5	监理文件	（1）工程监理大纲、规划、细则、工程师通知单、记录、纪要、月报、控制文件等 （2）设计监理策划、监理记录、监理审查记录等 （3）设备监检大纲、监造记录、见证记录及意见	归档范围 归档目录 档案实体	*
2.1.6	调整与试验文件	（1）调试大纲、调试计划、调试方案、技术交底 （2）整套（分系统）调试签证、调试报告、质量验收文件 （3）性能试验报告、特殊试验报告及其他试验报告	归档范围 归档目录 档案实体	
2.1.7	竣工与验收文件	（1）启委会成立文件、移交生产交接签证书 （2）工程建设、设计、监理、施工、调试、生产等单位工程总结 （3）工程质量评估报告、检查报告、保修书 （4）工程决算、交付使用的财产总表及审计文件 （5）环保、消防、职业卫生、安全设施、水土保持、档案等专项验收或备案等文件 （6）建设项目整体竣工验收文件 （7）达标、创优等验收文件 （8）各专业竣工图	归档范围 归档目录 档案实体	*
2.1.8	生产准备及考核期文件	（1）生产准备、人员培训 （2）业务许可证（电、水等） （3）考核期沉降观测、水文、气象观测（监测）记录与报告等 （4）系统图（布置图），运行、检修技术标准规程、规范等 （5）运行记录、日志、操作票和工作票等 （6）设备缺陷及处理记录	归档范围 归档目录 档案实体	

续表

序号	验收项目	验收内容及要求	备查材料	备注
2.1.9	设备文件	（1）设备、仪器出厂合格证及质量证明文件、开箱记录等 （2）设备、仪器装箱单、出厂保修单、工具单、备品备件单等 （3）设备、仪器使用、操作、维护说明书等 （4）设备、仪器随机图纸、安装总图及零配件图等 （5）设备、仪器安装调试、检验报告、安全性能检测、金属监督报告及检测文件等	归档范围 归档目录 档案实体	
2.1.10	其他载体档案	（1）声像文件应有建设、施工、监理单位从项目立项、施工前后、施工过程到工程竣工验收全过程形成的原始面貌记录、开竣工仪式、领导视察、各类会议、与工程有关的重大活动、各单位工程、重要分部、分项工程、隐蔽工程、关键节点工序、重要部位、地质及施工缺陷处理、工程质量、设备缺陷、安全事故、重大事件及其他具有保存价值的照片、录音及录像等 （2）电子文件应有建设、施工、监理等单位在项目建设过程中产生的以数码形式存储于磁带、磁盘、光盘等载体的文本、图像、图形、音频、视频等电子文件 （3）实物档案应有项目建设过程中产生的各类具有保存价值的实物	归档范围 归档目录 档案实体	
2.1.11	项目档案管理卷	（1）项目概况 （2）项目标段划分、单位工程一览表、项目划分表 （3）参建单位归档情况说明、档案收集整理情况说明、交接清册 （4）招投标、合同清单、设备清单、设计变更清单 （5）档案业务指导、检查（咨询）意见及整改记录 （6）其他说明项目档案管理情况的有关文件材料	相关文件材料	*
2.2	项目档案的准确性	档案内容真实反映项目（工程）竣工时的实际情况和建设过程，做到图物相符，技术数据准确可靠，签章手续完备		
2.2.1	归档文件质量要求	（1）主送或抄送本单位的归档文件应为原件，如无原件，有相应的补救措施 （2）归档文件内容完整准确、签章手续完备 （3）归档文件字迹清楚、图样清晰、图表整洁 （4）电子文件元数据收集齐全完整准确；电子文件无病毒，电子文件离线存储介质无损伤、可正常使用，并在内容、相关说明及描述方面与纸质档案保持一致，且二者建立关联	已归档的文件材料	#

续表

序号	验收项目	验收内容及要求	备查材料	备注
2.2.2	档案编目	(1) 案卷题名简明、准确 (2) 案卷封面、案卷脊背、卷内目录及备考表填写准确 (3) 案卷目录、电子文件目录及其他载体档案目录准确无误，编目符合著录规则	案卷题名 案卷目录 卷内目录 备考表	#
2.2.3	竣工图 编制质量	(1) 竣工图完整、准确、规范、清晰、修改到位，真实反映竣工时的实际情况 (2) 竣工图的修改方式及编制范围符合行业标准，变更依据性文件上注明被修改的图号 (3) 有竣工图编制说明、卷册目录、设计变更清册 (4) 监理单位按规定组织审核了竣工图	竣工图	*
2.3	项目档案 的系统性	按其形成规律，保持各部分之间的有机联系，分类科学，组卷合理		
2.3.1	档案分类	文件材料分类清晰、准确，制定了其他载体档案分类方案，符合国家或行业标准	分类方案与案卷分类情况	#
2.3.2	档案组卷	(1) 卷内文件排列有序，遵循项目文件的形成规律和成套性特点，保持卷内文件的有机联系 (2) 组卷合理，便于保管和利用	项目档案案卷	#
2.3.3	档案移交	(1) 各参建单位按规定时间向建设单位移交档案，并有完备的交接手续 (2) 建设单位各职能部门按归档范围及时向档案室移交应归档的项目文件，移交手续齐全	项目档案交接签证表、移交目录等	
2.3.4	检索利用	(1) 开展多种形式的档案利用工作，有项目档案利用效果登记 (2) 编制必要的检索工具，可快速检索、统计、利用	提供档案利用情况及利用效果反馈记录、检索工具等	
2.4	项目档案的 规范性	项目文件形成符合国家有关法律法规、国家和行业有关技术规范和标准的规定，档案整理、编目及移交手续规范		
2.4.1	归档文件形成 规范	(1) 工程用表符合相关标准、规范，内容填写规范 (2) 竣工图编制规范，竣工图章使用规范，签字手续完备	已归档的 文件材料	#
2.4.2	档案整理规范	(1) 案卷封面、案卷脊背、案卷目录、卷内目录及备考表等编制、填写规范 (2) 纸质档案装订规范 (3) 电子文件、照片、录音录像电子档案及实物档案编目规范 (4) 案卷排架规范	案卷题名 案卷目录 卷内目录 备考表等	#

续表

序号	验收项目	验收内容及要求	备查材料	备注
2.4.3	电子文件格式、命名、存储规范	（1）电子文件格式符合国家规定的电子档案长期保存的格式要求 （2）归档的电子文件命名规范 （3）电子文件存储结构、存储载体标志符合相关规范要求 （4）存储介质设置成禁止写入状态	已归档的电子文件	#
3	**项目档案的安全**			
3.1	档案库房	（1）有符合档案安全保管要求的专用库房，做到档案库房、阅览室、办公室三分开 （2）采取了防火、防盗、防光、防有害气体、防水、防潮、防虫、防尘、防高温措施 （3）配备空调机、去（加）湿机、排风扇、温湿度测试仪、灭火器等档案保护设备	实地检查	
3.2	档案装具	（1）档案柜架等装具符合国家标准，数量充裕，档案柜架标识清楚、排列整齐、间距合理 （2）卷皮、卷盒等装具牢固、美观，质量符合国家标准	实地检查	
3.3	载体制成材料	（1）文件材料的载体和书写材料符合耐久性要求，并保证载体的有效性 （2）档案异质备份载体符合规定要求	实地检查	#
3.4	安全措施	（1）对不同载体的档案，采取有效措施，确保档案实体安全 （2）数字档案馆与互联网物理隔离，有防病毒措施且数据有备份，档案数字化外包有安全管理措施，档案提供利用遵守利用权限管理规定和相关保密管理规定，保证档案信息的安全	实地检查	*
验收结论				

注　1. 标有“*”号的项目为验收重点。
2. 标有“#”号的项目为共查内容。

第三节　验　收　申　请

一、填写“申请表”和“申请报告”

填写“中国华能集团有限公司建设项目档案验收申请表”（见附录C中C.10）和“中国华能集团有限公司建设项目档案验收申请报告”（见附录C中C.11）。

纳入集团公司年度档案验收计划的项目，建设单位经自检符合验收条件的，应在项目竣工验收3个月之前向其主管单位申请项目档案验收，并填报《中国华能集团有限公司建设项目档案验收申请表》。

二、产业（区域）公司审核“申请表”和“申请报告”

产业（区域）公司要严格审核建设单位项目档案验收申请报告及相关材料，对不具备验收条件的申请应退回不予办理。

第四节　验　收　要　求

一、下达验收计划

产业（区域）公司于每年年底前向集团公司上报下一年度项目档案验收计划（见附录C中C.12），集团公司于每年2月底前下达本年度档案验收计划。

二、验收前指导和咨询

集团公司组织档案验收的项目，产业（区域）公司应做好验收前的指导和咨询，必要时可组织预检，集团公司根据工作需要安排专家进行验收前咨询指导。

三、产业（区域）公司档案验收报备工作

(1) 产业（区域）公司应严格按照验收程序和要求，认真做好验收权限范围内的项目档案验收工作，验收通知须抄送集团公司，并在验收存在问题整改完成后印发验收意见，验收意见及相关材料抄送集团公司备案。

(2) 集团公司派出的专家应在验收工作结束后10个工作日内将“中国华能集团有限公司建设项目档案验收组成员检查情况反馈表”（见附录C中C.22）报送集团公司办公室。

四、建设单位和参建单位准备会议相关材料

会议材料内容及格式见附录C中C.13～C.20，建设单位对监理、设计、施工及调试等单位汇报材料进行审核把关，做到汇报内容与实际工作相符。

第五节　验　收　程　序

(1) 项目档案验收以验收组织单位召集验收会议的形式进行。

(2) 项目档案验收组全体成员参加会议，项目建设、监理、设计、施工、调试和生产运行管理或使用单位的有关人员列席会议。

(3) 项目档案验收会议的主要议程。

1) 项目建设单位（法人）汇报项目建设概况、项目档案工作情况。

2) 监理单位汇报项目档案质量的审核情况及监理文件的收集整理、归档工作情况。

3) 设计、施工等参建单位汇报项目建设过程中档案的收集整理及归档工作情况。

4) 项目档案验收组检查项目档案情况。

5) 验收组对项目档案质量进行综合评价。

6) 验收组反馈检查发现的主要问题，提出整改建议，并宣布档案验收意见。

(4) 检查项目档案。验收组成员根据“中国华能集团有限公司建设项目档案验收细则”（见表8-2-1），采用质询、现场查验、抽查案卷等方式进行。抽查的档案应覆盖项目建设各阶段，反映项目建设总体情况，满足验收质量评价需要。抽查重点为项目前期管理性文件、隐蔽工程文件、竣工文件、质检文件、重要合同、协议等。

第六节　验　收　意　见

一、项目档案验收意见的主要内容

（1）项目建设概况。

（2）项目档案管理情况，包括：项目档案工作的基础管理情况；项目文件材料的形成、收集、整理与归档情况；竣工图的编制情况及质量；档案的种类、数量，档案的完整性、准确性、系统性、规范性及安全性评价等。

（3）存在问题及建议。

（4）档案验收的结论性意见。

（5）验收组成员签名（见附录C中C.21）。

二、项目档案验收结果

项目档案验收结果分为合格与不合格，项目档案验收组半数以上成员同意通过验收的为合格。

三、印发验收意见

对通过项目档案验收、但需要做部分整改的，由产业（区域）公司督促建设单位认真进行整改，同时严格审核整改落实情况。建设单位向主管单位报送整改情况及“中国华能集团有限公司建设项目档案验收存在问题与整改情况汇总表”（见附录C中C.23）和相关佐证材料。经主管单位审核，确认问题整改落实后，报项目档案验收组织单位印发正式验收意见。

四、其他

（1）对未通过项目档案验收的，项目建设单位应在完成相关整改工作后重新申请验收。

（2）产业（区域）公司应认真履行对项目建设单位档案指导、检查职责，集团公司办公室按照本办法和年度验收工作计划进行监督检查，对未按要求组织验收或未按计划完成验收的单位进行通报。

附录A　光伏发电项目档案分类、归档范围和保管期限表

分类号	类目名称	归档文件	归档单位	保管期限	备注
6	电力生产				
60	综合				
600	电力生产综合	电力生产综合月报等	运行单位	10年	
61	生产准备				
610	综合	生产准备综合类文件	运行单位	30年	
611	准备	生产准备机构成立文件	运行单位	永久	
		生产准备人员培训计划、教材、培训记录	运行单位	永久	
		运行人员资格证、特种人员资格证	运行单位	永久	
		生产准备大纲及审批、应急预案和应急措施及审批	运行单位	永久	
		并网验收意见、并网申请	运行单位	永久	
		接入系统报告审查意见、接入系统报告	运行单位	永久	
		光伏电站电调设备命名编号的批复、请示或设备命名编号的通知	运行单位	永久	
		电力业务许可证	运行单位	永久	
		倒送电阶段的关口计量装置投入使用凭证、关口计量装置生产期定期检定证书	运行单位	10年	
		高压供电、购售电合同及并网调度协议	运行单位	永久	
		有关上网电价文件	运行单位	永久	
		其他相关文件	运行单位	永久/30年/10年	
612	技术文件	系统图、布置图等	运行单位	30年	
		运行、检修、安全、生产规程及导则	运行单位	30年	
		生产期保护定值报告、保护定值单、整定计算书	运行单位	30年	
619	其他	生产准备其他文件	运行单位	永久/30年/10年	
62	生产运行				
620	综合	生产运行方案、措施、专题总结、纪要、反事故演习方案与记录等	运行单位	30年	
621	运行记录	运行日志、日运行统计表、值班日志等	运行单位	30年	含试运行和生产考核期
		工作票、操作票、工作联系单（含试运行和生产考核期）	运行单位	30年	
		发电记录、发电量统计表、运行分析记录	运行单位	30年	
622	观测与监测	建（构）筑物基础沉降观测记录和报告	运行单位	30年	
		气象和环境质量数据信息采集等	运行单位	30年	在运行监测系统中。建议做接口，归档电子文件
		光功率监测数据	运行单位	30年	在运行监测系统中。建议做接口，归档电子文件

续表

分类号	类目名称	归档文件	归档单位	保管期限	备注
622	观测与监测	系统运行监测数据	运行单位	30年	在运行监测系统中。建议做接口，归档电子文件
		电能质量监测数据	运行单位	30年	在运行监测系统中。建议做接口，归档电子文件
		系统效率（PR）	运行单位	30年	
		电量与环境监测数据	运行单位	30年	
		防雷装置检测报告	运行单位	30年	
		其他观测、监测文件	运行单位	30年	
623	设备管理				
	1. 台账管理	设备台账与设备编码	运行单位	30年	含试运行和生产考核期
		设备缺陷及处理记录台账	运行单位	30年	
		试验检测记录台账	运行单位	30年	
		设备异动报告台账	运行单位	30年	
		设备定期维护试验切换记录台账	运行单位	30年	
	2. 设备检修	光伏方阵的维护和检修记录	运行单位	30年	
		系统故障处理记录	运行单位	30年	
		紧急关机程序/紧急隔离程序	运行单位	30年	
		设备定期维护检修记录、设备更换零部件记录	运行单位	30年	
		全年、半年检修、特检的设备缺陷处理记录	运行单位	30年	
		升压站、控制室设备巡检记录	运行单位	30年	
629	其他	生产运行其他文件			
63	生产技术				
630	综合	生产技术综合类文件	运行单位	30年	
631	运行指标	年度运行指标统计与分析报告、专题总结等	运行单位	30年	
632	技术监督	绝缘、仪表、电能质量、继电保护等技术监督及试验报告	运行单位	10年	
		油质检测报告	运行单位	10年	
		绝缘工具等各类工具检验报告	运行单位	10年	
633	可靠性管理	可靠性基础数据、指标、报告	运行单位	10年	
		告警记录、光伏发电站内重要设备的状态变化事件顺序记录（SOE）	运行单位	10年	
		其他生产记录	运行单位	10年	
639	其他	生产技术其他文件	运行单位	10年	
64	生产物资管理				

续表

分类号	类目名称	归档文件	归档单位	保管期限	备注
640	综合	库房管理台账	运行单位	10 年	
		物资出入库清单	运行单位	10 年	
		安全和维修工器具台账	运行单位	10 年	
		应急救援物资台账	运行单位	10 年	
		消防器材台账	运行单位	10 年	
641	设备、备品备件、物资采购、检修、技改工程及技术咨询服务等招投标、询价文件等	招标采购：采购需求申请、招标方案及审批、招标公告、招标文件、资格审查文件（若有）、投标文件（技术、商务、报价文件）、评标过程文件、评标报告、定标文件、中标公示、中标通知书、未中标单位投标文件等	运行单位	30 年	采购方式有：公开招标、询比价、单一来源、竞争性谈判等，不同的方式产生的文件不同，应根据实际情况收集文件
		询比价采购：采购需求申请、询价文件、询价公告、询价响应文件、询价采购报告、询价结果审批、采购结果公告、采购结果通知书、未中标单位投标文件等	运行单位	30 年	
		单一来源采购：采购需求申请、采购方案及审批、单一来源采购文件、响应文件、单一来源采购报告、采购结果审批决策、采购结果公告、采购结果通知书等	运行单位	30 年	
		竞争性谈判采购：采购需求申请、采购方案及审批、竞争性谈判采购文件、响应文件、竞争性谈判采购报告、采购结果审批决策、采购结果公告、采购结果通知书等	运行单位	30 年	
	合同文件	合同及审批表	运行单位	30 年	非企业法人签订合同，需归档法定代表人授权委托书
		合同的技术协议（或安全协议）	运行单位	30 年	
		合同补充协议（若有）	运行单位	30 年	
		合同谈判纪要、备忘录（若有）	运行单位	30 年	
		合同变更文件（若有）	运行单位	30 年	
		合同法定代表人授权委托书	运行单位	30 年	
		合同签订的其他相关文件	运行单位	30 年	
649	其他	生产物资管理其他文件	运行单位	10 年	
65	技改				
650	综合	技改综合类文件	运行单位	10 年	

续表

分类号	类目名称	归档文件	归档单位	保管期限	备注
651	重大技改项目、小型基建项目	项目立项申请及审批文件	运行单位	30 年	技改前期文件
		项目可研报告及审查意见	运行单位	30 年	
		项目设计文件	设计单位	30 年	
		项目施工组织设计	运行单位	30 年	
		项目管理计划	运行单位	30 年	
		项目其他前期文件	运行单位	30 年	
		项目开工报告	施工单位	30 年	实施过程文件
		项目施工图会检记录	施工单位	30 年	
		项目施工方案及安全技术交底记录	施工单位	30 年	
		施工单位资质及报审文件	施工单位	30 年	
		项目管理人员资质及报审文件	施工单位	30 年	
		特殊工种人员资质及报审文件	施工单位	30 年	
		施工机械检验报告及报审文件	施工单位	30 年	
		计量器具检定证书及报审文件	施工单位	30 年	
		试验检测单位资质及报审文件	施工单位	30 年	
		试验检测人员资质及报审文件	施工单位	30 年	
		试验设备检验报告及报审文件	施工单位	30 年	
		供货单位资质及报审文件	施工单位	30 年	
		项目施工记录	施工单位	30 年	
		项目试验报告	施工单位	30 年	
		项目设计变更通知单及执行反馈单	设计单位、施工单位	30 年	
		项目施工验收记录	施工单位	30 年	
		项目试运组织措施	运行单位	30 年	
		项目试运记录	运行单位	30 年	
		项目专题会议纪要	运行单位、施工单位	30 年	
		项目施工图	设计单位	30 年	
		项目实施的其他过程文件	相关单位	30 年	
		设备合格证	设备供货单位	30 年	设备合格证、说明书及图纸等
		设备说明书	设备供货单位	30 年	
		设备图纸	设备供货单位	30 年	
		设备其他相关文件材料	设备供货单位	30 年	

续表

分类号	类目名称	归档文件	归档单位	保管期限	备注
651	重大技改项目、小型基建项目	原材料进场报验单	施工单位		原材料质量证明文件
		原材料出厂质量证明文件	施工单位	30 年	
		原材料复试委托单	施工单位	30 年	
		原材料复试报告	施工单位	30 年	
		原材料其他相关文件	施工单位	30 年	
		项目竣工验收	运行单位、施工单位	30 年	竣工文件
		项目移交手续（含项目实体移交、竣工档案移交）	运行单位、施工单位	30 年	
		项目竣工报告	施工单位	30 年	
		项目工程总结	施工单位	30 年	
		项目竣工图	设计单位	30 年	
		竣工验收其他相关文件	施工单位、运行单位	30 年	
		监理大纲、规划	监理单位	30 年	监理文件
		监理实施细则	监理单位	30 年	
		监理单位资质及报审文件	监理单位	30 年	
		监理人员资质及报审文件	监理单位	30 年	
		监理单位工器具检定证书及报审文件	监理单位	30 年	
		监理旁站记录	监理单位	30 年	
		监理日志	监理单位	30 年	
		监理月报	监理单位	30 年	
		监理工程师通知单、回复单	监理单位	30 年	
		监理工作联系单	监理单位	30 年	
		监理会议纪要	监理单位	30 年	
		监理工程质量评估报告	监理单位	30 年	
		监理总结	监理单位	30 年	
		监理其他相关文件	监理单位	30 年	
		项目后评价报告	运行单位	30 年	
		其他相关文件	运行单位	30 年	
	小型技改、设备变更	根据实际情况，参照重大技改项目执行	运行单位	30 年	
69	其他				
7	科研开发				
70	科研开发综合	批准专利证书、专利申报文件	建设单位、运行单位	永久	
		工法获奖文件、工法申报文件	建设单位、运行单位	30 年	

续表

分类号	类目名称	归档文件	归档单位	保管期限	备注
70	科研开发综合	QC获奖文件、QC申报文件	建设单位、运行单位	30年	
		科技成果获奖文件、科技成果申报文件	建设单位、运行单位	30年	
		新设备应用查新报告及鉴定文件	建设单位、运行单位	10年	
		新材料应用查新报告及鉴定文件	建设单位、运行单位	10年	
		新技术应用查新报告及鉴定文件	建设单位、运行单位	10年	
		新工艺应用查新报告及鉴定文件	建设单位、运行单位	10年	
		企业管理创新成果申报及获奖证书	建设单位、运行单位	30年	
		非立项科技成果报告	建设单位、运行单位	30年	
		非立项科技成果鉴定文件	建设单位、运行单位	30年	
		技术攻关文件	建设单位、运行单位	30年	
		科研开发其他相关文件	建设单位、运行单位	30年	
71	管理类科研开发	管理类科研项目调研	建设单位、运行单位	永久	
		管理类科研项目方案论证	建设单位、运行单位	永久	
		管理类科研项目立项审批	建设单位、运行单位	永久	
		管理类科研项目科研任务书	建设单位、运行单位	永久	
		管理类科研项目实施大纲	建设单位、运行单位	永久	
		管理类科研项目实施方案	建设单位、运行单位	永久	
		管理类科研项目实施记录	建设单位、运行单位	永久	
		管理类科研项目专题报告	建设单位、运行单位	永久	
		管理类科研项目结题报告	建设单位、运行单位	永久	
		管理类科研成果申报	建设单位、运行单位	永久	
		管理类科研成果评审	建设单位、运行单位	永久	
		管理类科研成果鉴定	建设单位、运行单位	永久	
		管理类科研成果获奖证书	建设单位、运行单位	永久	

续表

分类号	类目名称	归档文件	归档单位	保管期限	备注
71	管理类科研开发	管理类科研项目决算报告	建设单位、运行单位	永久	
		管理类科研项目总结报告	建设单位、运行单位	永久	
		管理类科研项目往来文函及会议纪要等	建设单位、运行单位	永久	
72	项目建设类科研开发	项目建设类科研项目调研	建设单位	永久	
		项目建设类科研项目方案论证	建设单位	永久	
		项目建设类科研项目立项审批	建设单位	永久	
		项目建设类科研项目科研任务书	建设单位	永久	
		项目建设类科研项目实施大纲	建设单位	永久	
		项目建设类科研项目实施方案	建设单位	永久	
		项目建设类科研项目实施记录	建设单位	永久	
		项目建设类科研项目专题报告	建设单位	永久	
		项目建设类科研项目结题报告	建设单位	永久	
		项目建设类科研成果申报	建设单位	永久	
		项目建设类科研成果评审	建设单位	永久	
		项目建设类科研成果鉴定	建设单位	永久	
		项目建设类科研成果获奖证书	建设单位	永久	
		项目建设类科研项目决算报告	建设单位	永久	
		项目建设类科研项目总结报告	建设单位	永久	
		项目建设类科研项目往来文函及会议纪要等	建设单位	永久	
73	电力生产类科研开发	电力生产类科研项目调研	运行单位	永久	
		电力生产类科研项目方案论证	运行单位	永久	
		电力生产类科研项目立项审批	运行单位	永久	
		电力生产类科研项目科研任务书	运行单位	永久	
		电力生产类科研项目实施大纲	运行单位	永久	
		电力生产类科研项目实施方案	运行单位	永久	
		电力生产类科研项目实施记录	运行单位	永久	
		电力生产类科研项目专题报告	运行单位	永久	
		电力生产类科研项目结题报告	运行单位	永久	
		电力生产类科研成果申报	运行单位	永久	
		电力生产类科研成果评审	运行单位	永久	
		电力生产类科研成果鉴定	运行单位	永久	
		电力生产类科研成果获奖证书	运行单位	永久	
		电力生产类科研项目决算报告	运行单位	永久	
		电力生产类科研项目总结报告	运行单位	永久	
		电力生产类科研项目往来文函及会议纪要等	运行单位	永久	

续表

分类号	类目名称	归档文件	归档单位	保管期限	备注
79	其他科研开发	其他科研项目调研	建设单位、运行单位	永久	
		其他科研项目方案论证	建设单位、运行单位	永久	
		其他科研项目立项审批	建设单位、运行单位	永久	
		其他科研项目科研任务书	建设单位、运行单位	永久	
		其他科研项目实施大纲	建设单位、运行单位	永久	
		其他科研项目实施方案	建设单位、运行单位	永久	
		其他科研项目实施记录	建设单位、运行单位	永久	
		其他科研项目专题报告	建设单位、运行单位	永久	
		其他科研项目结题报告	建设单位、运行单位	永久	
		其他科研成果申报	建设单位、运行单位	永久	
		其他科研成果评审	建设单位、运行单位	永久	
		其他科研成果鉴定	建设单位、运行单位	永久	
		其他科研成果获奖证书	建设单位、运行单位	永久	
		其他科研项目决算报告	建设单位、运行单位	永久	
		其他科研项目总结报告	建设单位、运行单位	永久	
		其他科研项目往来文函及会议纪要等	建设单位、运行单位	永久	
8	项目建设				
80	项目前期				
800	前期管理				
	立项、核准	光伏发电项目备案通知（或备案证明）、申请	建设单位	永久	
		项目变更的备案通知（若有）、申请	建设单位	永久	
		送出线路工程核准批复、请示、申请报告	建设单位	永久	若本工程建设单位承担送出工程建设，应产生送出工程相关文件

续表

分类号	类目名称	归档文件	归档单位	保管期限	备注
800	立项、核准	开展前期工作的批复或通知	建设单位	永久	
		开展前期工作的请示	建设单位	永久	
		“竞争性”项目的获批文件	建设单位	永久	“竞争性”项目应归档文件
		“竞争性”项目申报文件，包括申报单位的成果、业绩（评优）表等	建设单位	永久	
		“竞争性”项目建设单位承诺书（工期、电价）	建设单位	永久	
		“领跑者”计划的获批文件	建设单位	永久	“领跑者”项目应归档文件
		“领跑者”项目申报文件，包括申报单位成果、业绩（评优）表等	建设单位	永久	
		“领跑者”项目建设单位承诺书（工期、电价）	建设单位	永久	
		同意投资建设的批复	建设单位	永久	
		投资建设的请示	建设单位	永久	
		项目核准/备案其他相关文件			
	规划许可	建设工程规划许可证、规划许可申请	建设单位	永久	
		送出工程规划许可证、规划许可申请	建设单位	永久	
	项目选址	项目选址意见书	建设单位	永久	以国家现行政策为准。以划拨方式提供国有土地使用权的，建设单位在报送有关部门批准或者核准前，应当向城乡规划主管部门申请核发选址意见书。划拨方式以外的建设项目不需要申请选址意见书
		选址初审意见	建设单位	永久	
		不涉及自然保护地、不在自然保护区和水源涵养区等的情况说明	建设单位	永久	
		选址其他相关文件	建设单位	永久	
		送出工程项目选址意见书	建设单位	永久	
		送出工程选址初审意见	建设单位	永久	

续表

分类号	类目名称	归档文件	归档单位	保管期限	备注
800	建设用地	建设用地批复	建设单位	永久	以划拨方式、出让方式取得国有土地使用权的建设项目，产生建设用地规划许可证。 租用土地无土地使用证（即不动产权证）
		建设用地申请	建设单位	永久	
		用地预审意见	建设单位	永久	
		国有土地使用证（或不动产权证）	建设单位	永久	
		建设项目用地规划许可证	建设单位	永久	
		建设用地评估报告	建设单位	永久	
		基本农田用地评审意见（若有）	建设单位	永久	
		地上附属物补偿协议	建设单位	永久	
		地上附属物拆除协议	建设单位	永久	
		土地租赁协议及相关文件或土地流转合同（若有）	建设单位	永久	
		屋顶租赁合同	建设单位	永久	屋顶光伏适用
		屋顶联防协议	建设单位	永久	屋顶光伏适用
		自建厂区内用地说明	建设单位	永久	自建厂内建设光伏适用
		其他与用地相关的文件	建设单位	永久	
	开工许可	项目开工的批复	建设单位	30 年	
		项目开工的请示	建设单位	30 年	
		电力建设工程备案证明文件	建设单位	30 年	
	施工许可	建筑施工许可证、施工许可申请	建设单位	30 年	
	其他	其他相关文件	建设单位	永久/30 年	
801	可行性研究				
	可行性研究	可行性研究报告的审查意见、会议纪要	建设单位	永久	
		可行性研究报告	建设单位	永久	
		可行性研究报告编制委托书	建设单位	永久	
		送出线路工程可行性研究报告的审查意见、会议纪要	建设单位	永久	
		送出线路工程可行性研究报告	建设单位	永久	
		太阳能资源评估报告的审查意见	建设单位	永久	
		太阳能资源评估报告	建设单位	永久	
	环境影响评价	环境影响报告书（表）的批复、请示	建设单位	永久	以国家现行政策为准。 建设项目环境影响报告报批、报备的三种情形： （1）环境影响报告书及其批复、请示。 （2）环境影响报告表及其批复、请示。 （3）环境影响登记表及网上报备。 根据建设项目的实际情况，三种方式取其中之一
		环境影响登记表及网上报备的备案回执	建设单位	永久	
		项目变更后的环境影响报告书（表）及审批文件（若有）	建设单位	永久	
		项目变更后的环境影响登记表及网上报备的备案回执	建设单位	永久	
		配套工程（送出工程、升压站等）环评报告批复、请示	建设单位	永久	
		环境影响其他相关文件	建设单位	永久	

续表

分类号	类目名称	归档文件	归档单位	保管期限	备注
801	水土保持方案	水土保持方案批复、请示、水土保持方案报告书	建设单位	永久	
		项目变更后的水土保持方案报告书及批复、请示或备案文件（若有）	建设单位	永久	
		配套工程（送出工程、升压站等）水土保持方案批复（或备案）、请示、水土保持方案报告书	建设单位	永久	
		水土保持方案其他相关文件	建设单位	永久	
	消防设计审查	消防设计专题报告	建设单位	永久	
		消防设计备案受理凭证	建设单位	永久	
	安全预评价报告	安全预评价报告的评审意见	建设单位	永久	
		安全预评价报告	建设单位	永久	
	职业病危害预评价	职业卫生预评价报告的审查意见	建设单位	永久	
		职业卫生预评价报告	建设单位	永久	
	地震评估	抗震设防的批复	建设单位	永久	根据工程实际情况
		地震评估报告及审查意见	建设单位	永久	根据工程实际情况
	地质灾害评估	地质灾害备案登记表	建设单位	永久	
		地质灾害评估报告及评审意见	建设单位	永久	
	节能评估	节能评估报告的意见	建设单位	永久	根据项目建设地理位置的实际情况
		节能评估报告	建设单位	永久	
	防洪评估	防洪评价报告的审查意见（防洪规划同意书）	建设单位	永久	
		防洪评价报告	建设单位	永久	
	文物勘探	文物调查报告的审批意见	建设单位	永久	
		文物调查报告	建设单位	永久	
	矿产资源	压覆矿产资源报告的审查意见	建设单位	永久	
		压覆矿产资源报告或调查表	建设单位	永久	
	电网接入	接入系统审查意见、批复	建设单位	永久	
		接入系统设计报告	建设单位	永久	
		接入电网电能质量评估报告	建设单位	永久	
	勘测定界	土地勘测定界技术报告及图纸	建设单位	永久	
	征（占）用林地	使用林地审核同意书	建设单位	永久	使用林地的项目适用
		使用林地审查意见、使用林地申请表、现场查验表、公示	建设单位	永久	
		使用林地可研报告、调查报告	建设单位	永久	
		准予林业行政许可告知书	建设单位	永久	
		林木采伐许可证	建设单位	永久	
		林木砍伐申请	建设单位	永久	
		临时使用林地审批文件及申请	建设单位	永久	
		临时使用林地恢复林业生产条件方案	建设单位	永久	
		其他与使用林地有关的文件	建设单位	永久	

续表

<table>
<tr><th>分类号</th><th>类目名称</th><th>归档文件</th><th>归档单位</th><th>保管期限</th><th>备注</th></tr>
<tr><td rowspan="3">801</td><td>使用草原</td><td>草原征用使用审核同意书、草原征占用初审意见</td><td>建设单位</td><td>永久</td><td>使用草原的项目适用</td></tr>
<tr><td>社会稳定评估报告</td><td>社会稳定风险评估报告</td><td>建设单位</td><td>永久</td><td></td></tr>
<tr><td>其他</td><td>其他文件</td><td>建设单位</td><td>永久</td><td></td></tr>
<tr><td rowspan="16">802</td><td>招投标、合同、协议</td><td></td><td></td><td></td><td>所列标段供参考，以建设项目实际标段划分为准</td></tr>
<tr><td>工程项目招投标</td><td></td><td></td><td></td><td></td></tr>
<tr><td>勘察设计</td><td rowspan="12">（1）招标采购：采购需求申请、招标方案及审批、招标公告、招标文件、资格审查文件（若有）、投标文件（技术、商务、报价文件）、评标过程文件、评标报告、定标文件、中标公示、中标通知书、未中标单位投标文件等
（2）询比价采购：采购需求申请、询价文件、询价公告、响应文件、询价采购报告、询价结果审批、采购结果公告、采购结果通知书、未中标单位投标文件等
（3）单一来源采购：采购需求申请、采购方案及审批、单一来源采购文件、响应文件、单一来源采购报告、采购结果审批决策、采购结果公告、采购结果通知书等
（4）竞争性谈判采购：采购需求申请、采购方案及审批、竞争性谈判采购文件、响应文件、竞争性谈判采购报告、采购结果审批决策、采购结果公告、采购结果通知书等</td><td>建设单位</td><td rowspan="12">永久、30年、10年</td><td rowspan="12">采购方式有：公开招标、询比价、单一来源、竞争性谈判等，不同的方式产生的文件不同，应根据实际情况收集文件</td></tr>
<tr><td>工程监理</td><td>建设单位</td></tr>
<tr><td>光伏区土建、安装工程</td><td>建设单位</td></tr>
<tr><td>升压站建安工程</td><td>建设单位</td></tr>
<tr><td>汇集站建安工程（若有）</td><td>建设单位</td></tr>
<tr><td>集电线路工程</td><td>建设单位</td></tr>
<tr><td>送出工程</td><td>建设单位</td></tr>
<tr><td>调试工程</td><td>建设单位</td></tr>
<tr><td>厂区平整</td><td>建设单位</td></tr>
<tr><td>道路工程</td><td>建设单位</td></tr>
<tr><td>消防工程</td><td>建设单位</td></tr>
<tr><td>绿化工程等</td><td>建设单位</td></tr>
<tr><td>工程项目合同、协议</td><td>（1）工程合同及审批表
（2）施工安全协议
（3）合同补充协议（若有）
（4）合同谈判纪要、备忘录（若有）
（5）合同变更文件（若有）
（6）合同法定代表人授权委托书
（7）合同签订的其他相关文件</td><td>建设单位</td><td>永久</td><td>非企业法人签订合同，需归档法定代表人授权委托书</td></tr>
<tr><td>设备、物资采购招投标</td><td></td><td></td><td></td><td></td></tr>
</table>

续表

分类号	类目名称	归档文件	归档单位	保管期限	备注
802	光伏发电单元支架	（1）招标采购：采购需求申请、招标方案及审批、招标公告、招标文件、资格审查文件（若有）、投标文件（技术、商务、报价文件）、评标过程文件、评标报告、定标文件、中标公示、中标通知书、未中标单位投标文件等 （2）询比价采购：采购需求申请、询价文件、询价公告、响应文件、询价采购报告、询价结果审批、采购结果公告、采购结果通知书、未中标单位投标文件等 （3）单一来源采购：采购需求申请、采购方案及审批、单一来源采购文件、响应文件、单一来源采购报告、采购结果审批决策、采购结果公告、采购结果通知书等 （4）竞争性谈判采购：采购需求申请、采购方案及审批、竞争性谈判采购文件、响应文件、竞争性谈判采购报告、采购结果审批决策、采购结果公告、采购结果通知书等	建设单位	永久/30年/10年（投标文件为永久保管）	采购方式有：公开招标、询比价、单一来源、竞争性谈判等，不同的方式产生的文件不同，应根据实际情况收集文件
	光伏发电单元组件		建设单位		
	汇流箱		建设单位		
	逆变器		建设单位		
	直流柜		建设单位		
	数据采集设备		建设单位		
	箱式变压器		建设单位		
	汇集站变压器、配电装置等		建设单位		
	集电线路防雷装置、线路监测设备等		建设单位		
	升压站主变压器、高低压配电设备、继电保护、直流系统、自动装置等设备		建设单位		
	消防报警、灭火装置等		建设单位		
	安防装置		建设单位		
	其他设备		建设单位		
	电缆	采购方式和归档文件同设备、工程、技术服务	建设单位	永久/30年/10年	
	光缆		建设单位		
	其他物资材料		建设单位		
	设备、物资采购合同、协议	（1）设备、物资采购合同及审批表 （2）设备合同技术协议 （3）合同补充协议（若有） （4）合同谈判纪要、备忘录（若有） （5）合同变更文件（若有） （6）合同法定代表人授权委托书 （7）合同签订的其他相关文件	建设单位		非企业法人签订合同，需归档法定代表人授权委托书
	技术服务项目招标				
	造价咨询	（1）招标采购：采购需求申请、招标方案及审批、招标文件、资格审查文件（若有）、中标单位投标文件、评标过程文件、评标报告、定标文件、中标通知书、未中标单位投标文件等 （2）询比价采购：采购需求申请、询价文件、询价公告、响应文件、询价采购报告、询价结果审批、采购结果公告、采购结果通知书、未中标单位投标文件等	建设单位	永久/30年/10年	采购方式有：公开招标、询比价、单一来源、竞争性谈判等，不同的方式产生的文件不同，应根据实际情况收集文件
	项目可行性研究评审		建设单位		
	初步设计评审		建设单位		
	环境影响评价		建设单位		
	水土保持方案设计		建设单位		
	职业健康评价		建设单位		
	安全论证		建设单位		
	地震、地质灾害安全性评价		建设单位		

续表

分类号	类目名称	归档文件	归档单位	保管期限	备注
802	设备监造	（3）单一来源采购：采购需求申请、采购方案及审批、单一来源采购文件、响应文件、单一来源采购报告、采购结果审批决策、采购结果公告、采购结果通知书等 （4）竞争性谈判采购：采购需求申请、采购方案及审批、竞争性谈判采购文件、响应文件、竞争性谈判采购报告、采购结果审批决策、采购结果公告、采购结果通知书等	建设单位	永久/30年/10年	
	性能试验		建设单位		
	沉降观测		建设单位		
	防雷检测		建设单位		
	水土保持监测		建设单位		
	其他技术服务		建设单位		
	技术服务项目合同、协议	（1）服务合同及审批表 （2）合同补充协议（若有） （3）合同谈判纪要、备忘录（若有） （4）合同变更文件（若有） （5）合同法定代表人授权委托书 （6）合同签订的其他相关文件	建设单位		非企业法人签订合同，需归档法定代表人授权委托书
	其他与项目建设有关的招投标、合同、协议	采购方式和归档文件同设备、工程、技术服务、物资材料采购	建设单位	永久/30年/10年	
809	其他				
81	设计				
810	综合				
811	基础设计	建设用地勘察报告及图纸、岩土工程勘察报告	勘察设计单位	永久	
		水文地质勘测报告	勘察设计单位	永久	
		地形、地貌图、项目用地测量报告及图纸	勘察设计单位	永久	
		水文、气象报告及抗震文件	勘察设计单位	永久	
812	初步设计	初步设计批复	建设单位	永久	
		初步设计请示	建设单位	永久	
		初步设计审查意见、会议纪要	建设单位	永久	
		初步设计总说明、设计文件及图纸（含收口版）	设计单位	永久	
		初步设计其他相关文件	相关单位	永久	
		设计方案、设计审定文件	设计单位	永久	
		优化设计的批复、优化设计的请示（若有）	建设单位	永久	
		优化设计说明、优化设计方案、优化设计图纸(若有)	设计单位	永久	
813	施工图设计	施工图目录及总说明	设计单位	30年	
		施工图（含设计计算书）、概（预）算书	设计单位	30年	
		施工图会审及纪要	建设单位、监理单位	30年	

续表

分类号	类目名称	归档文件	归档单位	保管期限	备注
814	设计更改文件	设计更改通知单汇总表	设计单位	永久	
		设计更改通知单	设计单位	永久	
		设计更改联系单	设计单位	永久	
815	设计服务	设计交底	设计单位	永久	
		供图计划	设计单位	永久	
		设计服务报告	设计单位	永久	
		设计施工图中强制性条文执行记录表	设计单位	永久	
819	其他	设计阶段其他相关文件	建设单位、设计单位	永久/30年	
82	管理				
820	综合	通路、通信、通电、通水等配套审批文件	建设单位	30年	此项归档文件根据工程建设实际情况产生
		会议纪要（建设单位组织）	建设单位	30年	
		建设单位与各参建单位来往函件	建设单位	30年	
821	工程管理				
	资金管理	银行贷款协议、合同	建设单位	30年	
		融资协议等	建设单位	30年	
		执行概算及审批文件	建设单位	30年	
		调整概算及审批文件（若有）	建设单位	30年	
		资金统计报表	建设单位	30年	
		基建工程年度投资计划及批复	建设单位	30年	
		工程量结算报表（结算单）、支付报审文件	建设单位	30年	
		变更、费用索赔批复（若有）	建设单位	30年	
		变更、费用索赔报告（若有）	建设单位	30年	
	物资管理	物资报表	建设单位	10年	
		物资供需计划	建设单位	10年	
		设备（物资）采购等供应台账	建设单位	30年	
		甲供材料合格证、质量证明、进场原材料试验、检测报告等（批量）	建设单位	30年	
		设备开箱检验记录（批量）	建设单位	30年	
	安全管理	安委会机构设置文件	建设单位	10年	
		安委会会议纪要	建设单位	10年	
		安全生产制度、实施细则及考核文件	建设单位	10年	
		安全生产责任书、监督体系	建设单位	10年	
		安全生产责任监督执行记录	建设单位	10年	
		安全文明施工协议	建设单位	10年	
		安全生产专项措施及审批文件	建设单位	10年	

续表

<table>
<tr><th>分类号</th><th>类目名称</th><th>归档文件</th><th>归档单位</th><th>保管期限</th><th>备注</th></tr>
<tr><td rowspan="30">821</td><td rowspan="4">安全管理</td><td>安全应急预案、防汛文件</td><td>建设单位</td><td>10年</td><td></td></tr>
<tr><td>特种设备台账</td><td>建设单位</td><td>10年</td><td></td></tr>
<tr><td>安全事故报告（若有）</td><td>建设单位</td><td>30年</td><td></td></tr>
<tr><td>安全事故调查与处理意见（若有）</td><td>建设单位</td><td>30年</td><td></td></tr>
<tr><td rowspan="3">质量管理</td><td>质量管理体系文件</td><td>建设单位</td><td>10年</td><td></td></tr>
<tr><td>质量检查、考核及整改文件</td><td>建设单位</td><td>30年</td><td></td></tr>
<tr><td>第三方检测报告（试验、测量）</td><td>建设单位</td><td>30年</td><td></td></tr>
<tr><td rowspan="4">进度管理</td><td>工程进度计划</td><td>建设单位</td><td>10年</td><td></td></tr>
<tr><td>工程进度计划的调整及审批文件（若有）</td><td>建设单位</td><td>10年</td><td></td></tr>
<tr><td>工程停工、复工申请及审批文件（若有）</td><td>施工单位</td><td>10年</td><td></td></tr>
<tr><td>工程临时延期审批文件（若有）</td><td>施工单位</td><td>10年</td><td></td></tr>
<tr><td rowspan="3">环境保护及水土保持管理</td><td>环境保护及水土保持管理体系文件</td><td>建设单位</td><td>10年</td><td></td></tr>
<tr><td>水土保持、环境保护监测实施方案和措施</td><td>建设单位</td><td>30年</td><td></td></tr>
<tr><td>水土保持、环境保护检查意见及整改闭环文件</td><td>建设单位</td><td>30年</td><td></td></tr>
<tr><td rowspan="3">档案管理</td><td>项目档案分类大纲</td><td>建设单位</td><td>30年</td><td></td></tr>
<tr><td>项目档案实施细则</td><td>建设单位</td><td>10年</td><td></td></tr>
<tr><td>项目档案检查记录</td><td>建设单位</td><td>10年</td><td></td></tr>
<tr><td rowspan="6">建设单位工程质量责任主体文件</td><td>建设单位项目部成立文件</td><td>建设单位</td><td>永久</td><td></td></tr>
<tr><td>建设单位项目部印章启用文件</td><td>建设单位</td><td>永久</td><td></td></tr>
<tr><td>建设单位项目部负责人任命文件</td><td>建设单位</td><td>永久</td><td></td></tr>
<tr><td>建设单位项目部负责人变更文件（若有）</td><td>建设单位</td><td>永久</td><td></td></tr>
<tr><td>建设单位项目负责人法定代表人授权书</td><td>建设单位</td><td>永久</td><td></td></tr>
<tr><td>建设单位项目负责人工程质量终身责任承诺书</td><td>建设单位</td><td>永久</td><td></td></tr>
<tr><td rowspan="8">（勘察）设计单位工程质量责任主体文件</td><td>（勘察）设计单位项目部（或工地代表组）成立文件</td><td>（勘察）设计单位</td><td>永久</td><td></td></tr>
<tr><td>（勘察）设计单位项目部（或工地代表组）印章启用文件</td><td>（勘察）设计单位</td><td>永久</td><td></td></tr>
<tr><td>（勘察）设计单位项目部（或工地代表组）负责人任命文件</td><td>（勘察）设计单位</td><td>永久</td><td></td></tr>
<tr><td>（勘察）设计单位项目部（或工地代表组）负责人变更申请及审批文件　（若有）</td><td>（勘察）设计单位</td><td>永久</td><td></td></tr>
<tr><td>（勘察）设计单位项目部（或工地代表组）负责人的法定代表人授权委托书</td><td>（勘察）设计单位</td><td>永久</td><td></td></tr>
<tr><td>（勘察）设计单位项目部（或工地代表组）负责人工程质量终身责任承诺书</td><td>（勘察）设计单位</td><td>永久</td><td></td></tr>
<tr><td>（勘察）设计单位资质证明文件及报审</td><td>（勘察）设计单位</td><td>永久</td><td></td></tr>
<tr><td>（勘察）设计单位项目部（或工地代表组）管理人员、专业技术人员等资格证明文件及报审</td><td>（勘察）设计单位</td><td>永久</td><td></td></tr>
</table>

续表

分类号	类目名称	归档文件	归档单位	保管期限	备注
821	施工单位工程质量责任主体文件	施工单位项目部成立文件	施工单位	永久	
		施工单位项目部印章启用文件	施工单位	永久	
		施工单位项目经理任命文件	施工单位	永久	
		施工单位项目经理变更申请及审批文件（若有）	施工单位	永久	
		施工单位项目经理的法定代表人授权委托书	施工单位	永久	
		施工单位项目经理工程质量终身责任承诺书	施工单位	永久	
	监理单位工程质量责任主体文件	监理单位项目部成立文件	监理单位	永久	
		监理单位项目部印章启用文件	监理单位	永久	
		监理单位总监任命文件	监理单位	永久	
		监理单位总监变更申请及审批文件（若有）	监理单位	永久	
		监理单位总监的法定代表人授权委托书	监理单位	永久	
		监理单位总监的工程质量终身责任承诺书	监理单位	永久	
	调试单位工程质量责任主体文件	调试单位项目部成立文件	调试单位	永久	
		调试单位项目部印章启用文件	调试单位	永久	
		调试单位项目经理任命文件	调试单位	永久	
		调试单位项目经理变更申请及审批文件（若有）	调试单位	永久	
		调试单位项目经理的法定代表人授权委托书	调试单位	永久	
		调试单位项目经理工程质量终身责任承诺书	调试单位	永久	
822	质量监督				
	质量监督注册	项目质量监督注册证书	建设单位	永久	
		项目质量监督申报表	建设单位	永久	
	电力工程质量监督检验计划及批复	电力工程质量监督检验计划及批复	建设单位	永久	
	首次及地基处理监督检查记录、报告及整改文件等	转序通知书	建设单位	永久	质量监督检查各阶段名称以实际发生的情况为准。华能中心站质量监督检查产生的文件按本表归档文件排序
		首次及地基处理质量监督专家意见书	建设单位	永久	
		首次及地基处理质量监督检查报告、记录	建设单位	永久	
		首次及地基处理质量监督检查整改回复单及整改证明材料、整改审核单	建设单位	永久	
		首次及地基处理质量监督检查通知及申请书	建设单位	永久	
		首次及地基处理质量监督检查会议指南	建设单位	永久	
		首次及地基处理质量监督检查会议签到表	建设单位	永久	
		首次及地基处理质量监督检查会议汇报材料	建设单位	永久	

续表

分类号	类目名称	归档文件	归档单位	保管期限	备注
822	光伏电池板安装前和升压站设备安装前质量监督检查记录、报告及整改文件等	转序通知书	建设单位	永久	
		光伏电池板安装前和升压站设备安装前质量监督专家意见书	建设单位	永久	
		光伏电池板安装前和升压站设备安装前质量监督检查报告、记录	建设单位	永久	
		光伏电池板安装前和升压站设备安装前质量监督检查整改回复单及整改证明材料、整改审核单	建设单位	永久	
		光伏电池板安装前和升压站设备安装前质量监督检查通知及申请书	建设单位	永久	
		光伏电池板安装前和升压站设备安装前质量监督检查会议指南	建设单位	永久	
		光伏电池板安装前和升压站设备安装前质量监督检查会议签到表	建设单位	永久	
		光伏电池板安装前和升压站设备安装前质量监督检查会议汇报材料	建设单位	永久	
	光伏发电单元启动前和升压站受电前质量监督检查记录、报告及整改文件等	并网通知书、转序通知书	建设单位	永久	
		光伏发电单元启动前和升压站受电前质量监督专家意见书	建设单位	永久	
		光伏发电单元启动前和升压站受电前质量监督检查报告、记录	建设单位	永久	
		光伏发电单元启动前和升压站受电前质量监督检查整改回复单及整改证明材料、整改审核单	建设单位	永久	
		光伏发电单元启动前和升压站受电前质量监督检查通知及申请书	建设单位	永久	
		光伏发电单元启动前和升压站受电前质量监督检查会议指南	建设单位	永久	
		光伏发电单元启动前和升压站受电前质量监督检查会议签到表	建设单位	永久	
		光伏发电单元启动前和升压站受电前质量监督检查会议汇报材料	建设单位	永久	
	商业运行前质量监督检查记录、报告及整改文件等	投运备案证明	建设单位	永久	
		商业运行前质量监督专家意见书	建设单位	永久	
		商业运行前质量监督检查报告、记录	建设单位	永久	
		商业运行前质量监督检查整改回复单及整改证明材料、整改审核单	建设单位	永久	
		商业运行前质量监督检查通知及申请书	建设单位	永久	
		商业运行前质量监督检查会议指南	建设单位	永久	
		商业运行前质量监督检查会议签到表	建设单位	永久	
		商业运行前质量监督检查会议汇报材料	建设单位	永久	
829	其他				

续表

分类号	类目名称	归档文件	归档单位	保管期限	备注
83	施工				
830	综合				
	1. 施工准备	施工组织设计及交底记录（按合同）	施工单位	30 年	
		施工组织设计及交底记录（按专业）	施工单位	30 年	
		施工单位资质证明文件及报审	施工单位	30 年	
		施工单位项目经理资格证明文件及报审	施工单位	30 年	
		施工单位管理人员资格证明文件及报审	施工单位	30 年	
		施工单位特种作业人员资格证明文件及报审	施工单位	30 年	
		施工分包单位资质证明文件及报审（合同允许分包的条件下）	施工单位	30 年	
		施工分包单位人员资格证明文件及报审（合同允许分包的条件下）	施工单位	30 年	
		检验检测单位资质证明文件及报审（含计量认证证书、检测能力范围及授权签字人附表等）	施工单位	30 年	
		检验检测单位人员资格证明文件及报审	施工单位	30 年	
		供货商资质证明文件及报审	施工单位	30 年	
		主要施工机械、工器具、安全用具检验报告及报审	施工单位	30 年	
		主要测量计量工器具检定证书及报审	施工单位	30 年	
		试验设备检验证书及报审	施工单位	30 年	
		安全管理制度、安全管理体系文件、安全文明施工二次策划、安全措施费计划等	施工单位	30 年	
		质量管理制度、质量管理体系文件	施工单位	30 年	
		质量验收项目划分表	施工单位	30 年	
		结构实体检测计划、工程检验检测计划	施工单位	30 年	
		施工图会检记录	施工单位	30 年	
		施工现场质量管理检查记录	施工单位	30 年	
		其他相关文件	施工单位	30 年	
	2. 技术管理				
	2.1 技术标准清单	技术标准清单（含施工、验收、试验、检测标准）	施工单位	30 年	
	2.2 达标投产	达标投产实施细则	施工单位	30 年	
		达标投产实施检查记录	施工单位	30 年	
	2.3 强制性条文件	强制性条文实施计划	施工单位	30 年	
		强制性条文学习培训记录	施工单位	30 年	
		强制性条文执行情况检查表	施工单位	30 年	建议归入每个单位工程
		强制性条文执行情况总结	施工单位	30 年	
	2.4 绿色施工、节能减排	绿色施工、节能减排方案	施工单位	30 年	
		绿色施工、节能减排方案实施检查记录	施工单位	30 年	

续表

分类号	类目名称	归档文件	归档单位	保管期限	备注
830	2.5“五新”应用	“五新”应用专项施工方案报审（若有）	施工单位	30年	
		“五新”应用专项方案实施记录（若有）	施工单位	30年	
	2.6安全及其他特殊、专项施工技术方案及交底记录	安全施工方案及交底记录（包括人身触电事故、高空人身坠落、防止坍塌伤人、火灾应急、现场道路交通应急预案及地质灾害处理方案等）	施工单位	30年	
		施工现场安全用电、带电操作作业安全方案及交底记录	施工单位	30年	
		起重机械事故应急预案及交底记录	施工单位	30年	
		脚手架安装施工方案及交底记录	施工单位	30年	
		自卸车、挖掘机等安全驾驶作业方案及交底记录	施工单位	30年	
		高压电缆上塔作业安全方案及交底记录	施工单位	30年	
		高压线下安全施工方案及交底记录	施工单位	30年	
		试桩施工方案及交底记录	施工单位	30年	根据工程实际，产生此文件
		桩基施工方案及交底记录	施工单位	30年	
		光伏区场地平整施工方案及交底记录	施工单位	30年	根据工程实际，产生此文件
		光伏区施工测量方案及交底记录	施工单位	30年	
		光伏组件支架基础（桩基、条形基础、独立基础等）施工方案及交底记录	施工单位	30年	
		石方开挖工程控制爆破专项施工方案及交底记录	施工单位	30年	根据工程实际，若有爆破，应归档爆破方案的专家评审记录、修改记录
		逆变器基础施工方案及交底记录	施工单位	30年	根据施工实际，产生此文件
		箱式变压器基础施工方案及交底记录	施工单位	30年	
		结构实体检测专项方案及交底记录	施工单位	30年	
		电缆沟施工方案及交底记录	施工单位	30年	根据工程实际，产生此文件
		道路工程施工方案及交底记录	施工单位	30年	
		光伏区围栏工程施工方案及交底记录	施工单位	30年	根据工程实际，产生此文件
		光伏区防洪、排水施工方案及交底记录	施工单位	30年	根据工程实际，产生此文件
		支架安装施工方案及交底记录	施工单位	30年	
		光伏组件安装施工方案及交底记录	施工单位	30年	
		汇流箱安装施工方案及交底记录	施工单位	30年	
		逆变器安装施工方案及交底记录	施工单位	30年	
		箱式变压器安装施工方案及交底记录	施工单位	30年	

续表

分类号	类目名称	归档文件	归档单位	保管期限	备注
830	2.6 安全及其他特殊、专项施工技术方案及交底记录	全场防雷设施及接地装置施工方案及交底记录	施工单位	30 年	
		电缆敷设施工方案及交底记录	施工单位	30 年	
		视频监控系统安装施工方案及交底记录	施工单位	30 年	
		光伏区电气试验方案及交底记录	施工单位	30 年	
		光伏区冬期、雨季施工方案及交底记录	施工单位	30 年	
		光伏区其他施工方案及交底记录	施工单位	30 年	
		变电站测量放线方案及交底记录	施工单位	30 年	
		变电站场地平整专项施工方案及交底记录	施工单位	30 年	根据工程实际，产生此文件
		变电站建（构）筑土建工程施工方案及交底记录（含土方、模板、钢筋、混凝土、防腐、砌筑等）	施工单位	30 年	
		变电站混凝土结构实体检测方案及交底记录	施工单位	30 年	
		变电站装饰装修施工方案及交底记录	施工单位	30 年	
		变电站屋面防水施工方案及交底记录	施工单位	30 年	
		变电站消防管网的试压和冲洗方案及交底记录	施工单位	30 年	
		变电站火灾自动报警系统施工方案、调试程序报审及交底记录	施工单位	30 年	
		变电站土建其他施工方案及交底记录	施工单位	30 年	
		变压器施工方案及交底记录（包括主变压器、站用变压器、接地变压器等）	施工单位	30 年	
		高压电器施工方案及交底记录	施工单位	30 年	
		配电装置施工方案及交底记录	施工单位	30 年	
		电缆敷设施工方案及交底记录	施工单位	30 年	
		母线施工方案及交底记录	施工单位	30 年	
		通信系统设备安装施工方案及交底记录	施工单位	30 年	
		全站照明安装施工方案及交底记录	施工单位	30 年	
		视频监控系统安装施工方案及交底记录	施工单位	30 年	
		变电站电气设备试验方案及交底记录	施工单位	30 年	
		变电站受电方案及交底记录	施工单位	30 年	
		变电站设备安装其他施工方案及交底记录	施工单位	30 年	
		集电线路复测方案及交底记录	施工单位	30 年	
		集电线路土建施工方案及交底记录	施工单位	30 年	
		集电线路架线施工方案及交底记录	施工单位	30 年	
		集电线路其他施工方案及交底记录	施工单位	30 年	
		管涵工程施工方案及交底记录	施工单位	30 年	根据工程实际，产生此文件
		桥梁工程专项施工方案及交底记录	施工单位	30 年	根据工程实际，产生此文件
		挡土墙施工方案及交底记录	施工单位	30 年	根据工程实际，产生此文件
		光伏项目建设其他相关方案及交底记录	施工单位	30 年	

续表

分类号	类目名称	归档文件	归档单位	保管期限	备注
830	2.7 施工工艺标准	施工工艺标准	施工单位	30年	
	3. 施工月报及年报	施工质量年报、月报	施工单位	10年	
		安全文明施工年报、月报	施工单位	10年	
		施工进度年报、月报	施工单位	10年	
	4. 设计更改及材料代用	设计更改执行情况汇总表	施工单位	永久	
		设计变更通知单及变更执行单	施工单位	永久	
		材料代用审批单（经设计、建设单位同意）	施工单位	永久	
		涉及变更的工程联系单	施工单位	永久	
	5. 工程验收	建设单位自检报告	施工单位	30年	
		设计单位自检报告	施工单位	30年	
		监理单位自检报告	施工单位	30年	
		施工单位自检报告	施工单位	30年	
		单位工程验收鉴定书	施工单位	30年	
831	光伏发电单元				
8310	综合				
	1. 原材料与构配件	钢筋跟踪台账、钢筋进场报审表、自检记录、出厂质量证明文件、试验委托单（见证取样单）、复试报告	施工单位	30年	
		水泥跟踪台账、水泥进场报审表、自检记录、出厂质量证明文件、试验委托单（见证取样单）、复试报告	施工单位	30年	
		砂子、碎石、粉煤灰等进场报审表、自检记录、质量证明文件	施工单位	30年	
		商品混凝土跟踪台账、商品混凝土进场报审表、商品混凝土开盘鉴定、配合比报告、水泥、砂石（粗细骨料）、水、外加剂、粉煤灰等检测报告等	施工单位	30年	
		自拌混凝土原材料进场报审表、自检记录、水泥、砂、石、外加剂、掺合料等合格证、出厂检验报告、试验委托单、进场复试报告	施工单位	30年	
		防火材料进场报审表、自检记录、出厂质量证明文件	施工单位	30年	
		防腐材料进场报审表、自检记录、出厂质量证明文件、试验委托单（见证取样单）、复试报告	施工单位	30年	
		螺栓进场报审表、自检记录、出厂质量证明文件、试验委托单（见证取样单）、复试报告	施工单位	30年	
		光伏支架进场报审表、自检记录、出厂质量证明文件	施工单位	30年	
		光伏组件进场报审表、自检记录、出厂质量证明文件	施工单位	30年	

续表

分类号	类目名称	归档文件	归档单位	保管期限	备注
8310	1. 原材料与构配件	光伏组件支架预制桩进场报审表、自检记录、出厂质量证明文件	施工单位	30 年	根据工程实际，产生此文件
		电力电缆进场报审表、自检记录、出厂质量证明文件、型式试验报告、见证取样单及复试报告	施工单位	30 年	必要时提供见证取样单及复试报告
		光缆进场报审表、自检记录、质量证明文件	施工单位	30 年	
		防火封堵材料进场报审表、自检记录、质量证明文件	施工单位	30 年	
		电缆保护管、电缆桥架、电缆分接箱等报审表、自检记录、出厂质量证明文件	施工单位	30 年	
		接地材料报审表、自检记录、出厂质量证明文件	施工单位	30 年	
		焊材报审表、自检记录、出厂质量证明文件	施工单位	30 年	
		不锈钢浮筒、抱箍进场报审表、自检记录、出厂质量证明文件	施工单位	30 年	水上光伏适用
		绝缘油报审表、出厂质量证明文件、入场复检报告			
		其他材料报审表、自检记录、出厂质量证明文件	施工单位	30 年	
		乙供设备进场报审表、出厂质量证明文件等	施工单位	30 年	（1）乙供设备合格证和检验报告的复印件用于报审。 （2）乙供设备合格证（原件）、检验报告（原件）、安装使用说明书、图纸等归入 9 大类“设备仪器”
		新材料技术鉴定报告或允许使用证明材料（若有）	施工单位	30 年	
	2. 施工测量	水准高程控制点测量及复核记录	施工单位	永久	
		施工方格网测量、厂区平面控制网、高程控制网	施工单位	永久	
		沉降观测记录与报告	施工单位	永久	根据设计要求，产生此文件。 沉降观测单位资质必须符合规定，其提供的所有沉降观测成果应合法、有效
		其他施工测量记录	施工单位	永久	
8311	光伏发电单元土建				
	1. 支架基础				

续表

<table>
<tr><th>分类号</th><th>类目名称</th><th>归档文件</th><th>归档单位</th><th>保管期限</th><th>备注</th></tr>
<tr><td rowspan="27">8311</td><td>1.1 开工报审</td><td>支架基础单位（子单位）、分部（子分部）工程开工报审</td><td>施工单位</td><td>30年</td><td></td></tr>
<tr><td rowspan="6">1.2 测量记录</td><td>定位测量记录</td><td>施工单位</td><td>30年</td><td></td></tr>
<tr><td>建筑物标高、垂直度、全高测量记录</td><td>施工单位</td><td>30年</td><td>屋顶光伏可选</td></tr>
<tr><td>建筑物沉降观测记录</td><td>施工单位</td><td>30年</td><td>屋顶光伏可选</td></tr>
<tr><td>网架工程挠度测量记录（无载）</td><td>施工单位</td><td>30年</td><td>屋顶光伏可选</td></tr>
<tr><td>网架工程挠度测量记录（有载）</td><td>施工单位</td><td>30年</td><td>屋顶光伏可选</td></tr>
<tr><td>其他测量记录</td><td>施工单位</td><td>30年</td><td></td></tr>
<tr><td rowspan="20">1.3 施工及隐蔽验收记录、施工试验与检测报告</td><td>屋顶处理记录</td><td>施工单位</td><td>30年</td><td>屋顶光伏可选</td></tr>
<tr><td>地基基础轻型动力触探记录/地勘钎探记录</td><td>施工单位</td><td>30年</td><td>根据地基情况及设计要求，产生此文件</td></tr>
<tr><td>桩基施工记录、桩基检测报告，包括试验桩检测报告、工程桩检测报告（单桩竖向抗拔、抗压、水平静载试验检测报告、桩身完整性检测报告）、基桩高、低应变检测报告等</td><td>施工单位</td><td>30年</td><td>根据地质情况、地勘报告及设计文件，产生此文件</td></tr>
<tr><td>地基验槽隐蔽验收记录</td><td>施工单位</td><td>30年</td><td></td></tr>
<tr><td>地基处理施工记录、试验报告、地基承载力检测报告</td><td>施工单位</td><td>30年</td><td>根据地质情况、地勘报告及设计文件，产生此文件</td></tr>
<tr><td>换填垫层地基压实度检测报告及承载力检测报告</td><td>施工单位</td><td>30年</td><td>根据地质情况、地勘报告及设计文件，产生此文件</td></tr>
<tr><td>钢筋材质及焊接接头的检测报告</td><td>施工单位</td><td>30年</td><td>根据工程实际，产生此文件</td></tr>
<tr><td>钢筋机械连接接头抗拉强度检测报告</td><td>施工单位</td><td>30年</td><td>根据工程实际，产生此文件</td></tr>
<tr><td>钢筋隐蔽验收记录</td><td>施工单位</td><td>30年</td><td></td></tr>
<tr><td>基础混凝土隐蔽验收记录</td><td>施工单位</td><td>30年</td><td>根据工程实际，产生此文件</td></tr>
<tr><td>基础防水、防腐隐蔽验收记录</td><td>施工单位</td><td>30年</td><td>根据工程实际，产生此文件</td></tr>
<tr><td>其他隐蔽验收记录</td><td>施工单位</td><td>30年</td><td></td></tr>
<tr><td>商品混凝土合格证</td><td>施工单位</td><td>30年</td><td rowspan="6">施工使用商品混凝土的，这部分文件材料归入原材料报审，自拌混凝土建议归入施工记录</td></tr>
<tr><td>混凝土开盘鉴定</td><td>施工单位</td><td>30年</td></tr>
<tr><td>混凝土配合比设计报告</td><td>施工单位</td><td>30年</td></tr>
<tr><td>混凝土施工配合比通知单</td><td>施工单位</td><td>30年</td></tr>
<tr><td>施工用水检测报告（含氯离子含量检测、碱总量计算书等）</td><td>施工单位</td><td>30年</td></tr>
<tr><td>混凝土粗、细骨料碱活性检测报告（砂、石等）、水泥、粉煤灰、外加剂等检测报告</td><td>施工单位</td><td>30年</td></tr>
</table>

续表

分类号	类目名称	归档文件	归档单位	保管期限	备注
8311	1.3 施工及隐蔽验收记录、施工试验与检测报告	混凝土搅拌记录	施工单位	30 年	若有现场搅拌站，产生此文件
		混凝土浇筑通知单	施工单位	30 年	
		混凝土浇筑施工记录	施工单位	30 年	
		预搅拌混凝土现场坍落度测试记录	施工单位	30 年	
		混凝土养护记录	施工单位	30 年	
		混凝土结构工程蓄热养护测温记录	施工单位	30 年	冬期施工有此测温记录
		混凝土强度报告（标养、同条件、抗渗、抗冻融）	施工单位	30 年	（1）混凝土抗渗、抗冻融的强度报告，根据设计要求产生。 （2）根据混凝土施工规范留置混凝土试块，产生相应的强度报告及耐久性报告（抗冻融、抗渗等）
		混凝土试块强度统计、评定记录（标养/同条件）	施工单位	30 年	
		混凝土试块同条件养护温度记录（单位工程汇总）	施工单位	30 年	
		混凝土生产质量控制记录	施工单位	30 年	若有现场搅拌站，产生此文件
		独立基础混凝土施工记录	施工单位	30 年	根据工程实际，产生此文件
		土方及砂石回填试验报告及见证取样委托单	施工单位	30 年	
		回填土击实报告、回填土压实系数检测报告	施工单位	30 年	根据地质情况、地勘报告及设计文件，产生此文件
		其他施工记录、检测报告	施工单位	30 年	
	1.4 质量验收记录	支架基础单位（子单位/分部）工程质量验收记录	施工单位	30 年	
		支架基础单位（子单位/分部）工程质量控制资料核查记录	施工单位	30 年	
		支架基础单位（子单位/分部）工程安全和功能检验资料核查及主要功能抽查记录	施工单位	30 年	
		支架基础单位（子单位/分部）工程观感质量检查记录	施工单位	30 年	
		重要工序交接记录	施工单位	30 年	
		分部工程、分项工程、检验批质量验收记录	施工单位	30 年	
	2. 汇流箱基础				
	2.1 开工报审	汇流箱基础单位（子单位）、分部（子分部）工程开工报告	施工单位	30 年	根据工程实际，有汇流箱及基础的需要归档

续表

分类号	类目名称	归档文件	归档单位	保管期限	备注
8311	2.2 测量记录	基础定位测量记录	施工单位	30年	
	2.3 施工及隐蔽验收记录、施工试验与检测报告	地基基础轻型动力触探记录/地勘钎探记录	施工单位	30年	根据地基情况及设计要求，产生此文件
		桩基施工记录、桩基检测报告，包括试验桩检测报告、工程桩检测报告（单桩竖向抗拔、抗压、水平静载试验检测报告、桩身完整性检测报告）、基桩高、低应变检测报告等	施工单位	30年	根据地质情况、地勘报告及设计文件，产生此文件
		地基验槽隐蔽验收记录	施工单位	30年	
		地基处理施工记录、试验报告、地基承载力检测报告	施工单位	30年	根据地质情况、地勘报告及设计文件，产生此文件
		换填垫层地基压实度检测报告及承载力检测报告	施工单位	30年	根据地质情况、地勘报告及设计文件，产生此文件
		钢筋材质及焊接接头的试验报告	施工单位	30年	根据工程实际，产生此文件
		钢筋机械连接接头抗拉强度检测报告	施工单位	30年	根据工程实际，产生此文件
		钢筋隐蔽验收记录	施工单位	30年	
		基础混凝土隐蔽验收记录	施工单位	30年	根据工程实际，产生此文件
		基础防水、防腐隐蔽验收记录	施工单位	30年	根据工程实际，产生此文件
		其他隐蔽验收记录	施工单位	30年	
		商品混凝土合格证	施工单位	30年	施工使用商品混凝土的，这部分文件材料归入原材料报审，自拌混凝土建议归入施工记录
		混凝土开盘鉴定	施工单位	30年	
		混凝土配合比设计报告	施工单位	30年	
		混凝土施工配合比通知单	施工单位	30年	
		施工用水检测报告（含氯离子含量检测、碱总量计算书等）	施工单位	30年	
		混凝土粗、细骨料碱活性检测报告（砂、石等）、水泥、粉煤灰、外加剂等检测报告	施工单位	30年	
		混凝土搅拌记录	施工单位	30年	若有现场搅拌站，产生此文件
		混凝土浇筑通知单	施工单位	30年	
		混凝土浇筑施工记录	施工单位	30年	
		混凝土现场坍落度测试记录	施工单位	30年	

续表

分类号	类目名称	归档文件	归档单位	保管期限	备注
8311	2.3 施工及隐蔽验收记录、施工试验与检测报告	基础混凝土养护记录	施工单位	30 年	
		混凝土结构工程蓄热养护测温记录	施工单位	30 年	冬期施工有此测温记录
		混凝土强度报告（标养、同条件、抗渗、抗冻融）	施工单位	30 年	（1）混凝土抗渗、抗冻融的强度报告，根据设计要求产生。 （2）根据混凝土施工规范留置混凝土试块，产生相应的强度报告及耐久性报告（抗冻融、抗渗等）
		混凝土试块强度统计、评定记录（标养/同条件）	施工单位	30 年	
		混凝土试块同条件养护温度记录（单位工程汇总）	施工单位	30 年	
		混凝土生产质量控制记录	施工单位	30 年	若有现场搅拌站，产生此文件
		混凝土结构实体强度检测报告（含钢筋保护层厚度检测记录）	施工单位	30 年	
		土方及砂石回填试验报告及见证取样委托单	施工单位	30 年	
		回填土击实报告、回填土压实系数检测报告	施工单位	30 年	
		其他施工记录、检测报告	施工单位	30 年	
	2.4 质量验收记录	汇流箱基础单位（子单位）工程质量验收记录	施工单位	30 年	
		汇流箱基础单位（子单位）工程质量控制资料核查记录	施工单位	30 年	
		汇流箱基础单位（子单位）工程安全和功能检验资料核查及主要功能抽查记录	施工单位	30 年	
		汇流箱基础单位（子单位）工程观感质量检查记录	施工单位	30 年	
		汇流箱基础单位（子单位）工程重要工序交接记录	施工单位	30 年	
		分部工程、分项工程、检验批质量验收记录	施工单位	30 年	
	3. 箱式变压器基础				
	3.1 开工报审	箱式变压器基础单位（子单位）、分部（子分部）工程开工报告	施工单位	30 年	
	3.2 测量记录	基础定位测量记录	施工单位	30 年	
	3.3 施工及隐蔽验收记录、施工试验及检测报告	地基基础轻型动力触探记录/地勘钎探记录	施工单位	30 年	根据地基情况及设计要求，产生此文件
		桩基施工记录、桩基检测报告，包括试验桩检测报告、工程桩检测报告（单桩竖向抗拔、抗压、水平静载试验检测报告、桩身完整性检测报告）、基桩高、低应变检测报告等	施工单位	30 年	根据地质情况、地勘报告及设计文件，产生此文件
		地基验槽隐蔽验收记录	施工单位	30 年	

续表

分类号	类目名称	归档文件	归档单位	保管期限	备注
8311	3.3 施工及隐蔽验收记录、施工试验及检测报告	地基处理施工记录、试验报告、地基承载力检测报告	施工单位	30年	根据地质情况、地勘报告及设计文件，产生此文件
		换填垫层地基压实度检测报告及承载力检测报告	施工单位	30年	根据地质情况、地勘报告及设计文件，产生此文件
		钢筋材质及焊接接头的试验报告	施工单位	30年	根据工程实际，产生此文件
		钢筋机械连接接头抗拉强度检测报告	施工单位	30年	根据工程实际，产生此文件
		钢筋隐蔽验收记录	施工单位	30年	
		基础混凝土隐蔽验收记录	施工单位	30年	根据工程实际，产生此文件
		基础防水、防腐隐蔽验收记录	施工单位	30年	根据工程实际，产生此文件
		其他隐蔽验收记录	施工单位	30年	
		商品混凝土合格证	施工单位	30年	施工使用商品混凝土的，这部分文件材料归入原材料报审，自拌混凝土建议归入施工记录
		混凝土开盘鉴定	施工单位	30年	
		混凝土配合比设计报告	施工单位	30年	
		混凝土施工配合比通知单	施工单位	30年	
		施工用水检测报告（含氯离子含量检测、碱总量计算书等）	施工单位	30年	
		混凝土粗、细骨料碱活性检测报告（砂、石等）、水泥、粉煤灰、外加剂等检测报告	施工单位	30年	
		混凝土搅拌记录	施工单位	30年	若有现场搅拌站，产生此文件
		混凝土浇筑通知单	施工单位	30年	
		混凝土浇筑施工记录	施工单位	30年	
		混凝土现场坍落度测试记录	施工单位	30年	
		混凝土养护记录	施工单位	30年	
		混凝土结构工程蓄热养护测温记录	施工单位	30年	冬期施工有此测温记录
		混凝土强度报告（标养、同条件、抗渗、抗冻融）	施工单位	30年	（1）混凝土抗渗、抗冻融的强度报告，根据设计要求产生。（2）根据混凝土施工规范留置混凝土试块，产生相应的强度报告及耐久性报告（抗冻融、抗渗等）

续表

分类号	类目名称	归档文件	归档单位	保管期限	备注
8311	3.3 施工及隐蔽验收记录、施工试验及检测报告	混凝土试块强度统计、评定记录（标养/同条件）	施工单位	30年	
		混凝土试块同条件养护温度记录（单位工程汇总）	施工单位	30年	
		混凝土生产质量控制记录	施工单位	30年	若有现场搅拌站，产生此文件
		混凝土结构实体强度检测报告（含钢筋保护层厚度检测记录）	施工单位	30年	
		土方及砂石回填试验报告及见证取样委托单	施工单位	30年	
		回填土击实报告、回填土压实系数检测报告	施工单位	30年	
		其他施工记录、检测报告	施工单位	30年	
	3.4 质量验收记录	箱式变压器基础单位（子单位）工程质量验收记录	施工单位	30年	
		箱式变压器基础单位（子单位）工程质量控制资料核查记录	施工单位	30年	
		箱式变压器基础单位（子单位）工程安全和功能检验资料核查及主要功能抽查记录	施工单位	30年	
		箱式变压器基础单位（子单位）工程观感质量检查记录	施工单位	30年	
		箱式变压器基础单位（子单位）工程重要工序交接记录	施工单位	30年	
		分部工程、分项工程、检验批质量验收记录	施工单位	30年	
	4. 逆变器室				
	4.1 逆变器室单位（子单位）工程开工报审	逆变器室单位（子单位）工程开工报审	施工单位	30年	
	4.2 建筑与结构（含屋面）的开工报审、测量、施工及隐蔽验收、试验及检测报告、质量验收记录	建筑与结构（含屋面）分部（子分部）工程开工报审（若有）	施工单位	30年	
		基础定位测量记录	施工单位	30年	
		建筑物垂直度、标高、全高测量记录	施工单位	30年	
		建筑物沉降观测测量记录	施工单位	30年	
		地基基础轻型动力触探记录/地勘钎探记录	施工单位	30年	根据地基情况及设计要求，产生此文件
		静压（锤击）预应力管桩施工记录、预应力管桩检测报告	施工单位	30年	根据地质情况、地勘报告及设计文件，产生此文件
		灌注桩施工记录、灌注桩静载试验检测报告、桩身完整性检测报告、高应变检测报告	施工单位	30年	根据地质情况、地勘报告及设计文件，产生此文件
		土和灰土挤密桩桩孔施工记录、土和灰土挤密桩压实度检测报告	施工单位	30年	根据地质情况、地勘报告及设计文件，产生此文件

续表

分类号	类目名称	归档文件	归档单位	保管期限	备注
8311	4.2 建筑与结构（含屋面）的开工报审、测量、施工及隐蔽验收、试验及检测报告、质量验收记录	其他类型桩基施工记录、桩基检测报告，包括试验桩检测报告、工程桩检测报告（单桩竖向抗拔、抗压、水平静载试验检测报告、桩身完整性检测报告）、基桩高、低应变检测报告等	施工单位	30年	根据地质情况、地勘报告及设计文件，产生此文件
		地基验槽隐蔽验收记录	施工单位	30年	
		地基处理施工记录、试验报告、地基承载力检测报告	施工单位	30年	根据地质情况、地勘报告及设计文件，产生此文件
		换填垫层地基压实度检测报告及承载力检测报告	施工单位	30年	根据地质情况、地勘报告及设计文件，产生此文件
		钢筋材质及焊接接头的试验报告	施工单位	30年	根据施工实际情况，产生此文件
		钢筋机械连接接头抗拉强度检测报告	施工单位	30年	根据施工实际情况，产生此文件
		基础钢筋隐蔽工程验收记录	施工单位	30年	
		基础混凝土隐蔽工程验收记录	施工单位	30年	
		基础防腐隐蔽工程验收记录	施工单位	30年	
		地下混凝土结构工程隐蔽工程验收记录	施工单位	30年	根据设计要求，产生此文件
		地下防水、防腐工程隐蔽工程验收记录	施工单位	30年	根据设计要求，产生此文件
		基础预埋件、埋管、螺栓隐蔽验收记录	施工单位	30年	
		商品混凝土合格证	施工单位	30年	施工使用商品混凝土的，这部分文件材料归入原材料报审，自拌混凝土建议归入施工记录
		混凝土开盘鉴定	施工单位	30年	
		混凝土配合比设计报告	施工单位	30年	
		混凝土施工配合比通知单	施工单位	30年	
		施工用水检测报告（含氯离子含量检测、碱总量计算书等）	施工单位	30年	
		混凝土粗、细骨料碱活性检测报告（砂、石等）、水泥、粉煤灰、外加剂等检测报告	施工单位	30年	
		混凝土搅拌记录	施工单位	30年	若有现场搅拌站，产生此文件
		基础混凝土浇筑通知单	施工单位	30年	
		基础混凝土浇筑施工记录	施工单位	30年	
		基础混凝土现场坍落度测试记录	施工单位	30年	
		基础混凝土养护记录	施工单位	30年	
		基础混凝土结构工程蓄热养护测温记录	施工单位	30年	冬期施工有此测温记录

续表

分类号	类目名称	归档文件	归档单位	保管期限	备注
8311	4.2 建筑与结构（含屋面）的开工报审、测量、施工及隐蔽验收、试验及检测报告、质量验收记录	基础混凝土强度报告（标养、同条件、抗渗、抗冻融）	施工单位	30 年	（1）混凝土抗渗、抗冻融的强度报告，根据设计要求产生。（2）根据混凝土施工规范留置混凝土试块，产生相应的强度报告及耐久性报告（抗冻融、抗渗等）
		基础混凝土试块强度统计、评定记录（标养/同条件）	施工单位	30 年	
		基础混凝土试块同条件养护温度记录（单位工程汇总）	施工单位	30 年	
		混凝土生产质量控制记录	施工单位	30 年	若有现场搅拌站，产生此文件
		混凝土结构实体强度检测报告（含钢筋保护层厚度检测记录）	施工单位	30 年	
		土工及砂石回填试验报告及见证取样委托单	施工单位	30 年	
		回填土击实报告、回填土压实系数检测报告	施工单位	30 年	
		主体钢筋隐蔽工程验收记录	施工单位	30 年	
		砌体隐蔽工程验收记录	施工单位	30 年	
		主体结构混凝土施工记录，包括混凝土浇筑通知单、浇筑记录、坍落度测试记录、养护记录、测温记录、强度报告、统计评定、同条件养护试块测温记录（单位工程汇总）等	施工单位	30 年	主体结构混凝土施工产生的文件同基础混凝土施工产生的文件
		主体结构混凝土结构实体强度检测报告（含主体结构钢筋保护层厚度检测记录）	施工单位	30 年	
		植筋拉拔检测报告及见证取样委托单	施工单位	30 年	
		砂浆配合比试验报告、砂浆试块试验报告、砂浆抗压强度统计、评定记录	施工单位	30 年	
		砌筑砂浆施工记录	施工单位	30 年	
		砌体垂直度测量记录	施工单位	30 年	
		水平灰缝砂浆饱满度检测记录	施工单位	30 年	
		地下室防水效果检查记录	施工单位	30 年	根据设计要求，产生此文件
		有防水要求的地面蓄水试验记录	施工单位	30 年	根据设计要求，产生此文件
		保温层厚度检测记录	施工单位	30 年	
		防水层施工记录	施工单位	30 年	
		外墙保温隐蔽工程验收记录	施工单位	30 年	
		门窗工程隐蔽工程验收记录	施工单位	30 年	
		屋面隐蔽工程验收记录	施工单位	30 年	

续表

<table>
<tr><th>分类号</th><th>类目名称</th><th>归档文件</th><th>归档单位</th><th>保管期限</th><th>备注</th></tr>
<tr><td rowspan="36">8311</td><td rowspan="5">4.2 建筑与结构（含屋面）的开工报审、测量、施工及隐蔽验收、试验及检测报告、质量验收记录</td><td>屋面淋水、蓄水试验记录</td><td>施工单位</td><td>30年</td><td></td></tr>
<tr><td>节能、保温测试记</td><td>施工单位</td><td>30年</td><td></td></tr>
<tr><td>室内环境检测报告</td><td>施工单位</td><td>30年</td><td></td></tr>
<tr><td>其他施工试验及检测报告</td><td>施工单位</td><td>30年</td><td></td></tr>
<tr><td>分部工程、分项工程、检验批质量验收记录</td><td>施工单位</td><td>30年</td><td></td></tr>
<tr><td rowspan="14">4.3 通风与空调分部工程开工报审、施工及隐蔽验收、试验及调试、质量验收</td><td>通风与空调（采暖）分部（项）工程开工报审（若有）</td><td>施工单位</td><td>30年</td><td></td></tr>
<tr><td>防火阀、防排烟阀、防爆阀等设备安装及检验记录</td><td>施工单位</td><td>30年</td><td>根据施工实际，产生此文件</td></tr>
<tr><td>管道系统安装及检验记录</td><td>施工单位</td><td>30年</td><td></td></tr>
<tr><td>通风与空调（采暖）隐蔽验收记录</td><td>施工单位</td><td>30年</td><td></td></tr>
<tr><td>其他施工记录</td><td>施工单位</td><td>30年</td><td></td></tr>
<tr><td>空调水系统阀门安装前试验记录</td><td>施工单位</td><td>30年</td><td></td></tr>
<tr><td>制冷、空调、水管道强度试验、严密性试验记录</td><td>施工单位</td><td>30年</td><td></td></tr>
<tr><td>通风管道严密性试验（透光、风压）</td><td>施工单位</td><td>30年</td><td></td></tr>
<tr><td>风量测试记录</td><td>施工单位</td><td>30年</td><td></td></tr>
<tr><td>温度测试记录</td><td>施工单位</td><td>30年</td><td></td></tr>
<tr><td>通风、空调系统及制冷设备运行调试记录</td><td>施工单位</td><td>30年</td><td></td></tr>
<tr><td>其他试验及调试记录</td><td>施工单位</td><td>30年</td><td></td></tr>
<tr><td>分部工程、分项工程质量验收记录</td><td>施工单位</td><td>30年</td><td></td></tr>
<tr><td rowspan="8">4.4 建筑电气分部工程开工报审、施工及隐蔽、设备试验及调试、质量验收记录</td><td>建筑电气分部工程开工报审（若有）</td><td>施工单位</td><td>30年</td><td></td></tr>
<tr><td>线路、灯具、开关、插座接地和接线检验记录</td><td>施工单位</td><td>30年</td><td></td></tr>
<tr><td>配管埋设隐蔽工程验收记录</td><td>施工单位</td><td>30年</td><td></td></tr>
<tr><td>屋外接地装置隐蔽前检查签证</td><td>施工单位</td><td>30年</td><td></td></tr>
<tr><td>接地电阻测试记录（防雷接地、保护接地、安全接地、防静电接地）</td><td>施工单位</td><td>30年</td><td></td></tr>
<tr><td>绝缘电阻测试记录</td><td>施工单位</td><td>30年</td><td></td></tr>
<tr><td>其他施工记录、测试记录、隐蔽记录</td><td>施工单位</td><td>30年</td><td></td></tr>
<tr><td>分部工程、分项工程质量验收记录</td><td>施工单位</td><td>30年</td><td></td></tr>
<tr><td rowspan="6">4.5 逆变器室单位（子单位）工程、分部、分项质量竣工验收记录</td><td>逆变器室单位（子单位）工程质量竣工验收记录</td><td>施工单位</td><td>30年</td><td rowspan="6">根据项目划分表，可按单位、子单位工程整理逆变器室的质量验收记录</td></tr>
<tr><td>逆变器室单位（子单位）工程质量控制资料核查记录</td><td>施工单位</td><td>30年</td></tr>
<tr><td>逆变器室单位（子单位）工程安全和功能检验资料核查及主要功能抽查记录</td><td>施工单位</td><td>30年</td></tr>
<tr><td>逆变器室单位（子单位）工程观感质量检查记录</td><td>施工单位</td><td>30年</td></tr>
<tr><td>逆变器室单位（子单位）工程重要工序交接记录</td><td>施工单位</td><td>30年</td></tr>
<tr><td>分部、分项、检验批质量验收记录</td><td>施工单位</td><td>30年</td></tr>
<tr><td>4.6 单位工程验收意见书</td><td>光伏发电单元土建单位工程验收意见书</td><td>施工单位</td><td>30年</td><td></td></tr>
</table>

续表

分类号	类目名称	归档文件	归档单位	保管期限	备注
8312	光伏发电单元安装				
	1. 支架安装				
	1.1 开工报审	光伏发电单元安装单位工程开工报审、复工报审（若有）	施工单位	30 年	
		支架安装分部（子分部）工程开工报审	施工单位	30 年	
	1.2 支架安装、防腐抽检记录	支架基础及预埋件水平偏差和定位轴线偏差查验记录	施工单位	30 年	根据设计要求
		支架垂直度、方位角、倾斜角及偏差测量记录、支架螺栓紧固记录（含斜拉记录）	施工单位	30 年	
		跟踪式支架动作方向、角度、限位、跟踪精度、避风功能、避雪功能、自动复位功能调试记录	施工单位	30 年	根据工程实际产生此文件
		支架、螺栓防腐抽检记录	施工单位	30 年	
		其他施工记录	施工单位	30 年	
	1.3 验收记录	分部工程、分项工程质量验收记录	施工单位	30 年	
	2. 组件安装				
	2.1 开工报审	组件安装分部（子分部）工程开工报审	施工单位	30 年	
	2.2 组件安装、测量记录	组件倾斜角度偏差测量记录	施工单位	30 年	
		组件安装记录（含边缘高差测量记录、组件固定金具紧固记录等）	施工单位	30 年	
		组件接地检查记录	施工单位	30 年	
		组件测试记录（开路电压、短路电流测试记录）	施工单位	30 年	
		组串测量记录（回路电流、开路电压）	施工单位	30 年	
		其他施工记录	施工单位	30 年	
	2.3 验收记录	分部工程、分项工程质量验收记录	施工单位	30 年	
	3. 汇流箱安装				
	3.1 开工报审	汇流箱安装分部（子分部）工程开工报审	施工单位	30 年	
	3.2 安装、测试记录	汇流箱安装记录	施工单位	30 年	
		汇流箱防雷及接地检查记录	施工单位	30 年	
		汇流箱通信调试记录	施工单位	30 年	
		汇流箱绝缘电阻测试记录	施工单位	30 年	
		汇流箱出线电缆测试记录	施工单位	30 年	
		汇流箱分支开关测试记录	施工单位	30 年	
	3.3 验收记录	分部工程、分项工程质量验收记录	施工单位	30 年	
	4. 逆变器安装				
	4.1 开工报审	逆变器安装分部（子分部）工程开工报审	施工单位	30 年	
	4.2 安装、测试记录	逆变器安装记录	施工单位	30 年	
		逆变器现场测试记录［含逆变器外观、主要元器件、控制电源、直交流侧接线及极性（相序）、绝缘、散热装置、接地检查记录、出线紧固等］	施工单位	30 年	
		逆变器控制系统检查记录（逆变器就地及远方启停试验、性能检查试验、电气参数检查、转换效率检查）	施工单位	30 年	

续表

分类号	类目名称	归档文件	归档单位	保管期限	备注
8312	4.2 安装、测试记录	逆变器通信调试记录	施工单位	30 年	
		光纤衰减测试记录	施工单位	30 年	
	4.3 验收记录	分部工程、分项工程质量验收记录	施工单位	30 年	
	5. 直（交）流配电柜安装				
	5.1 开工报审	直（交）流配电柜安装分部（子分部）工程开工报审	施工单位	30 年	
	5.2 安装、检查记录	直（交）流配电柜安装记录	施工单位	30 年	
		直（交）流配电柜接地检查记录	施工单位	30 年	
		直（交）流配电柜绝缘检查记录	施工单位	30 年	
		直（交）流配电柜手动分合闸检查记录	施工单位	30 年	
	5.3 验收记录	分部工程、分项工程质量验收记录	施工单位	30 年	
	6. 数据采集柜安装				
	6.1 开工报审	数据采集柜安装分部（子分部）工程开工报审	施工单位	30 年	
	6.2 安装、试验记录	数据采集柜安装记录	施工单位	30 年	
		数据采集柜双电源切换试验记录	施工单位	30 年	
		数据采集系统光纤熔接损耗测试报告	施工单位	30 年	
		数据采集通信系统调试记录	施工单位	30 年	
	6.3 验收记录	分部工程、分项工程质量验收记录	施工单位	30 年	
	7. 箱式变压器（变电站）安装				
	7.1 开工报审	箱式变压器（变电站）安装分部（子分部）工程开工报审	施工单位	30 年	
	7.2 安装、试验记录	箱式变压器（变电站）安装记录	施工单位	30 年	
		箱式变压器（变电站）区域接地网施工记录、隐蔽检查验收记录、接地电阻测试记录、实际施工记录图	施工单位	30 年	
		箱式变压器（变电站）接地导通测试记录（即箱体、基础、内部专用接地铜排与接地网的导通测试）	施工单位	30 年	
		绝缘油试验报告	施工单位	30 年	
		气体继电器、温度控制器、压力释放阀等校验报告	施工单位	30 年	
		断路器或负荷开关、隔离开关、接地刀闸之间机械闭锁试验记录	施工单位	30 年	
		箱式变压器（变电站）带电试运签证	施工单位	30 年	
	7.3 验收记录	分部工程、分项工程质量验收记录	施工单位	30 年	
	8. 电缆工程（含防火及阻燃）				
	8.1 开工报审	电缆工程（含防火及阻燃）分部（子分部）工程开工报审	施工单位	30 年	
	8.2 施工记录、测试记录、试验报告	电缆敷设记录	施工单位	30 年	包括原始敷设记录、设计变更部分敷设记录

续表

分类号	类目名称	归档文件	归档单位	保管期限	备注
8312	8.2 施工记录、测试记录、试验报告	35kV 及以上电缆终端、中间接头制作与安装记录	施工单位	30 年	
		电缆防火阻燃封堵施工记录	施工单位	30 年	
		电缆交接试验报告	施工单位	30 年	
		电缆桥架、电缆接地导通测试记录	施工单位	30 年	
		直埋电缆隐蔽前检查签证	施工单位	30 年	
		电缆带电试运签证	施工单位	30 年	
	8.3 验收记录	分部工程、分项工程质量验收记录	施工单位	30 年	
	9. 防雷与接地				
	9.1 开工报审	防雷与接地分部（子分部）工程开工报审	施工单位	30 年	
	9.2 施工记录、测试检测报告	避雷针施工记录	施工单位	30 年	
		避雷针杆塔连接螺栓紧固力矩检查记录	施工单位	30 年	
		接地装置施工记录及实际施工示意图	施工单位	30 年	
		接地装置特性参数测试报告	施工单位	30 年	
		防雷设施检测报告	施工单位	30 年	应委托具有相应资质的第三方检测机构检测并出具有效文件
		独立或构架避雷针（带）、避雷器集中接地装置接地电阻测试记录	施工单位	30 年	
		接地装置隐蔽前检查签证	施工单位	30 年	
		避雷针及接地引下线检查签证	施工单位	30 年	
		接地电阻测试签证	施工单位	30 年	
	9.3 质量验收记录	分部工程、分项工程质量验收记录	施工单位	30 年	
		重要工序交接记录	施工单位	30 年	
	10. 光伏发电单元安装质量验收记录	光伏发电单元安装单位（子单位）工程质量验收记录	施工单位	30 年	根据项目划分表，可按单位、子单位工程整理质量验收记录
		光伏发电单元安装单位工程质量控制资料核查记录	施工单位	30 年	
		光伏发电单元安装单位工程验收意见书	施工单位	30 年	
		分部、分项工程验收记录	施工单位	30 年	
8319	其他				
832	汇集站				
8320	综合				
	1. 原材料与构配件	钢筋跟踪台账、钢筋进场报审表、自检记录、出厂质量证明文件、试验委托单（见证取样单）、复试报告	施工单位	30 年	
		水泥跟踪台账、水泥进场报审表、自检记录、出厂质量证明文件、试验委托单（见证取样单）、复试报告	施工单位	30 年	
		砂子、碎石、粉煤灰等进场报审表、自检记录、质量证明文件	施工单位	30 年	
		商品混凝土跟踪台账、商品混凝土进场报审表、商品混凝土开盘鉴定、配合比报告、水泥、砂石（粗细骨料）、水、外加剂、粉煤灰等检测报告等	施工单位	30 年	

续表

分类号	类目名称	归档文件	归档单位	保管期限	备注
8320	1. 原材料与构配件	自拌混凝土原材料进场报审表、自检记录、水泥、砂、石、外加剂、掺合料等合格证、出厂检验报告、试验委托单、进场复试报告	施工单位	30年	
		砂浆原材料进场报审表、自检记录、砂浆配合比设计书、出厂质量证明文件、试验委托单（见证取样单）、复试报告（砂浆立方体抗压强度检验报告）	施工单位	30年	
		灌浆料跟踪台账、灌浆料进场报审表、自检记录、出厂质量证明文件、试验委托单（见证取样单）、复试报告	施工单位	30年	
		螺栓进场报审表、自检记录、出厂质量证明文件、试验委托单（见证取样单）、复试报告	施工单位	30年	
		防火材料进场报审表、自检记录、质量证明文件	施工单位	30年	
		防水、防腐材料进场报审表、自检记录、出厂质量证明文件、试验委托单（见证取样单）、复试报告	施工单位	30年	
		砖（砌块）进场报审表、自检记录、质量证明文件	施工单位	30年	
		预制混凝土构件进场报审表、自检记录、质量证明文件	施工单位	30年	
		管材进场报审表、自检记录、质量证明文件	施工单位	30年	
		钢构件进场报审表、自检记录、质量证明文件	施工单位	30年	
		焊材报审表、自检记录、出厂质量证明文件	施工单位	30年	
		接地材料报审表、自检记录、出厂质量证明文件	施工单位	30年	
		铝合金压块、型材进场报审表、自检记录、出厂质量证明文件	施工单位	30年	
		保温材料进场报审表、自检记录、出厂质量证明文件、试验委托单（见证取样单）、复试报告	施工单位	30年	
		装饰装修材料进场报审表、自检记录、质量证明文件	施工单位	30年	
		建筑门窗进场报审表、出厂合格证、三性（气密性、水密性、抗风压性能）检验报告	施工单位	30年	
		防火门窗进场报审表、合格证、检验报告、性能检测报告	施工单位	30年	
		照明设施进场报审表、自检记录、出厂合格证、性能检验报告	施工单位	30年	
		电缆及附件报审表、自检记录、出厂质量证明文件、入场复试报告（包括电缆、终端及中间接头）	施工单位	30年	
		电缆防火封堵材料报审表、自检记录、质量证明文件	施工单位	30年	
		电缆保护管、电缆桥架、电缆分接箱等报审表、自检记录、出厂质量证明文件	施工单位	30年	
		避雷针、避雷带报审表、出厂质量证明文件	施工单位	30年	
		暖通、给排水设备设施进场报审表、合格证、性能检验报告	施工单位	30年	

续表

分类号	类目名称	归档文件	归档单位	保管期限	备注
8320	1. 原材料与构配件	消防器材进场报审表、自检记录、出厂合格证、性能检验报告	施工单位	30 年	
		节能环保材料进场报审表、自检记录、质量证明文件	施工单位	30 年	
		视频监控、网络、通信设备材料进场报审表、自检记录、出厂合格证、检验报告	施工单位	30 年	
		其他材料报审表、自检记录、出厂质量证明文件	施工单位	30 年	
		乙供设备进场报审表、出厂质量证明文件等	施工单位	30 年	（1）乙供设备合格证和检验报告的复印件用于报审。（2）乙供设备合格证（原件）、检验报告（原件）、安装使用说明书、图纸等归入 9 大类“设备仪器”
		新材料技术鉴定报告或允许使用证明材料（若有）	施工单位	30 年	
	2. 施工测量	水准高程控制点测量及复核记录	施工单位	永久	
		施工方格网测量、厂区平面控制网、高程控制网	施工单位	永久	
		沉降观测记录与报告	施工单位	永久	根据设计要求，产生此文件。沉降观测单位资质必须符合规定，其提供的所有沉降观测成果应合法、有效
		其他施工测量记录	施工单位	永久	
8321	汇集站土建				
	1. 工程开工报审	汇集站建筑物单位（子单位）工程开工报审	施工单位	永久	
	2. 建筑与结构（含屋面）的开工报审、测量、施工及隐蔽验收、试验及检测报告、质量验收记录	建筑与结构（含屋面）分部（子分部）工程开工报审	施工单位	永久	
		基础定位测量记录	施工单位	永久	
		建筑物垂直度、标高、全高测量记录	施工单位	永久	
		建筑物沉降观测记录	施工单位	永久	
		地基基础轻型动力触探记录/地勘钎探记录	施工单位	永久	根据地基情况及设计要求，产生此文件

续表

分类号	类目名称	归档文件	归档单位	保管期限	备注
8321	2. 建筑与结构（含屋面）的开工报审、测量、施工及隐蔽验收、试验及检测报告、质量验收记录	静压（锤击）预应力管桩施工记录、预应力管桩检测报告	施工单位	永久	根据地质情况、地勘报告及设计文件，产生此文件
		灌注桩施工记录、灌注桩静载试验检测报告、桩身完整性检测报告、高应变检测报告	施工单位	永久	根据地质情况、地勘报告及设计文件，产生此文件
		土和灰土挤密桩桩孔施工记录、土和灰土挤密桩压实度检测报告	施工单位	永久	根据地质情况、地勘报告及设计文件，产生此文件
		其他类型桩基施工记录、桩基检测报告，包括试验桩检测报告、工程桩检测报告（单桩竖向抗拔、抗压、水平静载试验检测报告、桩身完整性检测报告）、基桩高、低应变检测报告等	施工单位	永久	根据地质情况、地勘报告及设计文件，产生此文件
		地基验槽隐蔽验收记录	施工单位	永久	
		地基处理施工记录、试验报告、地基承载力检测报告	施工单位	永久	根据地质情况、地勘报告及设计文件，产生此文件
		换填垫层地基压实度检测报告及承载力检测报告	施工单位	永久	根据地质情况、地勘报告及设计文件，产生此文件
		钢筋材质及焊接接头的试验报告	施工单位	永久	根据施工实际情况，产生此文件
		钢筋机械连接接头抗拉强度检测报告	施工单位	永久	根据施工实际情况，产生此文件
		基础钢筋隐蔽工程验收记录	施工单位	永久	
		基础混凝土隐蔽工程验收记录	施工单位	永久	
		基础防腐隐蔽工程验收记录	施工单位	永久	
		地下混凝土结构工程隐蔽验收记录	施工单位	永久	根据设计要求，产生此文件
		地下防水、防腐工程隐蔽验收记录	施工单位	永久	根据设计要求，产生此文件
		基础预埋件、埋管、螺栓隐蔽验收记录	施工单位	永久	

续表

分类号	类目名称	归档文件	归档单位	保管期限	备注
8321	2. 建筑与结构（含屋面）的开工报审、测量、施工及隐蔽验收、试验及检测报告、质量验收记录	商品混凝土合格证	施工单位	永久	施工使用商品混凝土的，这部分文件材料归入原材料报审，自拌混凝土建议归入施工记录
		混凝土开盘鉴定	施工单位	永久	
		混凝土配合比设计报告	施工单位	永久	
		混凝土施工配合比通知单	施工单位	永久	
		施工用水检测报告（含氯离子含量检测、碱总量计算书等）	施工单位	永久	
		混凝土粗、细骨料碱活性检测报告（砂、石等）、水泥、粉煤灰、外加剂等检测报告	施工单位	永久	
		混凝土搅拌记录	施工单位	永久	若有现场搅拌站，产生此文件
		混凝土浇筑通知单	施工单位	永久	
		混凝土浇筑施工记录	施工单位	永久	
		混凝土现场坍落度测试记录	施工单位	永久	
		混凝土养护记录	施工单位	永久	
		混凝土结构工程蓄热养护测温记录	施工单位	永久	冬期施工有此测温记录
		混凝土强度报告（标养、同条件、抗渗、抗冻融）	施工单位	永久	（1）混凝土抗渗、抗冻融的强度报告，根据设计要求产生。 （2）根据混凝土施工规范留置混凝土试块，产生相应的强度报告及耐久性报告（抗冻融、抗渗等）
		混凝土试块强度统计、评定记录（标养/同条件）	施工单位	永久	
		混凝土试块同条件养护温度记录（单位工程汇总）	施工单位	永久	
		混凝土生产质量控制记录	施工单位	永久	若有现场搅拌站，产生此文件
		混凝土结构实体强度检测报告（含钢筋保护层厚度检测记录）	施工单位	永久	
		土工及砂石回填试验报告及见证取样委托单	施工单位	永久	
		回填土击实报告、回填土压实系数检测报告	施工单位	永久	
		主体钢筋隐蔽工程验收记录	施工单位	永久	
		砌体隐蔽工程验收记录	施工单位	永久	
		主体结构混凝土施工记录，包括混凝土浇筑通知单、浇筑记录、坍落度测试记录、养护记录、测温记录、强度报告、统计评定、同条件养护试块测温记录（单位工程汇总）等	施工单位	永久	主体结构混凝土施工产生的文件同基础混凝土施工产生的文件
		混凝土结构实体强度检测报告（含钢筋保护层厚度检测记录）	施工单位	永久	
		植筋拉拔检测报告及见证取样委托单	施工单位	永久	

续表

分类号	类目名称	归档文件	归档单位	保管期限	备注
8321	2. 建筑与结构（含屋面）的开工报审、测量、施工及隐蔽验收、试验及检测报告、质量验收记录	砂浆配合比试验报告、砂浆试块试验报告、砂浆抗压强度统计、评定记录	施工单位	永久	
		砌筑砂浆施工记录	施工单位	永久	
		砌体垂直度测量记录	施工单位	永久	
		水平灰缝砂浆饱满度检测记录	施工单位	永久	
		地下室防水效果检查记录	施工单位	永久	根据设计要求，产生此文件
		有防水要求的地面蓄水试验记录	施工单位	永久	根据设计要求，产生此文件
		保温层厚度检测记录	施工单位	永久	
		防水层施工记录	施工单位	永久	
		外墙保温隐蔽工程验收记录	施工单位	永久	
		门窗工程隐蔽工程验收记录	施工单位	永久	
		屋面隐蔽工程验收记录	施工单位	永久	
		屋面淋水、蓄水试验记录	施工单位	永久	
		节能、保温测试记	施工单位	永久	
		室内环境检测报告	施工单位	永久	
		其他施工试验及检测报告	施工单位	永久	
		分部工程、分项工程、检验批质量验收记录	施工单位	永久	
	3. 通风与空调分部工程开工报审、施工及隐蔽验收、试验及调试、质量验收记录	通风与空调（采暖）分部（项）工程开工报审（若有）	施工单位	永久	
		防火阀、防排烟阀、防爆阀等设备安装及检验记录	施工单位	永久	根据施工实际，产生此文件
		管道系统安装及检验记录	施工单位	永久	
		通风与空调（采暖）隐蔽验收记录	施工单位	永久	
		其他施工记录	施工单位	永久	
		空调水系统阀门安装前试验记录	施工单位	永久	
		制冷、空调、水管道强度试验、严密性试验记录	施工单位	永久	
		通风管道严密性试验（透光、风压）	施工单位	永久	
		风量测试记录	施工单位	永久	
		温度测试记录	施工单位	永久	
		通风、空调系统及制冷设备运行调试记录	施工单位	永久	
		其他试验及调试记录	施工单位	永久	
		分部工程、分项工程质量验收记录	施工单位	永久	
	4. 建筑电气分部工程开工报审、施工及隐蔽、设备试验及调试、质量验收记录	建筑电气分部（项）工程开工报审（若有）	施工单位	永久	
		线路、灯具、开关、插座接地和接线检验记录	施工单位	永久	
		配管埋设隐蔽工程验收记录	施工单位	永久	
		屋外接地装置隐蔽前检查签证	施工单位	永久	
		其他施工记录	施工单位	永久	
		接地电阻测试记录（防雷接地、保护接地、安全接地、防静电接地）	施工单位	永久	
		绝缘电阻测试记录	施工单位	永久	
		其他试验及调试记录	施工单位	永久	
		分部工程、分项工程质量验收记录	施工单位	永久	

续表

分类号	类目名称	归档文件	归档单位	保管期限	备注
8321	5. 单位（子单位）、分部、分项、检验批验收记录	汇集站建筑物单位（子单位）工程质量验收记录	施工单位	永久	根据项目划分表，可按单位（子单位）工程整理质量验收记录
		汇集站建筑物单位（子单位）工程质量控制资料核查记录	施工单位	永久	
		汇集站建筑物单位（子单位）工程安全和功能检验资料核查及主要功能抽查记录	施工单位	永久	
		汇集站建筑物单位（子单位）工程观感质量检查记录	施工单位	永久	
		汇集站建筑物单位（子单位）工程重要工序交接记录、汇集站建筑单位工程验收意见书	施工单位	永久	
		汇集站建筑物分部工程、分项、检验批质量验收记录	施工单位	永久	
8322	汇集站安装单位工程	汇集站安装单位工程开工报审/复工报审			
	1. ××kV 配电装置安装		施工单位	30 年	
	1.1 开工报审	××kV 配电装置安装分部（子分部）工程开工报审（若有）	施工单位	30 年	
	1.2 安装记录、检测试验报告	隔离开关、负荷开关调整记录	施工单位	30 年	
		新 SF_6 气体抽样检测记录	施工单位	30 年	
		SF_6 断路器气室气体密封试验记录	施工单位	30 年	
		SF_6 断路器气室气体含水量检测记录	施工单位	30 年	
		软母线与耐张线夹压接试件取样检测记录	施工单位	30 年	
		软母线弧垂测试记录	施工单位	30 年	
		硬母线搭接面连接螺栓紧固力矩检查记录	施工单位	30 年	
		硬母线焊接工艺评定记录、焊样检测记录	施工单位	30 年	
		干式电抗器本体及附属系统交接试验报告	施工单位	30 年	
		断路器、避雷器、电流（压）互感器、电容器、支柱绝缘子、套管等交接试验报告	施工单位	30 年	
		设备接地导通测试记录	施工单位	30 年	
		密度继电器、压力表校验报告	施工单位	30 年	
		二次回路绝缘电阻测试报告	施工单位	30 年	
		电流（压）互感器二次负载测试报告	施工单位	30 年	
		二次回路一点接地检查记录	施工单位	30 年	
		保护回路一次通流（压）试验报告	施工单位	30 年	
		保护装置单体调试报告	施工单位	30 年	
		保护装置整组传动试验报告	施工单位	30 年	
		调度综合自动化装置调试报告	施工单位	30 年	

续表

分类号	类目名称	归档文件	归档单位	保管期限	备注
8322	1.2 安装记录、检测试验报告	各间隔汇控柜或端子箱等电位接地导通测试报告	施工单位	30年	
		保护装置定值执行单	施工单位	30年	
		计量装置检定报告	施工单位	30年	
		变送器校验报告	施工单位	30年	
		常规电测仪表校验报告	施工单位	30年	
		干式电抗器检查签证	施工单位	30年	
		管形母线检查签证	施工单位	30年	
		配电装置带电试运签证	施工单位	30年	
		干式电抗器带电试运签证	施工单位	30年	
		其他施工记录、试验报告	施工单位	30年	
	1.3 验收记录	分部工程、分项工程质量验收记录	施工单位	30年	
	2. 站用系统配电装置安装				
	2.1 开工报审	站用系统配电装置安装分部（子分部）工程开工报审（若有）	施工单位	30年	
	2.2 安装记录、试验报告	高低压开关柜安装及调整记录	施工单位	30年	
		交直流电源系统设备安装及调试记录（含蓄电池组充电检验记录、放电检验记录、充放电特性曲线、充放电检查签证）	施工单位	30年	
		变压器安装检查记录（含气体继电器、温控仪校验报告和绝缘油试验报告）	施工单位	30年	
	2.3 验收记录	分部工程、分项工程质量验收记录	施工单位	30年	
	3. 二次盘柜安装				
	3.1 开工报审	二次盘柜安装分部（子分部）工程开工报审（若有）	施工单位	30年	
	3.2 安装、检查记录	二次盘柜安装记录（包括保护、控制、测量、信号、通信等元器件）	施工单位	30年	
		等电位接地网安装记录、测试记录	施工单位	30年	
		二次回路一点接地检查记录	施工单位	30年	
		二次回路绝缘电阻测试报告	施工单位	30年	
		电流（压）互感器二次负载测试报告	施工单位	30年	
	3.3 验收记录	分部工程、分项工程质量验收记录	施工单位	30年	
	4. 电缆工程（含防火及阻燃）				
	4.1 开工报审	电缆工程（含防火及阻燃）开工报审（若有）	施工单位	30年	
	4.2 施工记录、试验报告	电缆敷设记录	施工单位	30年	包括原始敷设记录、设计变更部分敷设记录
		35kV及以上电缆终端、中间接头制作与安装记录	施工单位	30年	
		电缆防火阻燃封堵施工记录	施工单位	30年	
		电缆交接试验报告	施工单位	30年	
		电缆桥架、电缆接地导通测试记录	施工单位	30年	
		直埋电缆隐蔽前检查签证	施工单位	30年	
		电缆带电试运签证	施工单位	30年	

续表

分类号	类目名称	归档文件	归档单位	保管期限	备注
	4.3 验收记录	分部工程、分项工程质量验收记录	施工单位	30 年	
8322	5. 汇集站安装验收记录	汇集站安装单位工程质量验收记录	施工单位	30 年	根据项目划分表，可按单位、子单位工程整理质量验收记录
		汇集站安装单位工程质量控制资料核查记录	施工单位	30 年	
		重要工序交接记录	施工单位	30 年	
		单位工程验收意见书	施工单位	30 年	
		分部、分项工程验收记录	施工单位	30 年	
8329	其他				
833	集电线路				
8330	1. 原材料与构配件	钢筋跟踪台账、钢筋进场报审表、自检记录、出厂质量证明文件、试验委托单（见证取样单）、复试报告	施工单位	30 年	
		水泥跟踪台账、水泥进场报审表、自检记录、出厂质量证明文件、试验委托单（见证取样单）、复试报告	施工单位	30 年	
		砂子、碎石、粉煤灰等进场报审表、自检记录、质量证明文件	施工单位	30 年	
		商品混凝土跟踪台账、商品混凝土进场报审表、商品混凝土合格证、商品混凝土开盘鉴定、配合比报告、水泥、砂、石（粗细骨料）、水、外加剂、粉煤灰等检测报告等	施工单位	30 年	
		自拌混凝土原材料进场报审表、自检记录、水泥、砂、石、外加剂、掺合料等合格证、出厂检验报告、试验委托单、进场复试报告	施工单位	30 年	
		塔材进场报审表、自检记录、质量证明文件	施工单位	30 年	
		地脚螺栓进场报审表、自检记录、质量证明文件	施工单位	30 年	
		金具进场报审表、自检记录、质量证明文件	施工单位	30 年	
		混凝土电杆报审表、自检记录、质量证明文件	施工单位	30 年	适用电杆
		防腐材料进场报审表、自检记录、质量证明文件	施工单位	30 年	
		焊材报审表、自检记录、质量证明文件	施工单位	30 年	
		接地材料报审表、自检记录、质量证明文件	施工单位	30 年	
		钢芯铝绞线进场报审表、自检记录、质量证明文件	施工单位	30 年	
		铜母线进场报审表、自检记录、质量证明文件	施工单位	30 年	
		架空绝缘导线、线夹、柔性卡箍等进场报审表、自检记录、质量证明文件	施工单位	30 年	
		电缆及附件报审表、自检记录、质量证明文件、入场复试报告（包括电缆、终端及中间接头）	施工单位	30 年	
		电缆防火封堵材料报审表、自检记录、质量证明文件、入场复试报告	施工单位	30 年	
		电缆保护管、电缆分接箱等报审表、自检记录、质量证明文件	施工单位	30 年	
		光缆进场报审表、自检记录、质量证明文件	施工单位	30 年	
		复合支柱绝缘子进场报审表、自检记录、质量证明文件	施工单位	30 年	
		避雷器进场报审表、自检记录、质量证明文件	施工单位	30 年	
		其他材料报审表、自检记录、质量证明文件	施工单位	30 年	
		新材料技术鉴定报告或允许使用证明（若有）	施工单位	30 年	

续表

<table>
<tr><th>分类号</th><th>类目名称</th><th>归档文件</th><th>归档单位</th><th>保管期限</th><th>备注</th></tr>
<tr><td rowspan="3">8330</td><td rowspan="3">2. 施工测量</td><td>水准及高程控制点测量、复核记录</td><td>施工单位</td><td>30 年</td><td></td></tr>
<tr><td>路径复测记录</td><td>施工单位</td><td>30 年</td><td></td></tr>
<tr><td>其他施工测量记录</td><td>施工单位</td><td>30 年</td><td></td></tr>
<tr><td rowspan="23">8331</td><td>集电线路工程</td><td></td><td></td><td></td><td></td></tr>
<tr><td rowspan="2">1. 单位工程开工报审</td><td>集电线路单位工程开工报审</td><td>施工单位</td><td>30 年</td><td></td></tr>
<tr><td>集电线路单位工程复工报审（若有）</td><td>施工单位</td><td>30 年</td><td>因各种原因停工需重新开工，必须重新报请开工，相关资料应留存归档</td></tr>
<tr><td rowspan="20">2. 施工记录、隐蔽记录、试验检测报告</td><td>单位工程定位测量记录（按每基塔测量）、路径复测记录</td><td>施工单位</td><td>30 年</td><td>施工记录按单位（子单位）工程进行整理，按施工工序进行排列</td></tr>
<tr><td>地基基础轻型动力触探记录/地勘钎探记录</td><td>施工单位</td><td>30 年</td><td>根据地基情况及设计要求，产生此文件</td></tr>
<tr><td>地基验槽隐蔽签证</td><td>施工单位</td><td>30 年</td><td></td></tr>
<tr><td>基础浇制前、支模隐蔽签证记录</td><td>施工单位</td><td>30 年</td><td></td></tr>
<tr><td>基础浇制、拆模隐蔽签证记录</td><td>施工单位</td><td>30 年</td><td></td></tr>
<tr><td>埋件、埋管、螺栓隐蔽验收记录</td><td>施工单位</td><td>30 年</td><td></td></tr>
<tr><td>钢筋隐蔽验收记录</td><td>施工单位</td><td>30 年</td><td></td></tr>
<tr><td>商品混凝土合格证</td><td>施工单位</td><td>30 年</td><td></td></tr>
<tr><td>混凝土开盘鉴定记录</td><td>施工单位</td><td>30 年</td><td></td></tr>
<tr><td>混凝土配合比设计报告</td><td>施工单位</td><td>30 年</td><td></td></tr>
<tr><td>混凝土施工配合比通知单</td><td>施工单位</td><td>30 年</td><td rowspan="3">施工使用商品混凝土的，这部分文件材料归入原材料报审，自拌混凝土建议归入施工记录</td></tr>
<tr><td>施工用水检测报告（含氯离子含量检测、碱总量计算书等）</td><td>施工单位</td><td>30 年</td></tr>
<tr><td>混凝土粗、细骨料碱活性检测报告（砂、石等）、水泥、粉煤灰、外加剂等检测报告</td><td>施工单位</td><td>30 年</td></tr>
<tr><td>混凝土搅拌记录</td><td>施工单位</td><td>30 年</td><td>若有现场搅拌站，产生此文件</td></tr>
<tr><td>混凝土浇筑通知单</td><td>施工单位</td><td>30 年</td><td></td></tr>
<tr><td>混凝土浇筑施工记录</td><td>施工单位</td><td>30 年</td><td></td></tr>
<tr><td>混凝土现场坍落度测试记录</td><td>施工单位</td><td>30 年</td><td></td></tr>
<tr><td>混凝土养护记录</td><td>施工单位</td><td>30 年</td><td></td></tr>
<tr><td>混凝土结构工程蓄热养护测温记录</td><td>施工单位</td><td>30 年</td><td>冬期施工有此测温记录</td></tr>
</table>

续表

分类号	类目名称	归档文件	归档单位	保管期限	备注
8331	2. 施工记录、隐蔽记录、试验检测报告	混凝土强度报告（标养、同条件、抗渗、抗冻融）	施工单位	30 年	（1）混凝土抗渗、抗冻融的强度报告，根据设计要求产生。（2）根据混凝土施工规范留置混凝土试块，产生相应的强度报告及耐久性报告（抗冻融、抗渗等）
		混凝土试块强度统计、评定记录（标养/同条件）	施工单位	30 年	
		混凝土试块同条件养护温度记录（单位工程汇总）	施工单位	30 年	
		混凝土生产质量控制记录	施工单位	30 年	若有现场搅拌站，产生此文件
		混凝土隐蔽验收记录	施工单位	30 年	
		混凝土结构防水、防腐隐蔽验收记录	施工单位	30 年	
		普通（掏挖）基础和拉线基础分坑及开挖检查记录	施工单位	30 年	
		地基基坑（槽）检查记录	施工单位	30 年	
		灌注桩基础检查记录	施工单位	30 年	
		铁塔基础浇筑检查记录	施工单位	30 年	
		铁塔基础成型检查记录	施工单位	30 年	
		混凝土电杆基础检查记录	施工单位	30 年	
		铁塔组立检查记录	施工单位	30 年	
		混凝土电杆组立检查记录	施工单位	30 年	
		铁塔拉线压接管检查记录	施工单位	30 年	
		导、地线（光缆）展放施工检查记录	施工单位	30 年	
		导、地线液压管施工检查记录	施工单位	30 年	
		导地线（光缆）紧线施工检查及验收记录	施工单位	30 年	
		导地线（光缆）附件安装检查记录	施工单位	30 年	
		对地、风偏与交叉跨越检查记录	施工单位	30 年	
		接地装置施工检查记录	施工单位	30 年	
		杆上电气设备安装检查记录	施工单位	30 年	直埋电缆不产生此项记录
		线路防护设施检查记录	施工单位	30 年	
		导（地）线压接试件检测报告	施工单位	30 年	
		电缆敷设记录及直埋电缆敷设位置图	施工单位	30 年	
		直埋电缆（隐蔽前）检查签证	施工单位	30 年	
		35kV 电缆终端制作及安装记录	施工单位	30 年	
		电缆防火阻燃施工记录	施工单位	30 年	
		电力电缆试验报告	施工单位	30 年	

续表

分类号	类目名称	归档文件	归档单位	保管期限	备注
8331	2. 施工记录、隐蔽记录、试验检测报告	电缆中间接头制作记录及位置图	施工单位	30 年	根据工程施工实际情况，有中间接头制作的，产生此项记录
		电缆分接箱安装记录	施工单位	30 年	根据工程施工实际情况，有电缆分接箱的，产生此项记录
		集电线路绝缘电阻、相位及参数特性等测试报告	施工单位	30 年	
		光缆测试报告（光缆开盘测试记录、光纤接头衰减值测试记录、光缆全程测试记录）	施工单位	30 年	
		光缆接续明细表	施工单位	30 年	
		断路器、负荷开关、隔离开关、接地开关、熔断器、避雷器、绝缘子等交接试验报告，保护装置调试报告、电测仪表校验报告	施工单位	30 年	
		杆塔、电缆分接（支）箱、电缆中间接头井等接地装置施工记录及接地网示意图	施工单位	30 年	
		杆塔、电缆分接（支）箱、电缆中间接头井等接地装置隐蔽检查验收签证	施工单位	30 年	
		杆塔、电缆分接（支）箱、电缆中间接头井等接地网接地电阻测试报告	施工单位	30 年	
		其他施工记录、检测报告、隐蔽验收记录	施工单位	30 年	
		强制性条文执行检查记录	施工单位	30 年	
	3. 集电线路单位工程施工质量验收	集电线路单位工程质量验收统计	施工单位	30 年	
		集电线路分部工程质量验收统计	施工单位	30 年	
		集电线路单位工程质量控制资料核查记录	施工单位	30 年	
		集电线路单位工程安全和功能检验资料核查及主要功能抽查记录	施工单位	30 年	
		集电线路单位工程观感质量检查记录	施工单位	30 年	
		重要工序交接记录、集电线路单位工程验收意见书	施工单位	30 年	
		集电线路分部、分项、单元工程质量验收记录	施工单位	30 年	
	4. 送出线路工程	送出线路工程的施工记录、试验报告、检测报告、单位工程施工质量验收记录等参照集电线路工程	施工单位	30 年	
8339	其他				
834	变电站				参照《电气装置安装工程质量检验及评定规程　第 1 部分：通则》(DL/T 5161.1—2018)，将升压站统一表述为变电站

续表

分类号	类目名称	归档文件	归档单位	保管期限	备注
8340	1. 原材料与构配件	钢筋跟踪台账、钢筋进场报审表、自检记录、出厂质量证明文件、试验委托单（见证取样单）、复试报告	施工单位	30年	
		水泥跟踪台账、水泥进场报审表、自检记录、出厂质量证明文件、试验委托单（见证取样单）、复试报告	施工单位	30年	
		砂子、碎石、粉煤灰等进场报审表、自检记录、质量证明文件	施工单位	30年	
		商品混凝土跟踪台账、商品混凝土进场报审表、商品混凝土合格证、商品混凝土开盘鉴定、配合比报告、水泥、砂石（粗细骨料）、水、外加剂、粉煤灰等检测报告等	施工单位	30年	
		自拌混凝土原材料进场报审表、自检记录、水泥、砂、石、外加剂、掺合料等合格证、出厂检验报告、试验委托单、进场复试报告	施工单位	30年	
		砂浆原材料进场报审表、自检记录、砂浆配合比设计书、出厂质量证明文件、试验委托单（见证取样单）、复试报告（砂浆立方体抗压强度检验报告）	施工单位	30年	
		灌浆料跟踪台账、灌浆料进场报审表、自检记录、出厂质量证明文件、试验委托单（见证取样单）、复试报告	施工单位	30年	
		防水（腐）材料进场报审表、自检记录、出厂质量证明文件、试验委托单（见证取样单）、复试报告	施工单位	30年	
		高强螺栓进场报审表、自检记录、出厂质量证明文件、试验委托单（见证取样单）、按批次取样复试报告	施工单位	30年	
		电力电缆材料进场报审表、自检记录、出厂质量证明文件、型式试验报告、试验委托单（见证取样单）、复试报告	施工单位	30年	
		光缆进场报审表、自检记录、质量证明文件	施工单位	30年	
		电缆保护管、电缆桥架、电缆分接箱等报审表、自检记录、质量证明文件	施工单位	30年	
		防火封堵材料进场报审表、自检记录、质量证明文件	施工单位	30年	
		避雷器/避雷针进场报审单、自检记录、质量证明文件	施工单位	30年	
		接地材料进场报审表、自检记录、质量证明文件	施工单位	30年	
		焊接材料进场报审表、自检记录、质量证明文件	施工单位	30年	
		钢构件进场报审表、自检记录、质量证明文件	施工单位	30年	
		管材进场报审表、自检记录、质量证明文件	施工单位	30年	
		扁钢、槽钢、角钢、钢管等进场报审表、自检记录、质量证明文件	施工单位	30年	
		砖（砌块）进场报审表、自检记录、质量证明文件	施工单位	30年	
		预制混凝土构件进场报审表、自检记录、质量证明文件	施工单位	30年	

续表

分类号	类目名称	归档文件	归档单位	保管期限	备注
8340	1. 原材料与构配件	防火材料进场报审表、自检记录、质量证明文件	施工单位	30年	
		建筑门窗进场报审表、出厂合格证、三性（气密性、水密性、抗风压性能）检验报告	施工单位	30年	
		防火门窗进场报审表、合格证、检验报告、性能检测报告	施工单位	30年	
		照明设施进场报审表、自检记录、出厂合格证、性能检验报告	施工单位	30年	
		开关、插座、电线等进场报审表、自检记录、质量证明文件	施工单位	30年	
		暖通、给排水设备设施进场报审表、合格证、性能检验报告	施工单位	30年	
		装饰装修材料进场报审表、自检记录、质量证明文件	施工单位	30年	
		保温材料进场报审表、自检记录、出厂质量证明文件、试验委托单（见证取样单）、复试报告	施工单位	30年	
		节能环保材料进场报审表、自检记录、质量证明文件	施工单位	30年	
		消防器材进场报审表、自检记录、出厂合格证、性能检验报告	施工单位	30年	
		视频监控、网络、通信设备材料进场报审表、自检记录、出厂合格证、检验报告	施工单位	30年	
		其他材料报审表、自检记录、质量证明文件	施工单位	30年	
		乙供设备进场报审表、自检记录、出厂合格证、检验报告等	施工单位	30年	（1）乙供设备合格证和检验报告的复印件用于报审。（2）乙供设备合格证（原件）、检验报告（原件）、安装使用说明书、图纸等归入9大类“设备仪器”
		新材料技术鉴定报告或允许使用证明（若有）	施工单位	30年	
		未使用国家技术公告中明令禁止使用技术（材料、设备、产品）的证明材料	施工单位	30年	
	2. 施工测量	水准高程控制点测量及复核记录	施工单位	永久	
		施工方格网测、厂区平面控制网、高程控制网	施工单位	永久	
		全厂沉降观测记录与报告	施工单位	永久	沉降观测单位资质必须符合规定，其提供的所有沉降观测成果应合法、有效
		其他施工测量记录	施工单位	永久	

续表

分类号	类目名称	归档文件	归档单位	保管期限	备注
8341	变电站建筑工程	包含地基与基础、主体结构、建筑装饰装修、屋面、建筑给水排水及供暖、通风与空调、建筑电气、智能建筑、建筑节能、电梯等分部工程			参照《电气装置安装工程质量检验及评定规程 第1部分：通则》（DL/T 5161.1—2018），将升压站统一表述为变电站
	1. 单位工程开工报审	变电站建筑单位工程开工报审	施工单位	永久	
		变电站建筑单位工程复工报审（若有）	施工单位	永久	因各种原因停工需重新开工，必须重新报请开工，相关资料应留存归档
	2. 地基与基础	定位测量记录及复测记录	施工单位	永久	升压站建筑的施工记录根据单位、子单位、分部工程进行整理，按施工工序进行排列
		地基基础轻型动力触探记录/地勘钎探记录	施工单位	永久	根据地基情况及设计要求，产生此文件
		静压（锤击）预应力管桩施工记录、预应力管桩检测报告	施工单位	永久	根据地质情况、地勘报告及设计文件，产生此文件
		灌注桩施工记录、灌注桩静载试验检测报告、桩身完整性检测报告、高应变检测报告	施工单位	永久	根据地质情况、地勘报告及设计文件，产生此文件
		土和灰土挤密桩桩孔施工记录、土和灰土挤密桩压实度检测报告	施工单位	永久	根据地质情况、地勘报告及设计文件，产生此文件
		其他类型桩基施工记录、桩基检测报告，包括试验桩检测报告、工程桩检测报告（单桩竖向抗拔、抗压、水平静载试验检测报告、桩身完整性检测报告）、基桩高、低应变检测报告等	施工单位	永久	根据地质情况、地勘报告及设计文件，产生此文件

续表

分类号	类目名称	归档文件	归档单位	保管期限	备注
8341	2. 地基与基础	地基验槽隐蔽工程验收记录	施工单位	永久	
		地基处理施工记录、试验报告、地基承载力检测报告	施工单位	永久	根据地质情况、地勘报告及设计文件，产生此文件
		换填垫层地基压实度检测报告及承载力检测报告	施工单位	永久	根据地质情况、地勘报告及设计文件，产生此文件
		钢筋材质及焊接接头的检测报告	施工单位	永久	根据工程实际，产生此文件
		钢筋机械连接接头抗拉强度检测报告	施工单位	永久	根据工程实际，产生此文件
		钢筋直螺纹丝头加工、接头连接质量检查记录、直螺纹接头套筒扭矩值检查记录	施工单位	永久	根据工程实际，产生此文件
		焊接工艺评定报告	施工单位	永久	根据工程实际，产生此文件
		钢筋工程隐蔽验收记录	施工单位	永久	
		基础预埋件、埋管、螺栓隐蔽验收记录	施工单位	永久	
		防雷接地隐蔽验收记录	施工单位	永久	
		其他隐蔽验收记录	施工单位	永久	
		商品混凝土合格证	施工单位	永久	施工使用商品混凝土的，这部分文件材料归入原材料报审，自拌混凝土建议归入施工记录
		混凝土开盘鉴定	施工单位	永久	
		混凝土配合比设计报告	施工单位	永久	
		混凝土施工配合比通知单	施工单位	永久	
		施工用水检测报告（含氯离子含量检测、碱总量计算书等）	施工单位	永久	
		混凝土粗、细骨料碱活性检测报告（砂、石等）、水泥、粉煤灰、外加剂等检测报告	施工单位	永久	
		混凝土搅拌记录	施工单位	永久	若有现场搅拌站，产生此文件
		混凝土浇筑通知单	施工单位	永久	
		混凝土浇筑施工记录	施工单位	永久	
		混凝土现场坍落度测试记录	施工单位	永久	
		混凝土养护记录	施工单位	永久	
		大体积混凝土测温记录	施工单位	永久	
		混凝土结构工程蓄热养护测温记录	施工单位	永久	冬期施工有此测温记录

续表

分类号	类目名称	归档文件	归档单位	保管期限	备注
8341	2. 地基与基础	混凝土强度报告（标养、同条件、抗渗、抗冻融）	施工单位	永久	（1）混凝土抗渗、抗冻融的强度报告，根据设计要求产生。（2）根据混凝土施工规范留置混凝土试块，产生相应的强度报告及耐久性报告（抗冻融、抗渗等）
		混凝土试块强度统计、评定记录（标养/同条件）	施工单位	永久	
		混凝土试块同条件养护温度记录（单位工程汇总）	施工单位	永久	
		混凝土生产质量控制记录	施工单位	永久	若有现场搅拌站，产生此文件
		混凝土隐蔽验收记录	施工单位	永久	
		混凝土防腐、防水隐蔽验收记录	施工单位	永久	
		混凝土结构实体强度检测报告（含钢筋保护层厚度检测报告）	施工单位	永久	
		回填土击实试验报告、压实度检测报告	施工单位	永久	
		其他施工记录、检测报告、隐蔽验收记录	施工单位	永久	
	3. 主体结构	建筑物垂直度、标高、全高测量记录	施工单位	永久	
		砌体垂直度测量记录	施工单位	永久	
		沉降观测记录、示意图、曲线图及技术报告等	施工单位	永久	沉降观测单位资质必须符合规定，其提供的所有沉降观测成果应合法、有效
		（1）混凝土框架施工部分			
		钢筋焊接接头（试焊件）检验委托单、试验报告	施工单位	永久	
		钢筋焊接接头（施工件）检验委托单、检测报告	施工单位	永久	
		钢筋机械连接检验委托单、试验报告	施工单位	永久	
		钢筋隐蔽验收记录	施工单位	永久	
		变电站结构工程混凝土施工记录，包括混凝土浇筑通知单、浇筑记录、坍落度测试记录、养护记录、大体积混凝土测温记录、强度报告、统计评定、同条件养护试块测温记录（单位工程汇总）等	施工单位	永久	结构工程混凝土施工产生的文件同基础混凝土施工产生的文件

续表

分类号	类目名称	归档文件	归档单位	保管期限	备注
8341	3. 主体结构	混凝土结构实体强度检测报告（含钢筋保护层厚度检测报告）	施工单位	永久	按楼层产生检测报告
		回弹法评定混凝土强度检测报告	施工单位	永久	按楼层产生检测报告
		主体框架柱、梁板混凝土隐蔽工程验收记录	施工单位	永久	
		主体梁板埋管隐蔽工程验收记录	施工单位	永久	
		设备基础构件接头灌浆施工记录	施工单位	永久	根据工程实际，产生此文件
		有防水要求的地面蓄水试验记录	施工单位	永久	根据设计要求，产生此文件
		地下室防水效果检查记录	施工单位	永久	根据设计要求，产生此文件
		其他施工记录、检测报告	施工单元	永久	
		（2）钢结构施工部分			
		钢结构焊接施工记录、检测报告	施工单位	永久	根据施工实际，产生此文件
		焊缝内部质量检测记录	施工单位	永久	根据施工实际，产生此文件
		防腐、防火涂装检测记录	施工单位	永久	根据设计要求，产生此文件
		柱梁接头焊接记录	施工单位	永久	根据施工实际，产生此文件
		高强螺栓紧固记录及力矩换算表、高强度螺栓安装验收记录	施工单位	永久	根据施工实际，产生此文件
		钢结构吊装记录	施工单位	永久	根据施工实际，产生此文件
		其他施工记录、检测报告	施工单位	永久	
		（3）砌体施工部分			
		墙体砌筑隐蔽工程验收记录	施工单位	永久	
		植筋拉拔试验报告、锚固承载力检测报告	施工单位	永久	
		砂浆配合比试验报告、砂浆试块试验报告、砂浆抗压强度统计、评定记录	施工单位	永久	
		砌筑砂浆施工记录	施工单位	永久	
		水平灰缝砂浆饱满度检测记录	施工单位	永久	
		其他施工记录、检测报告、隐蔽验收记录	施工单位	永久	

续表

分类号	类目名称	归档文件	归档单位	保管期限	备注
8341	4. 屋面工程	保温层厚度检测记录	施工单位	永久	
		防水层施工记录	施工单位	永久	
		屋面隐蔽工程验收记录	施工单位	永久	
		屋面淋水、蓄水试验记录	施工单位	永久	
		其他施工记录、检测报告、隐蔽验收记录	施工单位	永久	
	5. 建筑装饰装修	新材料、新工艺施工记录	施工单位	永久	根据设计文件，产生此文件
		防腐、防火涂装检测记录	施工单位	永久	根据设计文件，产生此文件
		有防水要求的地面蓄水试验记录	施工单位	永久	根据设计要求，产生此文件
		外墙保温隐蔽验收记录	施工单位	永久	根据设计要求，产生此文件
		门窗工程隐蔽验收记录	施工单位	永久	
		抹灰工程隐蔽验收记录	施工单位	永久	
		涂饰工程隐蔽验收记录	施工单位	永久	
		室内环境检测记录（空气、人造材料防辐射）	施工单位	永久	长期有人值守的室内需做检测；根据合同要求，确定检测单位
		其他施工记录、检测报告、隐蔽验收记录	施工单位	永久	
	6. 建筑给水排水及供暖	主要管道施工及管道穿墙、穿楼板套管安装施工记录	施工单位	永久	
		穿墙、穿楼板管道防火（水）封堵施工记录	施工单位	永久	
		给水管道冲洗、消毒记录	施工单位	永久	
		管道（设备）强度（严密性）试验记录	施工单位	永久	
		给水管道通水试验记录	施工单位	永久	
		阀门强度和严密性试验记录	施工单位	永久	
		排水管道灌水（通水）试验记录	施工单位	永久	
		排水管道通球试验记录	施工单位	永久	
		卫生器具满水（通水）试验记录	施工单位	永久	
		地漏及地面清扫口排水试验记录	施工单位	永久	
		水池满水试验记录	施工单位	永久	根据工程实际情况，产生此文件
		暖气管道、散热器压力试验记录	施工单位	永久	根据工程实际情况，产生此文件
		消防管道、燃气管道压力试验记录	施工单位	永久	根据工程实际情况，产生此文件
		生活给水系统管道交用前水质检测报告	施工单位	永久	根据合同要求，产生此文件

续表

分类号	类目名称	归档文件	归档单位	保管期限	备注
8341	6. 建筑给水排水及供暖	生活饮用水水质检测报告	施工单位	永久	根据合同要求，产生此文件
		消防水水质报告	施工单位	永久	根据合同要求，产生此文件
		消防栓试射记录	施工单位	永久	根据工程实际情况，产生此文件
		泡沫灭火系统试验记录	施工单位	永久	根据工程实际情况，产生此文件
		水泵安装试运转记录	施工单位	永久	根据工程实际情况，产生此文件
		给排水管道隐蔽工程验收记录	施工单位	永久	
		套管预埋隐蔽工程检查验收记录	施工单位	永久	
		消防配管埋设隐蔽工程验收记录	施工单位	永久	
		采暖工程隐蔽验收记录	施工单位	永久	
		其他施工记录、检测报告、隐蔽验收记录	施工单位	永久	
	7. 建筑电气	配电箱、线路、插座、开关接线检查记录	施工单位	永久	
		漏电保护模拟动作电流、时间测试记录、漏电保护器模拟漏电测试记录	施工单位	永久	
		接地电阻测试记录（防雷接地、保护接地、安全接地、防静电接地）	施工单位	永久	
		照明全负荷通电试运行记录、24h带电试运行鉴证	施工单位	永久	
		应急照明试验记录	施工单位	永久	
		室内外低于2.4m灯具绝缘性能检测记录	施工单位	永久	根据施工实际，产生此文件
		电气配管埋设隐蔽工程验收记录	施工单位	永久	
		屋外接地装置隐蔽前检查签证	施工单位	永久	
		其他施工记录、检测报告、隐蔽验收记录	施工单位	永久	
	8. 通风与空调	设备（含水泵，风机、空气处理设备，空调机组和制冷设备等）安装记录	施工单位	永久	根据设计文件及工程实际，产生此文件
		抽气（风）道检查记录	施工单位	永久	根据设计文件及工程实际，产生此文件
		风量、温度测试记录	施工单位	永久	根据设计文件及工程实际，产生此文件
		空调管道系统水压试验记录	施工单位	永久	根据设计文件及工程实际，产生此文件
		通风管道严密性试验记录	施工单位	永久	根据设计文件及工程实际，产生此文件

续表

分类号	类目名称	归档文件	归档单位	保管期限	备注
8341	8. 通风与空调	设备单机试运转及调试记录	施工单位	永久	根据设计文件及工程实际，产生此文件
		通风、除尘系统联合试运转与调试记录	施工单位	永久	根据设计文件及工程实际，产生此文件
		空调系统联合试运转与调试记录	施工单位	永久	根据设计文件及工程实际，产生此文件
		制冷系统联合试运转与调试记录	施工单位	永久	根据设计文件及工程实际，产生此文件
		净化空调系统联合试运转与调试记录	施工单位	永久	根据设计文件及工程实际，产生此文件
		防排烟系统联合试运转与调试记录	施工单位	永久	根据设计文件及工程实际，产生此文件
		通风、空调系统试运行记录	施工单位	永久	根据设计文件及工程实际，产生此文件
		火灾自动报警系统安装测试记录	施工单位	永久	
		通风与空调（采暖）隐蔽验收记录	施工单位	永久	根据设计文件及工程实际，产生此文件
		其他施工记录、检测报告、隐蔽验收记录	施工单位	永久	
	9. 电梯	电梯分部工程开工报审（若有）	施工单位	永久	根据设计文件及工程实际，产生电梯施工、验收文件
		电梯安全装置检测报告	施工单位	永久	
		电梯、电气装置接地、绝缘电阻测试记录	施工单位	永久	
		电梯安全装置检查记录	施工单位	永久	
		电梯安装调试验收记录	施工单位	永久	
		层门与轿门试验记录	施工单位	永久	
		曳引式电梯空载、额定载荷运行测试记录	施工单位	永久	
		液压式电梯超载、额定载荷运行测试记录	施工单位	永久	
		电梯运行记录	施工单位	永久	
		隐蔽工程验收记录	施工单位	永久	
		其他施工记录、检测报告、隐蔽验收记录	施工单位	永久	
		强制性条文执行检查记录	施工单位	永久	
		重要工序交接记录	施工单位	永久	
		分部（子分部）、分项、检验批质量验收记录	施工单位	永久	
	10. 智能建筑	智能建筑分部工程开工报审（若有）	施工单位	永久	根据设计文件及工程实际，产生智能建筑施工、验收文件

续表

分类号	类目名称	归档文件	归档单位	保管期限	备注
8341	10. 智能建筑	施工测量记录	施工单位	永久	
		机房设备安装布局位置图	施工单位	永久	
		设备安装记录	施工单位	永久	
		机柜、机架安装垂直度偏差检测记录	施工单位	永久	
		桥架及线槽水平度、垂直度检测记录	施工单位	永久	
		应用软件系统测试记录	施工单位	永久	
		系统电源及接地检测报告	施工单位	永久	
		系统检测报告	施工单位	永久	
		系统集成检测报告	施工单位	永久	
		系统功能测定及设备调试记录	施工单位	永久	
		图像视频监控系统调试验收记录	施工单位	永久	
		硬件、软件产品设备测试记录	施工单位	永久	
		视频系统安装及末端测试记录	施工单位	永久	
		光纤损耗测试记录	施工单位	永久	
		综合布线测试记录	施工单位	永久	
		系统试运行记录	施工单位	永久	
		系统的技术操作和维护手册	施工单位	永久	
		系统管理操作人员培训记录	施工单位	永久	
		设备安装隐蔽验收记录	施工单位	永久	
		其他施工记录、检测报告、隐蔽验收记录	施工单位	永久	
		强制性条文执行检查记录	施工单位	永久	
		重要工序交接记录	施工单位	永久	
		分部（子分部）、分项、检验批质量验收记录	施工单位	永久	
	11. 强条执行检查记录	单位工程强条执行检查记录	施工单位	永久	强条执行检查记录可按单位、子单位工程整理
	12. 变电站建筑工程质量验收记录	单位工程质量验收记录（单位工程施工质量评定汇总表）	施工单位	永久	
		单位工程质量控制资料核查记录	施工单位	永久	单位工程、分部、分项、检验批验收记录按项目划分表整理排序
		单位工程安全和功能检验资料核查及主要功能抽查记录	施工单位	永久	
		单位工程观感质量检查记录	施工单位	永久	
		重要工序交接记录	施工单位	永久	
		单位工程验收意见书	施工单位	永久	
		分部（子分部）、分项、检验批质量验收记录	施工单位	永久	

续表

分类号	类目名称	归档文件	归档单位	保管期限	备注
8342	变电站设备安装工程				
	1. 主变压器系统设备安装				
	单位工程开工报审	主变压器系统设备安装单位工程开工报审	施工单位	永久	
		主变压器系统设备安装单位工程复工报审（若有）	施工单位	永久	因各种原因停工需重新开工，必须重新报请开工，相关资料应留存归档
	施工记录、调整记录、检验记录	油浸变压器（电抗器）运输冲击检查记录	施工单位	永久	
		油浸变压器（电抗器）保管期间气体压力检查记录	施工单位	永久	
		绝缘油检测记录（包括变压器本体注油前（油罐油、变压器本体残油）、注油后、热油循环后、局放或耐压前、局放或耐压后、带电 24h 后、运行后第 4 天、运行后第 7 天、运行后第 10 天、运行后 1 个月、运行后 3 个月、运行后半年等各阶段油样，有载调压装置绝缘油取样，本体油取样全分析或简化分析试验报告、色谱分析试验报告、含气量试验报告等均应为有相应资质的第三方检测机构出具的有效文件）	施工单位	永久	
		中性点隔离开关调整记录	施工单位	永久	
		本体及冷却装置阀门、法兰结合面连接螺栓紧固力矩检查记录	施工单位	永久	
		高、低压出线套管接线端子连接螺栓紧固力矩检查记录	施工单位	永久	
		软母线与耐张线夹压接试件取样检测记录	施工单位	永久	
		软母线弧垂测试记录	施工单位	永久	
		硬母线搭接面连接螺栓紧固力矩检查记录	施工单位	永久	硬母线包括管形母线、矩形母线
		硬母线焊接工艺评定记录、焊样检测记录	施工单位	永久	

续表

分类号	类目名称	归档文件	归档单位	保管期限	备注
8342	验收签证、隐蔽工程验收签证	油浸变压器（电抗器）检查（隐蔽）签证	施工单位	永久	
		真空注油及密封试验签证	施工单位	永久	
		共箱封闭母线封闭前检查签证	施工单位	永久	一般指主变压器低压侧出线
		管形母线检查验收签证	施工单位	永久	一般指主变压器低压侧出线
	其他施工记录、试验报告	其他施工记录、试验报告	施工单位	永久	
	设备或系统带电试运签证	变压器（电抗器）带电试运行签证	施工单位	永久	
	强制性条文执行检查记录	强制性条文执行检查记录	施工单位	永久	
	单位工程施工质量验收	单位工程资料核查项目表	施工单位	永久	本单位工程具体产生的施工记录、试验报告、验收签证等应根据工程施工实际情况
		单位工程质量验收申请表、验收记录	施工单位	永久	
		重要工序交接记录，单位工程验收意见书，分部（子分部）、分项工程质量验收表	施工单位	永久	参考DL/T 5161.1—2018中表4.0.1或表4.0.2施工质量验收范围形成质量验收表
	2. 主控及直流设备安装				
	单位工程开工报审	主控及直流设备安装单位工程开工报审	施工单位	永久	
		主控及直流设备安装单位工程复工报审（若有）	施工单位	永久	因各种原因停工需重新开工，必须重新报请开工，相关资料应留存归档

续表

分类号	类目名称	归档文件	归档单位	保管期限	备注
8342	施工记录、调整记录、检验记录	蓄电池组充电检验记录	施工单位	永久	
		蓄电池组放电检验记录	施工单位	永久	
		蓄电池组充放电特性曲线	施工单位	永久	
		计算机监控系统设备安装记录	施工单位	永久	
	验收签证、隐蔽工程验收签证	蓄电池组充放电检查签证	施工单位	永久	
		计算机监控系统检查签证	施工单位	永久	
	其他施工记录、试验报告	其他施工记录、试验报告	施工单位	永久	
	设备或系统带电试运签证	直流充电装置带电试运签证	施工单位	永久	
	强制性条文执行检查记录	单位工程强制性条文执行检查记录	施工单位	永久	
	单位工程施工质量验收	单位工程资料核查项目表	施工单位	永久	本单位工程具体产生的施工记录、试验报告、验收签证等应根据工程施工实际情况
		单位工程质量验收申请表、验收记录	施工单位	永久	
		重要工序交接记录、单位工程验收意见书	施工单位	永久	
		分部（子分部）、分项工程质量验收记录	施工单位	永久	
	3. ××kV 配电装置安装				
	单位工程开工报审	××kV 配电装置安装单位工程开工报审	施工单位	永久	
		××1kV 配电装置安装单位工程复工报审（若有）	施工单位	永久	因各种原因停工需重新开工，必须重新报请开工，相关资料应留存归档
	施工记录、调整记录、检验记录	隔离开关、负荷开关调整记录	施工单位	永久	
		新 SF_6 气体抽样检测记录	施工单位	永久	
		SF_6 断路器气室气体密封试验记录	施工单位	永久	
		SF_6 断路器气室气体含水量检测记录	施工单位	永久	
		软母线与耐张线夹压接试件取样检测记录	施工单位	永久	
		软母线弧垂测试记录	施工单位	永久	
		硬母线搭接面连接螺栓紧固力矩检查记录	施工单位	永久	硬母线包括管形母线、矩形母线
		硬母线焊接工艺评定记录、焊样检测记录	施工单位	永久	

续表

分类号	类目名称	归档文件	归档单位	保管期限	备注
8342	验收签证、隐蔽工程验收签证	干式电抗器检查签证	施工单位	永久	
		管形母线检查签证	施工单位	永久	
	其他施工记录、试验报告	其他施工记录、试验报告	施工单位	永久	
	设备或系统带电试运签证	配电装置带电试运签证	施工单位	永久	
		干式电抗器带电试运签证	施工单位	永久	
	强制性条文执行检查记录	单位工程强制性条文执行检查记录	施工单位	永久	
	单位工程施工质量验收	单位工程资料核查项目表	施工单位	永久	本单位工程具体产生的施工记录、试验报告、验收签证等应根据工程施工实际情况
		单位工程质量验收申请表、验收记录	施工单位	永久	
		重要工序交接记录、单位工程验收意见书	施工单位	永久	
		分部（子分部）、分项工程质量验收记录	施工单位	永久	
	4.××kV气体绝缘金属封闭开关设备安装				
	单位工程开工报审	××kV气体绝缘金属封闭开关设备安装单位工程开工报审	施工单位	永久	
		××kV气体绝缘金属封闭开关设备安装单位工程复工报审（若有）	施工单位	永久	因各种原因停工需重新开工，必须重新报请开工，相关资料应留存归档
	施工记录、调整记录、检验记录	SF_6气体抽样检验记录	施工单位	永久	
		气体绝缘金属封闭开关设备隔气室气体密封试验记录	施工单位	永久	
		气体绝缘金属封闭开关设备隔气室气体含水量检测记录	施工单位	永久	
		隔离开关、负荷开关调整记录	施工单位	永久	
		软母线与耐张线夹压接试件取样检测记录	施工单位	永久	
		软母线弧垂测试记录	施工单位	永久	
		硬母线搭接面连接螺栓紧固力矩检查记录	施工单位	永久	硬母线包括管形母线、矩形母线
		硬母线焊接工艺评定记录、焊样检测记录	施工单位	永久	

续表

分类号	类目名称	归档文件	归档单位	保管期限	备注
8342	验收签证、隐蔽工程验收签证	管形母线检查签证	施工单位	永久	
	其他施工记录、试验报告	其他施工记录、试验报告	施工单位	永久	
	设备或系统带电试运签证	气体绝缘金属封闭开关设备带电试运签证	施工单位	永久	
	强制性条文执行检查记录	单位工程强制性条文执行检查记录	施工单位	永久	
	单位工程施工质量验收	单位工程资料核查项目表	施工单位	永久	本单位工程具体产生的施工记录、试验报告、验收签证等应根据工程施工实际情况
		单位工程质量验收申请表、验收记录	施工单位	永久	
		重要工序交接记录、单位工程验收意见书	施工单位	永久	
		分部（子分部）、分项工程质量验收记录	施工单位	永久	
	5. 站用电系统安装				
	单位工程开工报审	站用电系统安装单位工程开工报审	施工单位	永久	
		站用电系统安装单位工程复工报审（若有）	施工单位	永久	因各种原因停工需重新开工，必须重新报请开工，相关资料应留存归档
	施工记录、调整记录、检验记录	油浸变压器运输冲击检查记录	施工单位	永久	
		绝缘油检测记录	施工单位	永久	
		中性点隔离开关调整记录	施工单位	永久	
		站用电高、低压出线连接螺栓紧固力矩检查记录	施工单位	永久	
		硬母线搭接面连接螺栓紧固力矩检查记录	施工单位	永久	
	验收签证、隐蔽工程验收签证	油浸变压器检查（隐蔽）签证	施工单位	永久	
		干式变压器检查签证	施工单位	永久	
		注油及密封试验签证	施工单位	永久	
		母线（隐蔽）检查签证	施工单位	永久	
	其他施工记录、试验报告	其他施工记录、试验报告	施工单位	永久	
	设备或系统带电试运签证	站用电系统带电试运签证	施工单位	永久	
	强制性条文执行检查记录	单位工程强制性条文执行检查记录	施工单位	永久	

续表

分类号	类目名称	归档文件	归档单位	保管期限	备注
8342	单位工程施工质量验收	单位工程资料核查项目表	施工单位	永久	本单位工程具体产生的施工记录、试验报告、验收签证等应根据工程施工实际情况
		单位工程质量验收申请表、验收记录	施工单位	永久	
		重要工序交接记录、单位工程验收意见书	施工单位	永久	
		分部（子分部）、分项工程质量验收记录	施工单位	永久	
		说明：接地变单独设置的应独立形成相应的归档文件，具体归档文件可参照站用变压器			
	6．无功补偿装置安装				
	单位工程开工报审	无功补偿装置安装单位工程开工报审	施工单位	永久	
		无功补偿装置安装单位工程复工报审（若有）	施工单位	永久	因各种原因停工需重新开工，必须重新报请开工，相关资料应留存归档
	施工记录、调整记录、检验记录	油浸变压器（电抗器）运输冲击检查记录	施工单位	永久	
		油浸变压器（电抗器）保管期间气体压力检查记录	施工单位	永久	
		绝缘油检测记录	施工单位	永久	
		隔离开关、接地开关调整记录	施工单位	永久	
		隔离开关与接地开关之间机械闭锁调整记录	施工单位	永久	
		设备接线端子连接螺栓紧固力矩检查记录	施工单位	永久	
		硬母线搭接面连接螺栓紧固力矩检查记录	施工单位	永久	
	验收签证、隐蔽工程验收签证	单相电抗器区域接地网隐蔽前检查签证	施工单位	永久	
		母线检查验收签证	施工单位	永久	
	其他施工记录、试验报告	其他施工记录、试验报告	施工单位	永久	
	设备或系统带电试运签证	干式电抗器带电试运签证	施工单位	永久	
		电容器组带电试运签证	施工单位	永久	
	强制性条文执行检查记录	单位工程强制性条文执行检查记录	施工单位	永久	

续表

分类号	类目名称	归档文件	归档单位	保管期限	备注
8342	单位工程施工质量验收	单位工程资料核查项目表	施工单位	永久	本单位工程具体产生的施工记录、试验报告、验收签证等应根据工程施工实际情况
		单位工程质量验收申请表、验收记录	施工单位	永久	
		重要工序交接记录、单位工程验收意见书	施工单位	永久	
		分部（子分部）、分项工程质量验收记录	施工单位	永久	
	7. 全站电缆施工				
	单位工程开工报审	全站电缆施工单位工程开工报审	施工单位	永久	
		全站电缆施工单位工程复工报审（若有）	施工单位	永久	因各种原因停工需重新开工，必须重新报请开工，相关资料应留存归档
	施工记录、调整记录、检验记录	电缆入场取样复检记录	施工单位	永久	必要时复检(复检记录可归入原材料报审)
		电缆敷设记录	施工单位	永久	包括原始敷设记录、设计变更部分敷设记录
		35kV及以上电缆终端、中间接头制作与安装记录	施工单位	永久	
		电缆防火阻燃封堵施工记录	施工单位	永久	
	验收签证、隐蔽工程验收签证	直埋电缆隐蔽前检查签证	施工单位	永久	
	其他施工记录、试验报告	其他施工记录、试验报告	施工单位	永久	
	设备或系统带电试运签证	电缆带电试运签证	施工单位	永久	
	强制性条文执行检查记录	单位工程强制性条文执行检查记录	施工单位	永久	
	单位工程施工质量验收	单位工程资料核查项目表	施工单位	永久	本单位工程具体产生的施工记录、试验报告、验收签证等应根据工程施工实际情况
		单位工程质量验收申请表、验收记录	施工单位	永久	
		重要工序交接记录、单位工程验收意见书	施工单位	永久	
		分部（子分部）、分项工程质量验收记录	施工单位	永久	

续表

分类号	类目名称	归档文件	归档单位	保管期限	备注
8342	8. 全站防雷及接地装置安装				
	单位工程开工报审	全站防雷及接地装置安装单位工程开工报审	施工单位	永久	
		全站防雷及接地装置安装单位工程复工报审（若有）	施工单位	永久	因各种原因停工需重新开工，必须重新报请开工，相关资料应留存归档
	施工记录、调整记录、检验记录	避雷针、避雷带或避雷线施工记录	施工单位	永久	
		避雷针杆塔连接螺栓紧固力矩检查记录	施工单位	永久	
		接地装置施工记录及实际施工示意图	施工单位	永久	
	验收签证、隐蔽工程验收签证	屋外接地装置隐蔽前检查签证	施工单位	永久	
		避雷针及接地引下线检查签证	施工单位	永久	
		接地电阻测试签证	施工单位	永久	
	其他施工记录、试验报告	其他施工记录、试验报告	施工单位	永久	
	强制性条文执行检查记录	单位工程强制性条文执行检查记录	施工单位	永久	
	单位工程施工质量验收	单位工程资料核查项目表	施工单位	永久	本单位工程具体产生的施工记录、试验报告、验收签证等应根据工程施工实际情况
		单位工程质量验收申请表、验收记录	施工单位	永久	
		重要工序交接记录、单位工程验收意见书	施工单位	永久	
		分部（子分部）、分项工程质量验收记录	施工单位	永久	
	9. 串联电容补偿装置设备安装				
	单位工程开工报审	串联电容补偿装置设备安装单位工程开工报审	施工单位	永久	
		串联电容补偿装置设备安装单位工程复工报审（若有）	施工单位	永久	因各种原因停工需重新开工，必须重新报请开工，相关资料应留存归档
	施工记录、调整记录、检验记录	隔离开关调整记录	施工单位	永久	
		串联电容补偿装置设备调整记录	施工单位	永久	
	验收签证、隐蔽工程验收签证	串联电容补偿装置验收签证	施工单位	永久	
	其他施工记录、试验报告	其他施工记录、试验报告	施工单位	永久	
	设备或系统带电试运签证	串联电容补偿装置带电试运签证	施工单位	永久	
	强制性条文执行检查记录	单位工程强制性条文执行检查记录	施工单位	永久	

续表

分类号	类目名称	归档文件	归档单位	保管期限	备注
8342	单位工程施工质量验收	单位工程资料核查项目表	施工单位	永久	本单位工程具体产生的施工记录、试验报告、验收签证等应根据工程施工实际情况
		单位工程质量验收申请表、验收记录	施工单位	永久	
		重要工序交接记录、单位工程验收意见书	施工单位	永久	
		分部（子分部）、分项工程质量验收记录	施工单位	永久	
	10. 通信工程安装				
	单位工程开工报审	通信工程安装调试单位工程开工报审	施工单位	永久	
		通信工程安装调试单位工程复工报审（若有）	施工单位	永久	因各种原因停工需重新开工，必须重新报请开工，相关资料应留存归档
	施工记录、调整记录、检验记录	蓄电池组充电检验记录	施工单位	永久	
		蓄电池组放电检验记录	施工单位	永久	
		蓄电池组充放电特性曲线	施工单位	永久	
	验收签证、隐蔽工程验收签证	蓄电池组充放电检查签证	施工单位	永久	
		通信系统投运前整体施工质量验收签证	施工单位	永久	
	其他施工记录、试验报告	其他施工记录、试验报告	施工单位	永久	
	强制性条文执行检查记录	单位工程强制性条文执行检查记录	施工单位	永久	
	单位工程施工质量验收	单位工程资料核查项目表	施工单位	永久	本单位工程具体产生的施工记录、试验报告、验收签证等应根据工程施工实际情况
		单位工程质量验收申请表、验收记录	施工单位	永久	
		重要工序交接记录、单位工程验收意见书	施工单位	永久	
		分部（子分部）、分项工程质量验收记录	施工单位	永久	
	11. 全站电气照明装置安装、事故保安电源设备安装、视频监控装置安装、起重设备安装等单位工程				
	单位工程开工报审	单位工程开工报审	施工单位	永久	
		单位工程复工报审（若有）	施工单位	永久	因各种原因停工需重新开工，必须重新报请开工，相关资料应留存归档

续表

分类号	类目名称	归档文件	归档单位	保管期限	备注
8342	施工记录、调整记录、检验记录	柴油发电机组安装及调整记录	施工单位	永久	
		不间断电源（UPS）装置安装记录	施工单位	永久	
	其他施工记录、试验报告	其他施工记录、试验报告	施工单位	永久	
	设备或系统带电试运签证	照明回路通电检查记录及签证	施工单位	永久	
		柴油发电机组自动投入试验签证	施工单位	永久	
		不间断电源（UPS）装置带电试运签证	施工单位	永久	
		视频监控装置投运签证	施工单位	永久	
	施工质量验收	单位工程资料核查项目表	施工单位	永久	具体产生的施工记录、试验报告、验收签证等应根据工程施工实际情况
		单位工程质量验收申请表、验收记录	施工单位	永久	
		重要工序交接记录、单位工程验收意见书	施工单位	永久	
		分部、分项工程质量验收表	施工单位	永久	
835	消防工程				
	1. 开工报审	消防工程单位工程开工报审	施工单位	30年	
	2. 施工记录、检测报告、调试报告	管道（阀门）安装记录	施工单位	30年	根据工程实际，产生此文件
		管道（阀门）焊接记录	施工单位	30年	根据工程实际，产生此文件
		管道（阀门）打压记录	施工单位	30年	根据工程实际，产生此文件
		水泵安装记录	施工单位	30年	根据工程实际，产生此文件
		水泵调试记录	施工单位	30年	根据工程实际，产生此文件
		消防用水水质检测报告	施工单位	30年	根据工程实际，产生此文件
		消防栓试射记录	施工单位	30年	根据工程实际，产生此文件

续表

分类号	类目名称	归档文件	归档单位	保管期限	备注
835	2. 施工记录、检测报告、调试报告	火灾报警系统设备安装记录	施工单位	30 年	
		火灾自动报警系统及图像监控系统调试报告	施工单位	30 年	
		其他施工记录、检测报告	施工单位	30 年	
	3. 验收记录	重要工序交接记录，单位工程验收意见书，单位工程、分部、分项工程质量验收记录	施工单位	30 年	
	4. 主变压器消防系统安装、调试、验收记录	主变压器消防系统安装记录	施工单位	30 年	根据工程实际，产生此文件
		主变压器消防系统调试记录	施工单位	30 年	根据工程实际，产生此文件
		主变压器消防系统试喷记录	施工单位	30 年	根据工程实际，产生此文件
		主变压器消防系统验收记录	施工单位	30 年	根据工程实际，产生此文件
836	交通工程（路基、路面、排水沟、涵洞、桥梁等）				
	1. 路基（路面、排水沟）				
	1.1 开工报审	路基（路面、排水沟）单位工程开工报审	施工单位	30 年	
	1.2 测量记录	测量放线记录	施工单位	30 年	
		复测工程量表、复核报告	施工单位	30 年	
	1.3 施工记录、隐蔽验收、试验报告等	地基基础轻型动力触探记录/地勘钎探记录	施工单位	30 年	根据地基情况及设计要求，产生此文件
		涵管隐蔽记录	施工单位	30 年	根据施工实际，产生此文件
		路基、路灯等隐蔽工程验收记录	施工单位	30 年	根据施工实际，产生此文件
		商品混凝土合格证	施工单位	30 年	施工使用商品混凝土的，这部分文件材料归入原材料报审，自拌混凝土建议归入施工记录
		混凝土开盘鉴定	施工单位	30 年	
		混凝土配合比设计报告	施工单位	30 年	
		混凝土施工配合比通知单	施工单位	30 年	
		施工用水检测报告（含氯离子含量检测、碱总量计算书等）	施工单位	30 年	
		混凝土粗、细骨料碱活性检测报告（砂、石等）、水泥、粉煤灰、外加剂等检测报告	施工单位	30 年	
		混凝土搅拌记录	施工单位	30 年	若有现场搅拌站，产生此文件
		混凝土浇筑通知单	施工单位	30 年	
		混凝土浇筑施工记录	施工单位	30 年	
		混凝土现场坍落度测试记录	施工单位	30 年	
		混凝土养护记录	施工单位	30 年	

续表

分类号	类目名称	归档文件	归档单位	保管期限	备注
836	1.3 施工记录、隐蔽验收、试验报告等	混凝土结构工程蓄热养护测温记录	施工单位	30年	冬期施工有此测温记录
		混凝土强度报告（标养、同条件、抗渗、抗冻融）	施工单位	30年	（1）混凝土抗渗、抗冻融的强度报告，根据设计要求产生。（2）根据混凝土施工规范留置混凝土试块，产生相应的强度报告及耐久性报告（抗冻融、抗渗等）
		混凝土试块强度统计、评定记录（标养/同条件）	施工单位	30年	
		混凝土试块同条件养护温度记录（单位工程汇总）	施工单位	30年	
		混凝土生产质量控制记录	施工单位	30年	若有现场搅拌站，产生此文件
		土（细砂土）击实试验报告、压实系数检测报告	施工单位	30年	
		砂浆配合比检测报告、砂浆试件抗压检测报告、强度评定记录、水平灰缝饱和度检测报告	施工单位	30年	挡墙、护坡砂浆施工中，产生此文件
		其他施工记录、检测报告、隐蔽验收记录	施工单位	30年	
	1.4 验收记录	单位工程、分部（子分部）、分项工程、检验批质量验收记录，重要工序交接记录，单位工程验收意见书	施工单位	30年	
	2. 桥梁（涵洞）				
	2.1 开工报审	桥梁（涵洞）单位工程开工报审	施工单位	30年	
	2.2 测量记录	施工测量记录	施工单位	30年	
		垂直度、标高、全高测量记录	施工单位	30年	
		沉降观测记录及示意图	施工单位	30年	
	2.3 施工记录、试验检测报告等	地基基础轻型动力触探记录/地勘钎探记录	施工单位	30年	根据地基情况及设计要求，产生此文件
		桩基施工记录、桩基检测报告，包括试验桩检测报告、工程桩检测报告（单桩竖向抗拔、抗压、水平静载试验检测报告、桩身完整性检测报告）、基桩高、低应变检测报告等	施工单位	30年	根据地质情况、地勘报告及设计文件，产生此文件
		地基验槽隐蔽工程验收记录	施工单位	30年	
		地基处理施工记录、试验报告、地基承载力检测报告	施工单位	30年	根据地质情况、地勘报告及设计文件，产生此文件
		钢筋机械连接检测委托单及钢筋机械连接检测报告	施工单位	30年	

续表

分类号	类目名称	归档文件	归档单位	保管期限	备注
836	2.3 施工记录、试验检测报告等	现场钢筋直螺纹丝头加工质量检验记录及连接质量检验记录	施工单位	30 年	
		钢筋隐蔽工程验收记录	施工单位	30 年	
		涵管隐蔽工程验收记录	施工单位	30 年	
		预埋件焊接试验报告、预制混凝土构件结构性能检测报告	施工单位	30 年	
		商品混凝土合格证	施工单位	30 年	施工使用商品混凝土的，这部分文件材料归入原材料报审；自拌混凝土建议归入施工记录
		混凝土开盘鉴定	施工单位	30 年	
		混凝土配合比设计报告	施工单位	30 年	
		混凝土施工配合比通知单	施工单位	30 年	
		施工用水检测报告（含氯离子含量检测、碱总量计算书等）	施工单位	30 年	
		混凝土粗、细骨料碱活性检测报告（砂、石等）、水泥、粉煤灰、外加剂等检测报告	施工单位	30 年	
		混凝土搅拌记录	施工单位	30 年	若有现场搅拌站，产生此文件
		混凝土浇筑通知单	施工单位	30 年	
		混凝土浇筑施工记录	施工单位	30 年	
		混凝土现场坍落度测试记录	施工单位	30 年	
		混凝土养护记录	施工单位	30 年	
		大体积混凝土测温记录	施工单位	30 年	
		混凝土结构工程蓄热养护测温记录	施工单位	30 年	冬期施工有此测温记录
		混凝土强度报告（标养、同条件、抗渗、抗冻融）	施工单位	30 年	（1）混凝土抗渗、抗冻融的强度报告，根据设计要求产生。 （2）根据混凝土施工规范留置混凝土试块，产生相应的强度报告及耐久性报告（抗冻融、抗渗等）
		混凝土试块强度统计、评定记录（标养/同条件）	施工单位	30 年	
		混凝土试块同条件养护温度记录（单位工程汇总）	施工单位	30 年	
		混凝土生产质量控制记录	施工单位	30 年	若有现场搅拌站，产生此文件
		混凝土隐蔽记录	施工单位	30 年	
		防水防腐隐蔽验收记录	施工单位	30 年	
		砌体隐蔽验收记录	施工单位	30 年	
		结构实体钢筋保护层厚度检测报告	施工单位	30 年	

续表

分类号	类目名称	归档文件	归档单位	保管期限	备注
836	2.3 施工记录、试验检测报告等	高强度螺栓连接摩擦面抗滑移系数试验报告	施工单位	30 年	根据工程实际，产生此文件
		高强度螺栓紧固记录	施工单位	30 年	根据工程实际，产生此文件
		防水工程渗、漏试验记录	施工单位	30 年	根据工程实际，产生此文件
		防水层施工记录	施工单位	30 年	根据工程实际，产生此文件
		钢梁等垂直度和侧向弯曲度记录	施工单位	30 年	根据工程实际，产生此文件
		其他施工记录、检测报告、隐蔽验收记录	施工单位	30 年	
	2.4 验收记录	单位工程、分部（子分部）工程、分项工程、检验批质量验收记录，重要工序交接记录，单位工程验收意见书	施工单位	30 年	
837	排洪工程（场内、外排洪沟等）				
	1. 开工报审	排洪工程（场内、外排洪沟等）单位工程开工报审	施工单位	30 年	
	2. 施工记录、隐蔽验收、检测报告等	施工测量记录	施工单位	30 年	
		地基验槽隐蔽工程验收记录	施工单位	30 年	
		边坡支护隐蔽工程验收记录	施工单位	30 年	
		其他施工记录	施工单位	30 年	
		边坡支护工程三维网检测报告	施工单位	30 年	
		边坡支护工程格宾网箱检测报告	施工单位	30 年	
		其他试验及检测报告	施工单位	30 年	
	3. 验收记录	单位工程、分部工程、分项工程、检验批质量验收记录，重要工序交接记录，单位工程验收意见书	施工单位	30 年	
838	辅助工程（门禁、工业电视、围栏、绿化等）				
	1. 门禁				
	1.1 开工报审	辅助工程（门禁、工业电视、围栏、绿化等）单位工程开工报审	施工单位	30 年	
	1.2 施工记录、隐蔽工程验收签证	施工测量记录	施工单位	30 年	
		隐蔽验收记录	施工单位	30 年	
		其他施工记录	施工单位	30 年	
	1.3 试验、检测及调试报告	系统功能测定及设备调试记录	施工单位	30 年	
		系统的技术操作和维护手册	施工单位	30 年	
		系统检测报告	施工单位	30 年	

续表

分类号	类目名称	归档文件	归档单位	保管期限	备注
838	1.3 试验、检测及调试报告	设备安装记录	施工单位	30 年	
		门禁调试记录	施工单位	30 年	
		监控调试记录	施工单位	30 年	
		系统试运行记录	施工单位	30 年	
		系统管理操作人员培训记录	施工单位	30 年	
		系统电源及接地检测报告	施工单位	30 年	
		系统集成检测报告	施工单位	30 年	
		硬件、软件产品设备测试记录	施工单位	30 年	
		视频系统安装及末端测试记录	施工单位	30 年	
		光纤损耗测试记录	施工单位	30 年	
		综合布线测试记录	施工单位	30 年	
		其他试验、检测报告	施工单位	30 年	
	1.4 验收记录	重要工序交接记录，单位工程验收意见书，单位工程、分部工程、分项工程质量验收记录	施工单位	30 年	
	2. 工业电视				
	2.1 开工报审	工业电视单位工程开工报审	施工单位	30 年	
	2.2 施工记录、隐蔽工程验收签证	施工测量记录	施工单位	30 年	
		隐蔽验收记录	施工单位	30 年	
		其他施工记录	施工单位	30 年	
	2.3 试验、检测及调试报告	系统功能测定及设备调试记录	施工单位	30 年	
		系统的技术操作和维护手册	施工单位	30 年	
		系统检测报告	施工单位	30 年	
		设备安装记录	施工单位	30 年	
		门禁调试记录	施工单位	30 年	
		监控调试记录	施工单位	30 年	
		系统试运行记录	施工单位	30 年	
		系统管理操作人员培训记录	施工单位	30 年	
		系统电源及接地检测报告	施工单位	30 年	
		系统集成检测报告	施工单位	30 年	
		硬件、软件产品设备测试记录	施工单位	30 年	
		视频系统安装及末端测试记录	施工单位	30 年	
		光纤损耗测试记录	施工单位	30 年	
		综合布线测试记录	施工单位	30 年	
		其他试验及检测报告	施工单位	30 年	
	2.4 验收记录	重要工序交接记录，单位工程验收意见书，单位工程、分部工程、分项工程质量验收记录	施工单位	30 年	
	3. 围栏				
	3.1 开工报审	围栏单位工程开工报审	施工单位	30 年	

续表

分类号	类目名称	归档文件	归档单位	保管期限	备注
838	3.2 施工记录、隐蔽工程验收签证	施工测量记录	施工单位	30 年	
		围墙地基验槽隐蔽工程验收记录	施工单位	30 年	
		围墙钢筋隐蔽工程验收记录	施工单位	30 年	
		围墙混凝土隐蔽工程验收记录	施工单位	30 年	
		钢筋连接检测报告	施工单位	30 年	
		钢筋接头质量检验记录及连接质量检验记录	施工单位	30 年	
		预埋件焊接试验报告	施工单位	30 年	
		预制混凝土构件结构性能检测报告	施工单位	30 年	
	3.3 施工记录、试验报告等	商品混凝土合格证	施工单位	30 年	
		混凝土开盘鉴定	施工单位	30 年	
		混凝土配合比设计报告	施工单位	30 年	
		混凝土施工配合比通知单	施工单位	30 年	施工使用商品混凝土的，这部分文件材料归入原材料报审，自拌混凝土建议归入施工记录
		施工用水检测报告（含氯离子含量检测、碱总量计算书等）	施工单位	30 年	
		混凝土粗、细骨料碱活性检测报告（砂、石等）、水泥、粉煤灰、外加剂等检测报告	施工单位	30 年	
		混凝土搅拌记录	施工单位	30 年	若有现场搅拌站，产生此文件
		混凝土浇筑通知单	施工单位	30 年	
		混凝土浇筑施工记录	施工单位	30 年	
		混凝土现场坍落度测试记录	施工单位	30 年	
		混凝土养护记录	施工单位	30 年	
		混凝土结构工程蓄热养护测温记录	施工单位	30 年	冬期施工有此测温记录
		混凝土强度报告（标养、同条件、抗渗、抗冻融）	施工单位	30 年	（1）混凝土抗渗、抗冻融的强度报告，根据设计要求产生。（2）根据混凝土施工规范留置混凝土试块，产生相应的强度报告及耐久性报告（抗冻融、抗渗等）
		混凝土试块强度统计、评定记录（标养/同条件）	施工单位	30 年	
		混凝土试块同条件养护温度记录（单位工程汇总）	施工单位	30 年	
		混凝土生产质量控制记录	施工单位	30 年	若有现场搅拌站，产生此文件
		其他施工记录、试验及检测报告	施工单位	30 年	
	3.4 验收记录	单位工程、分部工程、分项工程、检验批质量验收记录，重要工序交接记录，单位工程验收意见书	施工单位	30 年	
	4. 绿化				

续表

分类号	类目名称	归档文件	归档单位	保管期限	备注
838	4.1 开工报审	绿化单位工程开工报审	施工单位	30年	
	4.2 施工记录	施工测量记录	施工单位	30年	
		植物设计说明	施工单位	30年	
		植物种植设计总平面图	施工单位	30年	
		苗木表	施工单位	30年	
		植物种植竣工图	施工单位	30年	
		其他施工记录	施工单位	30年	
	4.3 验收记录	地形整理质量验收记录	施工单位	30年	
		苗木种植穴、槽质量验收记录	施工单位	30年	
		苗木种植质量验收记录	施工单位	30年	
		苗木养护质量验收记录	施工单位	30年	
		草坪和草本地被植物种植质量验收记录	施工单位	30年	
		草坪养护验收记录	施工单位	30年	
		其他验收记录	施工单位	30年	
839	其他工程	备用电源工程等开工报审、施工记录、检测报告、隐蔽记录及质量验收记录	施工单位	30年	
84	调试试验与并网启动试运行				
840	综合	启委会成立文件	建设单位	永久	
		启委会会议纪要	建设单位	永久	
		启动试运行程序及审批	调试单位	永久	
		启动试运行报告及工程启动验收鉴定书	调试单位	永久	
		调试单位资质及报审文件	调试单位	永久	
		调试人员、仪表检定人员登记表、人员资格证书报审	调试单位	永久	
		计量器具、试验仪器仪表登记表、检定证书及报审	调试单位	永久	
		光伏工程整套启动方案及交底记录	调试单位	永久	
		变电站受电方案及交底记录	调试单位	永久	
		主变压器倒送电方案、设备受电方案及交底记录	调试单位	永久	
		光伏发电单元启动方案及交底记录	调试单位	永久	
		电气设备交接试验方案、保护装置调试方案及交底记录	调试单位	永久	
		综合自动化系统、通信工程、视频监控系统调试方案及交底记录	调试单位	永久	
		光伏发电单元系统调试方案及交底记录	调试单位	永久	
		强条执行计划、检查记录	调试单位	永久	
		调试执行的标准清单	调试单位	永久	
		保护定值计算书、通知单	调试单位	永久	
		调试缺陷处理台账及记录	调试单位	永久	

续表

分类号	类目名称	归档文件	归档单位	保管期限	备注
841	一次设备试验				
	1. 交接试验	主变压器（电抗器）本体交接试验报告 主变压器（电抗器）高、低压侧套管及电流互感器交接试验报告 电压互感器、避雷器、绝缘子等交接试验报告 主变压器中性点设备交接试验报告 主变压器（电抗器）冷却装置试运行记录	调试单位	永久	
		气体绝缘金属封闭开关设备交接试验报告	调试单位	永久	
		断路器、负荷开关、隔离开关等交接试验报告	调试单位	永久	
		干式电抗器、电容器、放电线圈等交接试验报告	调试单位	永久	
		站用变压器本体及附属设备交接试验报告 备用变压器本体及附属设备交接试验报告	调试单位	永久	
		电缆交接试验报告	调试单位	永久	
		串联电容补偿装置设备交接试验报告	调试单位	永久	
		通信系统一次设备试验报告	调试单位	永久	
		全站电气照明装置试验报告	调试单位	永久	
		柴油发电机组及附属设备试验报告	调试单位	永久	
		箱式变压器本体交接试验报告	调试单位	永久	
		起重设备安装记录、安全装置检测报告、负荷试验报告、特种设备验收及使用许可证	调试单位	永久	
		其他一次设备试验报告	调试单位	永久	
	2. 主接地网测试	接地装置特性参数测试报告	调试单位	永久	
		独立或构架避雷针（带）、避雷器集中接地装置接地电阻测试记录	调试单位	永久	
842	二次设备调试				
	1. 通信设备调试	光缆开盘测试记录、光纤接头衰减值测试记录、光缆全程测试记录	调试单位	永久	
		光传输设备测试试验报告	调试单位	永久	
		PCM设备测试及功能检查报告	调试单位	永久	
	2. 二次设备调试	主变压器： 主变压器保护装置调试报告、绝缘电阻测试报告、电流（压）互感器二次负载测试报告、本体端子箱等电位接地导通测试报告、保护装置定值执行单	调试单位	永久	
		主控与直流： 计算机监控系统调试报告 逻辑“五防”系统调试报告 直流充电装置调试报告	调试单位	永久	
		配电装置： 绝缘电阻测试报告 二次回路一点接地检查记录 电流（压）互感器二次负载测试报告 保护回路一次通流（压）试验报告 保护装置单体调试报告 保护装置整组传动试验报告 调度综合自动化装置调试报告 各间隔汇控柜或端子箱等电位接地导通测试报告 保护装置定值执行单	调试单位	永久	

续表

分类号	类目名称	归档文件	归档单位	保管期限	备注
842	2. 二次设备调试	气体绝缘金属封闭开关设备： 二次回路绝缘电阻测试报告 电流（压）互感器二次负载测试报告 二次回路一点接地检查记录 保护回路一次通流（压）试验报告 保护装置单体调试报告 保护装置整组传动试验报告 调度综合自动化系统调试报告 各间隔汇控柜或端子箱等电位接地导通测试报告 保护装置定值执行单	调试单位	永久	
		站用电系统： 温度控制器校验报告 二次回路绝缘电阻测试报告 电流（压）互感器二次负载测试报告 二次回路一点接地检查记录 工作电源与备用电源切换试验报告 站用变、备用变保护装置单体调试报告、整组传动试验报告 断路器保护装置调试报告 保护装置定值执行单	调试单位	永久	
		无功补偿： 气体继电器、温度控制器（包括绕组温度补偿装置）、压力释放阀等校验报告 二次回路绝缘电阻测试报告 电流（压）互感器二次负载测试报告 二次回路一点接地检查记录 保护回路一次通流（压）试验报告 冷却装置启、停试验报告 保护装置单体调试报告、整组传动试验报告、定值执行单 端子箱等电位接地导通测试报告 无功补偿装置调试报告	调试单位	永久	
		串联电容补偿装置调试报告、保护装置调试报告	调试单位	永久	
		不间断电源（UPS）装置调试报告	调试单位	永久	
		通信系统调试报告	调试单位	永久	
		柴油发电机组保护调试报告	调试单位	永久	
		不间断电源（UPS）装置调试报告	调试单位	永久	
		视频监控装置调试报告	调试单位	永久	
		起重设备安装调试报告	调试单位	永久	
		变压器本体保护装置调试报告、低压侧断路器调试报告、测控装置调试报告	调试单位	永久	
		气体继电器、温度控制器、压力释放阀等校验报告	调试单位	永久	
		密度继电器、压力表校验报告	调试单位	永久	
		电气设备接地导通测试报告	调试单位	永久	
		其他二次设备调试报告	调试单位	永久	
	3. 仪表及变送器校验	计量装置检定报告	调试单位	永久	
		常规电测仪表校验报告	调试单位	永久	
		变送器、数显表校验记录	调试单位	永久	
		其他相关仪表校验报告	调试单位	永久	

续表

分类号	类目名称	归档文件	归档单位	保管期限	备注
844	并网启动试运行				
	1. 保护装置传动试验	保护装置整组传动试验报告	调试单位	永久	
		保护装置整组传动试验验收签证	调试单位	永久	
	2. 监控系统调试	光伏发电单元监控系统调试报告	调试单位	永久	
	3. 升压站配电装置带电调试	升压站配电装置带电调试试运条件检查确认表及验收签证	调试单位	永久	
		并网调试报告、试验记录	调试单位	永久	
		升压站配电装置带电调试期间操作票	调试单位	10 年	
		升压站配电装置带电调试期间工作票	调试单位	10 年	
		升压站配电装置带电调试期间运行日志	调试单位	10 年	
		升压站配电装置带电调试期间消缺台账及记录	调试单位	永久	
	4. 光伏发电单元调试	光伏发电单元调试运行条件检查确认表及验收签证	调试单位	永久	
		逆变器并网调试报告	调试单位	永久	
		光伏发电单元调试期间操作票	调试单位	10 年	
		光伏发电单元调试期间工作票	调试单位	10 年	
		光伏发电单元调试期间运行日志	调试单位	10 年	
		光伏发电单元调试期间消缺台账及记录	调试单位	永久	
845	涉网及性能试验	性能试验报告	调试单位	永久	
		涉网试验报告	调试单位	永久	
		电能质量测试报告	调试单位	永久	
849	其他				
85	监理				
850	综合				
851	工程监理				
	1. 监理准备	监理单位资质证书及报审	监理单位	30 年	
		监理人员资格证书及报审（含总监、专业监理工程师、监理员、资料员、见证员等）	监理单位	30 年	
		监理单位仪器、仪表台账	监理单位	30 年	
		监理单位仪器、仪表检定证书及报审	监理单位	30 年	
		监理大纲及报审	监理单位	30 年	
		监理规划及报审	监理单位	30 年	
		土建监理实施细则及报审	监理单位	30 年	
		安装监理实施细则及报审	监理单位	30 年	
		电气监理实施细则及报审	监理单位	30 年	
		安全监理实施细则及报审	监理单位	30 年	
		调试监理实施细则及报审	监理单位	30 年	
		监理旁站实施细则及报审	监理单位	30 年	
		监理见证取样实施细则及报审	监理单位	30 年	
		绿色施工节能减排监理实施细则	监理单位	30 年	
		监理强制性条文检查计划及报审	监理单位	30 年	
		监理工作制度及报审	监理单位	30 年	
		监理质量控制点设置及报审	监理单位	30 年	
		监理工程质量通病防治工作措施及报审	监理单位	30 年	
		监理准备其他文件	监理单位	30 年	

续表

分类号	类目名称	归档文件	归档单位	保管期限	备注
851	2. 技术管理	监理单位执行的标准清单	监理单位	30 年	
		施工图会审纪要	监理单位	30 年	
		达标投产和创优细则及检查记录	监理单位	30 年	
		绿色施工监理方案及检查记录	监理单位	30 年	
		技术管理其他文件	监理单位	30 年	
	3. 监理日志等	监理日志	监理单位	30 年	
		监理月（年）报	监理单位	30 年	
		会议纪要（质量、安全、现场协调等会议纪要）及往来文件等	监理单位	30 年	
	4. 质量控制	监理见证取样台账、记录	监理单位	30 年	
		监理（第三方）原材料质量控制抽检及施工质量抽检专题报告	监理单位	30 年	
		监理旁站记录	监理单位	30 年	
		监理旁站记录汇总表	监理单位	30 年	
		监理平行检验记录（报告）	监理单位	30 年	
		监理巡视记录	监理单位	30 年	
		监理通知单及回复单（土建、电气、安全、调试等）	监理单位	30 年	
		监理工作联系单	监理单位	30 年	
		监理质量评估报告（单位工程）	监理单位	30 年	
		质量事故调查、处理报告（若有）	监理单位	30 年	
		主要材料供货商报审统计表台账	监理单位	30 年	
		检测单位报审统计表台账	监理单位	30 年	
		主要施工机械报审统计表台账	监理单位	30 年	
		特种作业人员报审统计表台账	监理单位	30 年	
		质量控制其他文件	监理单位	30 年	
	5. 安全与环境保护控制	安全与环境教育培训记录	监理单位	30 年	
		施工安全、环境保护及防汛检查记录	监理单位	30 年	
		安全、环境事故调查报告及处理记录	监理单位	30 年	
		监理安全通知单	监理单位	30 年	
		监理安全通知回复单	监理单位	30 年	
		安全与环境保护控制其他文件	监理单位	30 年	
	6. 进度控制	合同项目开（停、复、返）工令	监理单位	30 年	
		工程进度建议及分析报告	监理单位	30 年	
		工程监理延期报告及批复	监理单位	30 年	
		进度控制其他文件	监理单位	30 年	

续表

<table>
<tr><th>分类号</th><th>类目名称</th><th>归档文件</th><th>归档单位</th><th>保管期限</th><th>备注</th></tr>
<tr><td rowspan="6">851</td><td rowspan="4">7. 造价控制</td><td>监理测量收方任务单、监理测量收方成果（含平面图、断面图及计算书等）报表</td><td>监理单位</td><td>30 年</td><td></td></tr>
<tr><td>工程变更费用审核、签认单及业主批复</td><td>监理单位</td><td>30 年</td><td></td></tr>
<tr><td>费用索赔审核、签认单及业主批复</td><td>监理单位</td><td>30 年</td><td></td></tr>
<tr><td>造价控制其他文件</td><td>监理单位</td><td>30 年</td><td></td></tr>
<tr><td rowspan="2">8. 工程总结等</td><td>监理工作总结（含竣工图审查意见）、监理大事记</td><td>监理单位</td><td>30 年</td><td></td></tr>
<tr><td>工程监理其他相关文件</td><td>监理单位</td><td>30 年</td><td></td></tr>
<tr><td rowspan="7">852</td><td rowspan="7">设备监理</td><td>设备监理规划（大纲）</td><td>监理单位</td><td>30 年</td><td></td></tr>
<tr><td>设备监理细则</td><td>监理单位</td><td>30 年</td><td></td></tr>
<tr><td>设备制造检验计划</td><td>监理单位</td><td>30 年</td><td></td></tr>
<tr><td>设备监理见证记录</td><td>监理单位</td><td>30 年</td><td></td></tr>
<tr><td>设备监理月报</td><td>监理单位</td><td>30 年</td><td></td></tr>
<tr><td>设备监理总结报告</td><td>监理单位</td><td>30 年</td><td></td></tr>
<tr><td>设备监理其他文件</td><td>监理单位</td><td>30 年</td><td></td></tr>
<tr><td>859</td><td>其他</td><td>监理其他文件</td><td>监理单位</td><td>30 年</td><td></td></tr>
<tr><td>86</td><td>竣工验收</td><td></td><td></td><td></td><td></td></tr>
<tr><td rowspan="4">860</td><td rowspan="4">综合</td><td>成立验收委员会的批复</td><td>建设单位</td><td>永久</td><td></td></tr>
<tr><td>成立验收委员会的请示</td><td>建设单位</td><td>永久</td><td></td></tr>
<tr><td>验收委员会会议纪要</td><td>建设单位</td><td>永久</td><td></td></tr>
<tr><td>其他相关文件</td><td>建设单位</td><td>永久</td><td></td></tr>
<tr><td rowspan="14">861</td><td>工程验收</td><td></td><td></td><td></td><td></td></tr>
<tr><td rowspan="2">1. 各参建单位自检报告、竣工预验收等</td><td>各参建单位自检报告</td><td>各参建单位</td><td>永久</td><td></td></tr>
<tr><td>竣工预验收及整改闭环文件</td><td>建设单位、各参建单位</td><td>永久</td><td></td></tr>
<tr><td>2. 试运行及移交生产鉴定书</td><td>试运行及移交生产验收鉴定书、移交生产会议纪要</td><td>建设单位</td><td>永久</td><td></td></tr>
<tr><td rowspan="5">3. 竣工档案（竣工图）移交签证及移交目录</td><td>施工单位竣工档案交接签证及移交目录</td><td>建设单位</td><td>永久</td><td rowspan="5">竣工档案移交包括纸质文件、照片、电子光盘等的移交和目录</td></tr>
<tr><td>调试单位竣工档案交接签证及移交目录</td><td>建设单位</td><td>永久</td></tr>
<tr><td>监理单位竣工档案交接签证及移交目录</td><td>建设单位</td><td>永久</td></tr>
<tr><td>设计单位竣工图交接签证及移交目录</td><td>建设单位</td><td>永久</td></tr>
<tr><td>其他与工程建设相关单位的竣工档案交接签证及移交目录</td><td>建设单位</td><td>永久</td></tr>
<tr><td rowspan="5">4. 参建单位工程总结及项目后评价</td><td>建设单位工程总结</td><td>建设单位</td><td>永久</td><td></td></tr>
<tr><td>设计单位设计总结</td><td>设计单位</td><td>永久</td><td></td></tr>
<tr><td>施工单位工程总结</td><td>施工单位</td><td>永久</td><td></td></tr>
<tr><td>调试单位调试总结</td><td>调试单位</td><td>永久</td><td></td></tr>
<tr><td>生产单位生产准备、试运行等工作总结</td><td>生产单位</td><td>永久</td><td></td></tr>
</table>

续表

分类号	类目名称	归档文件	归档单位	保管期限	备注
861	4. 参建单位工程总结及项目后评价	施工单位工程质量保修书	施工单位	永久	
		工程质量评估报告	监理单位	永久	
		工程质量检查报告	设计单位	永久	
		项目后评价文件	建设单位	永久	
	5. 工程验收其他文件	工程验收其他文件	建设单位	永久	
862	专项验收				
	1. 环境保护专项验收申请、报告、意见	环境保护验收意见	建设单位	永久	以国家现行政策为准
		环境保护验收报告	建设单位	永久	
		环境保护验收其他相关文件	建设单位	永久	
	2. 配套工程（送出线路等）环境保护专项验收文件	配套工程环境保护验收意见	建设单位	永久	若有配套工程
		配套工程环境保护验收报告	建设单位	永久	
		配套工程环保验收其他相关文件	建设单位	永久	
	3. 水土保持专项验收申请、报告、意见等	水土保持验收批复或备案证明文件	建设单位	永久	以国家现行政策为准
		水土保持验收请示或备案请示	建设单位	永久	
		水土保持验收鉴定证书	建设单位	永久	
		水土保持实施工作总结	建设单位	永久	
		水土保持设施竣工验收报告	建设单位	永久	
		水土保持监测报告	建设单位	永久	
		水土保持监理报告	建设单位	永久	
		水土保持验收其他相关文件	建设单位	永久	
	4. 配套工程（送出线路等）的水土保持专项验收申请、报告、意见等	配套工程水土保持验收批复或备案证明文件	建设单位	永久	
		配套工程水土保持验收请示或备案请示	建设单位	永久	
		配套工程水土保持验收鉴定证书	建设单位	永久	
		配套工程水土保持实施工作总结	建设单位	永久	
		配套工程水土保持设施竣工验收报告	建设单位	永久	
		配套工程水土保持监测报告	建设单位	永久	
		配套工程水土保持监理报告	建设单位	永久	
		配套工程水土保持验收其他相关文件	建设单位	永久	
	5. 消防专项验收文件	（1）消防验收意见、消防验收申请受理凭证、消防验收申报表及消防设施检测报告等	建设单位	永久	以国家现行政策为准。特殊建设工程需要消防设计审查、消防验收；其他建设工程实行备案、抽查制度
		（2）消防设计审查意见、消防设计审查申请受理凭证、消防设计审查申请表及相关文件材料	建设单位	永久	
		（3）消防备案凭证、消防验收备案表及消防设施检测报告	建设单位	永久	
		（4）消防验收其他相关文件	建设单位	永久	

续表

分类号	类目名称	归档文件	归档单位	保管期限	备注
862	6. 安全设施竣工验收文件	安全设施验收意见	建设单位	永久	以国家现行政策为准
		安全设施验收评价报告及评审意见	建设单位	永久	
		安全设施设计专篇及评审意见	建设单位	永久	
		安全验收其他相关文件	建设单位	永久	
	7. 职业病危害专项验收文件	职业病危害验收意见	建设单位	永久	以国家现行政策为准
		职业病危害控制效果评价报告及评审意见	建设单位	永久	
		职业病防护设施设计专篇及评审意见	建设单位	永久	
		职业病危害验收其他相关文件	建设单位	永久	
	8. 项目档案专项验收文件	项目档案专项验收意见	建设单位	永久	
		项目档案专项验收整改情况的报告	建设单位	永久	
		项目档案验收的通知	建设单位	永久	
		项目档案验收的请示	建设单位	永久	
		项目档案验收汇报材料、会议指南、签到表	建设单位	永久	
	9. 信息安全等级备案	信息系统安全等级保护备案证明	建设单位	永久	
		信息系统安全等级保护测评报告	建设单位	永久	
	10. 工程竣工验收文件	竣工验收证书	建设单位	永久	
		竣工验收报告	建设单位	永久	
		验收委员会及专家组验收意见	建设单位	永久	
		竣工验收通知	建设单位	永久	
		竣工验收申请	建设单位	永久	
		验收文件汇编（含合规性文件、工程总结、会务指南、汇报材料、签到表等）	建设单位	永久	
		其他与竣工验收相关的文件	建设单位	永久	
	11. 工程结算	竣工结算书审核意见	建设单位	永久	
		工程结算书	建设单位	永久	
		工程竣工结算其他相关文件	建设单位	永久	
	12. 工程决算	工程竣工决算书的审批意见	建设单位	永久	
		工程竣工决算书	建设单位	永久	
		工程决算其他相关文件	建设单位	永久	
	13. 决算审计	工程决算审计意见	建设单位	永久	
		工程决算审计报告	建设单位	永久	
		工程决算审计其他相关文件	建设单位	永久	
863	达标考核与工程创优				
	达标考核文件				

续表

分类号	类目名称	归档文件	归档单位	保管期限	备注
863	1. 达标机构成立，达标策划及规划文件，过程检查	工程达标机构成立文件	建设单位	30 年	
		工程达标策划文件	建设单位	30 年	
		达标检查报告和检查记录（初验）	建设单位	30 年	
		达标检查问题的整改闭环文件（初验）	建设单位	30 年	
		达标检查通知（初验）	建设单位	30 年	
		达标检查会议签到表（初验）	建设单位	30 年	
		达标检查汇报材料（初验）	建设单位	30 年	
		达标复检报告和检查记录（复验）	建设单位	30 年	
		达标复检问题的整改闭环文件（复验）	建设单位	30 年	
		达标复检通知（复验）	建设单位	30 年	
		达标复检申请（复验）	建设单位	30 年	
		达标复检签到表（复验）	建设单位	30 年	
		达标复检汇报材料（复验）	建设单位	30 年	
	2. 达标申报、批准文件及证书	达标投产工程批准文件、证书	建设单位	永久	
		达标投产申报材料	建设单位	永久	
		达标工作其他相关文件	建设单位	永久/30 年	
	工程创优文件				
	1. 工程创优机构成立、创优策划及规划文件	工程创优机构成立文件	建设单位	30 年	
		工程创优策划	建设单位	30 年	
		工程创优实施方案	建设单位	30 年	
		创优实施细则	建设单位	30 年	
		创优其他相关文件	建设单位	30 年	
	2. 创优咨询检查、整改及验收记录	创优检查专家组意见	建设单位	30 年	
		各专业整改问题清单	建设单位	30 年	
		各专业问题整改闭环文件	建设单位	30 年	
	3. 工程质量评价	工程质量评价（单项工程、单台机组、整体质量评价）	建设单位	30 年	
		地基结构专项验收评价报告	建设单位	30 年	
		绿色施工专项评价报告	建设单位	30 年	
		新技术应用方案、效益证明、记录及验收文件	建设单位	30 年	
	4. 优质工程申报、批准文件、证书（电力行优或国优）及其他相关文件	优质工程表彰文件	建设单位	永久	
		优质工程证书	建设单位	永久	
		优质工程奖牌	建设单位	永久	
		优质工程申报材料	建设单位	永久	
		创优工作其他相关文件	建设单位	永久/30 年	
869	其他				

续表

分类号	类目名称	归档文件	归档单位	保管期限	备注
87	竣工图				
870	综合	竣工图编制总说明及总目录（含设计变更通知单汇总表）	设计单位	永久	
		总平面布置图	设计单位	永久	
871	光伏发电单元	光伏发电单元阵列区土建竣工图	设计单位	永久	
		光伏发电单元阵列区构支架竣工图	设计单位	永久	
		光伏发电单元阵列区电气一次竣工图	设计单位	永久	
		光伏发电单元阵列区电气二次竣工图	设计单位	永久	
872	汇集站	汇集站土建竣工图	设计单位	永久	
		汇集站电气一次竣工图	设计单位	永久	
		汇集站电气二次竣工图	设计单位	永久	
873	集电线路	集电线路路径图	设计单位	永久	
		集电线路杆塔一览图	设计单位	永久	
		集电线路杆塔基础竣工图	设计单位	永久	
		集电线路平断面竣工图	设计单位	永久	
		集电线路明细表	设计单位	永久	
		集电线路机电特性安装竣工图	设计单位	永久	
		集电线路金具及防震装置竣工图	设计单位	永久	
		集电线路网络通信竣工图	设计单位	永久	
		集电线路避雷器竣工图	设计单位	永久	
874	变电站	变电站土建竣工图	设计单位	永久	
		变电站电气一次竣工图	设计单位	永久	
		变电站电气二次（含继电保护）竣工图	设计单位	永久	
		变电站通信、自动化、远动、监控竣工图	设计单位	永久	
		变电站水工、暖通竣工图	设计单位	永久	
		变电站其他竣工图	设计单位	永久	
875	消防工程	消防、火灾报警系统竣工图	设计单位	永久	
876	交通工程	交通工程竣工图	设计单位	永久	
877	排洪工程	排洪工程竣工图	设计单位	永久	
878	辅助工程	安防系统等辅助工程竣工图	设计单位	永久	
879	其他				
88	其他				
880	项目档案管理卷	项目概况	建设单位	永久	
		项目标段划分、单位工程一览表	建设单位	永久	
		参建单位归档情况说明	建设单位	永久	
		档案收集整理情况说明	建设单位	永久	

续表

分类号	类目名称	归档文件	归档单位	保管期限	备注
880	项目档案管理卷	建设单位各部门文件材料交接清册	建设单位	永久	
		合同清单（管理台账）	建设单位	永久	
		招投标清单（管理台账）	建设单位	永久	
		设备清单（含特种设备清单）	建设单位	永久	
		设计变更清单	建设单位	永久	
		其他说明项目档案管理情况的有关材料	建设单位	永久	
9	设备仪器				
90	综合	设备总台账	建设单位	30年	
91	光伏发电单元				
910	支架	光伏支架出厂合格证	设备厂家	30年	不同型号支架的设备文件不能混组
		光伏支架质量证明书、检测报告	设备厂家	30年	
		光伏支架安装说明书、安装图纸	设备厂家	30年	
		光伏支架螺栓检测报告	设备厂家	30年	
		光伏支架金属构件480h盐雾腐蚀试验检测（沿海地区）	设备厂家	30年	
		光伏支架金属构件型式检测报告（按批次）	设备厂家	30年	
		光伏支架装箱单（到货现场记录表）	设备厂家	30年	
		其他元器件合格证、质量证明书、出厂检验报告、使用说明书及图纸	设备厂家	30年	
911	组件	光伏组件出厂合格证	设备厂家	30年	不同型号组件的设备文件不能混组
		光伏组件质量证明书、检测报告	设备厂家	30年	
		光伏组件安装使用维护说明书、图纸	设备厂家	30年	
		光伏组件第三方型式试验报告（按规格）	设备厂家	30年	
		光伏组件条形码	设备厂家	30年	
		光伏组件装箱单	设备厂家	30年	
		其他元器件合格证、质量证明书、出厂检验报告、使用说明书及图纸	设备厂家	30年	
912	汇流箱	汇流箱出厂合格证	设备厂家	30年	
		汇流箱质量证明书、检测报告	设备厂家	30年	
		汇流箱安装使用说明书、图纸	设备厂家	30年	
		汇流箱型式检验报告	设备厂家	30年	
		汇流箱装箱单	设备厂家	30年	
		汇流箱保护定值	设备厂家	30年	
		其他元器件合格证、质量证明书、出厂检验报告、使用说明书及图纸	设备厂家	30年	

续表

分类号	类目名称	归档文件	归档单位	保管期限	备注
913	逆变器	逆变器出厂合格证	设备厂家	30年	
		逆变器质量证明书、检测报告	设备厂家	30年	
		逆变器安装使用说明书、图纸	设备厂家	30年	
		逆变器低电压穿越试验报告（按型号）	设备厂家	30年	
		逆变器装箱单	设备厂家	30年	
		其他元器件合格证、质量证明书、出厂检验报告、使用说明书及图纸	设备厂家	30年	
914	直流柜	直流/通信电源柜（屏）出厂合格证	设备厂家	30年	
		直流/通信电源柜（屏）质量证明书、检验报告	设备厂家	30年	
		直流/通信电源柜（屏）安装使用说明书、图纸	设备厂家	30年	
		UPS/蓄电池出厂合格证、质量证明、检验报告	设备厂家	30年	
		其他元器件合格证、质量证明书、出厂检验报告、使用说明书及图纸	设备厂家	30年	
915	数据采集	动态无功数据采集装置出厂合格证	设备厂家	30年	
		动态无功数据采集装置出厂质量证明书、检测报告	设备厂家	30年	
		动态无功数据采集装置使用说明书、图纸	设备厂家	30年	
		电力专用纵向加密认证装置出厂合格证、质量证明、检测报告、使用说明书	设备厂家	30年	
		其他元器件合格证、质量证明书、出厂检验报告、使用说明书及图纸	设备厂家	30年	
916	箱式变压器	箱式变压器出厂合格证	设备厂家	30年	
		箱式变压器出厂质量证明书、检验报告	设备厂家	30年	
		箱式变压器使用说明书、图纸	设备厂家	30年	
		箱式变压器装箱单、零部件清单等	设备厂家	30年	
		箱式变压器监（测）控装置出厂合格证、质量证明、检验报告、使用说明书	设备厂家	30年	
		箱式变压器温度控制器出厂合格证、质量证明、校验报告、使用说明书	设备厂家	30年	
		箱式变压器油位计产品合格证、质量证明、使用说明书	设备厂家	30年	
		箱式变压器套管出厂合格证、质量证明、使用说明书	设备厂家	30年	
		压力释放阀出厂合格证、质量证明、校验报告、使用说明书	设备厂家	30年	
		断路器出厂合格证质量证明、检验报告、使用说明书	设备厂家	30年	
		负荷开关合格证、检验报告、安装使用说明书、图纸	设备厂家	30年	
		隔离开关合格证、检验报告、安装使用说明书、图纸	设备厂家	30年	
		接地开关合格证、检验报告、安装使用说明书、图纸	设备厂家	30年	

续表

分类号	类目名称	归档文件	归档单位	保管期限	备注
916	箱式变压器	高压熔断器出厂合格证、检验报告、安装使用说明书、图纸	设备厂家	30 年	
		气体继电器出厂合格证、质量证明、校验报告、使用说明书	设备厂家	30 年	
		电流（电压）互感器出厂合格证、质量证明、校验报告	设备厂家	30 年	
		浪涌保护器出厂合格证、使用说明书	设备厂家	30 年	
		计（测）量表计出厂合格证、使用说明书	设备厂家	30 年	
		避雷器、绝缘油出厂合格证、检验报告	设备厂家	30 年	
		UPS/蓄电池出厂合格证、检验报告、使用说明	设备厂家	30 年	
		其他元器件合格证、质量证明书、出厂检验报告、使用说明书及图纸	设备厂家	30 年	
919	其他				
92	汇集站				
920	站用变压器	站用变压器出厂合格证、出厂质量证明书	设备厂家	30 年	根据工程实际情况收集
		站用变压器出厂检验报告	设备厂家	30 年	
		站用变压器安装使用说明书	设备厂家	30 年	
		站用变压器原理图、系统图、接线图等	设备厂家	30 年	
		站用变压器装箱单、零部件清单等	设备厂家	30 年	
		站用变压器冷却风机出厂合格证、质量证明、检验报告、使用说明书	设备厂家	30 年	
		站用变压器监控装置出厂合格证、质量证明、检验报告、使用说明书	设备厂家	30 年	
		站用变压器套管出厂合格证、质量证明、检验报告、使用说明书	设备厂家	30 年	
		电流互感器出厂合格证	设备厂家	30 年	
		气体继电器出厂合格证、使用说明书	设备厂家	30 年	
		站用变压器油位计出厂合格证、质量证明、使用说明书	设备厂家	30 年	
		站用变压器温控器、测温元件出厂合格证、质量证明、检验报告、使用说明书	设备厂家	30 年	
		站用变压器压力释放阀出厂合格证、质量证明、使用说明书	设备厂家	30 年	
		站用变压器内部计量表计合格证、使用说明书	设备厂家	30 年	
		站用变压器内部浪涌保护器合格证、使用说明书	设备厂家	30 年	
		其他元器件合格证、质量证明书、出厂检验报告、使用说明书及图纸	设备厂家	30 年	

续表

分类号	类目名称	归档文件	归档单位	保管期限	备注
921	配电装置	开关柜出厂合格证、质量证明、检验报告、使用说明书、图纸	设备厂家	30年	
		电压、电流互感器出厂合格证、质量证明	设备厂家	30年	
		断路器出厂合格证、质量证明、试验报告	设备厂家	30年	
		隔离开关出厂合格证、质量证明、试验报告	设备厂家	30年	
		接地开关出厂合格证、质量证明、试验报告	设备厂家	30年	
		避雷器出厂合格证、质量证明、试验报告	设备厂家	30年	
		无功补偿（SVG）装置出厂合格证、质量证明、试验报告、使用说明书	设备厂家	30年	
		综合保护装置出厂合格证、使用说明书	设备厂家	30年	
		支柱绝缘子出厂合格证、质量证明、试验报告、使用说明书	设备厂家	30年	
		其他元器件合格证、质量证明书、出厂检验报告、使用说明书及图纸	设备厂家	30年	
922	继电保护及二次设备	站用变保护装置出厂合格证、质量证明、校验报告、使用说明书	设备厂家	30年	
		接地变保护装置出厂合格证、质量证明、校验报告、使用说明书	设备厂家	30年	
		送出线路保护装置出厂合格证、质量证明、检验报告、使用说明书	设备厂家	30年	
		防孤岛装置出厂合格证、质量证明、检验报告、使用说明书	设备厂家	30年	
		AGC保护装置出厂合格证、质量证明、检验报告、使用说明书	设备厂家	30年	
		AVC保护装置出厂合格证、质量证明、检验报告、使用说明书	设备厂家	30年	
		SVG保护装置出厂合格证、质量证明、检验报告、使用说明书、图纸	设备厂家	30年	
		故障录波器出厂合格证、质量证明、检验报告、使用说明书	设备厂家	30年	
		母线保护装置出厂合格证、质量证明、检验报告、使用说明书	设备厂家	30年	
		远动自动化系统装置出厂合格证、质量证明、检验报告、使用说明书、图纸	设备厂家	30年	
		调度数据网设备装置出厂合格证、质量证明、检验报告、使用说明书、图纸	设备厂家	30年	
		PMU相量装置出厂合格证、质量证明、检验报告、使用说明书、图纸	设备厂家	30年	
		公用测控单元装置出厂合格证、质量证明、检验报告、使用说明书、图纸	设备厂家	30年	
		继电保护信息子站（或管理机）出厂合格证、质量证明、检验报告、使用说明书、图纸	设备厂家	30年	

续表

分类号	类目名称	归档文件	归档单位	保管期限	备注
922	继电保护及二次设备	电量计费装置出厂合格证、质量证明、检验报告、使用说明书、图纸	设备厂家	30年	
		电压、频率异常控制装置出厂合格证、质量证明、检验报告、使用说明书、图纸	设备厂家	30年	
		PCM光通信装置出厂合格证、质量证明、检验报告、使用说明书、图纸	设备厂家	30年	
		SDH光电传输装置出厂合格证、质量证明、检验报告、使用说明书、图纸	设备厂家	30年	
		调度通信（含调度交换机，包括市话系统）出厂合格证、质量证明、检验报告、使用说明书、图纸	设备厂家	30年	
		数字及音频配线柜出厂合格证、质量证明、检验报告、使用说明书、图纸	设备厂家	30年	
		变电站微机（五防）装置出厂合格证、质量证明、检验报告、使用说明书、图纸	设备厂家	30年	
		其他元器件合格证、质量证明书、出厂检验报告、使用说明书及图纸	设备厂家	30年	
929	其他				
93	集电线路（含厂用电源线路）				
930	防雷接地装置	避雷器出厂合格证、质量证明、检验报告、说明书	设备厂家	30年	
		避雷针出厂合格证	设备厂家	30年	
931	线路监测、检测	在线监测（检测）装置出厂合格证	设备厂家	30年	
		在线监测（检测）装置出厂质量证明书	设备厂家	30年	
		在线监测（检测）装置出厂检验报告	设备厂家	30年	
		在线监测（检测）装置现场检验移交单	设备厂家	30年	
939	其他				
94	变电站				
940	主变压器	主变压器出厂合格证、质量证明、检验报告、型式试验报告	设备厂家	30年	
		主变压器安装、使用、维护说明书	设备厂家	30年	
		主变压器控制柜、端子箱接线图	设备厂家	30年	
		主变压器冷却器的散热器、潜油泵、油流继电器、阀门等出厂合格证、质量证明、检验报告、说明书	设备厂家	30年	
		主变压器冷却风机及控制装置的出厂合格证、质量证明、检验报告、说明书、图纸	设备厂家	30年	
		主变压器绕组温度计（含测温元件）安装使用说明书	设备厂家	30年	
		主变压器油面温控器（含测温元件）产品合格证书、检验报告	设备厂家	30年	
		主变压器套管产品合格证、试验报告、使用说明书	设备厂家	30年	
		气体继电器产品合格证、质量证明书、检验报告、使用说明书	设备厂家	30年	

续表

分类号	类目名称	归档文件	归档单位	保管期限	备注
940	主变压器	压力释放阀产品合格证、质量证明书、检验报告、使用说明书	设备厂家	30年	
		有载分接开关产品合格证、质量证明书、检验报告、使用说明书	设备厂家	30年	
		主变压器中性点接地设备出厂合格证、质量证明书、检验报告、使用说明书	设备厂家	30年	
		在线监测装置出厂合格证、质量证明书、检验报告、使用说明书	设备厂家	30年	
		电流互感器出厂合格证、质量证明书、检验报告	设备厂家	30年	
		导气盒出厂合格证、质量证明书、使用说明书	设备厂家	30年	
		储油柜出厂合格证、质量证明书、使用说明书	设备厂家	30年	
		其他元器件合格证、质量证明书、出厂检验报告、使用说明书及图纸	设备厂家	30年	
941	高压设备及配电装置	高压开关柜出厂合格证、质量证明、检验报告、安装使用说明书、图纸	设备厂家	30年	
		电压互感器出厂合格证、质量证明、试验报告	设备厂家	30年	
		电流互感器出厂合格证、质量证明书、检验报告	设备厂家	30年	
		断路器出厂合格证、质量证明、试验报告	设备厂家	30年	
		隔离开关出厂合格证、质量证明、试验报告	设备厂家	30年	
		接地开关出厂合格证、质量证明、试验报告	设备厂家	30年	
		避雷器出厂合格证、质量证明、检验报告	设备厂家	30年	
		验电手车出厂合格证、检验报告、图纸	设备厂家	30年	
		无功补偿（SVG）装置出厂合格证、质量证明、试验报告、使用说明书	设备厂家	30年	
		综合保护装置出厂合格证、使用说明书	设备厂家	30年	
		支柱绝缘子出厂合格证、质量证明、试验报告、使用说明书	设备厂家	30年	
		悬式绝缘子出厂合格证、质量证明、试验报告、说明书	设备厂家	30年	
		电抗器装置出厂合格证、质量证明、说明书	设备厂家	30年	
		电容器装置出厂合格证、质量证明、说明书	设备厂家	30年	
		共箱封闭母线保护装置出厂合格证、质量证明、说明书	设备厂家	30年	
		站用变保护装置出厂合格证、质量证明、校验报告、使用说明书	设备厂家	30年	
		接地变保护装置出厂合格证、质量证明、校验报告、使用说明书	设备厂家	30年	
		其他元器件合格证、质量证明书、出厂检验报告、使用说明书及图纸	设备厂家	30年	

续表

分类号	类目名称	归档文件	归档单位	保管期限	备注
942	低压配电设备	低压开关柜出厂合格证、质量证明、检验报告、安装使用说明书、图纸	设备厂家	30年	
		温湿度控制器出厂合格证、质量证明、检验报告、说明书	设备厂家	30年	
		电涌出厂合格证、使用说明书	设备厂家	30年	
		接触器出厂合格证、使用说明	设备厂家	30年	
		断路器出厂合格证、质量证明、试验报告、说明书	设备厂家	30年	
		其他元器件合格证、质量证明书、出厂检验报告、使用说明书及图纸	设备厂家	30年	
943	继电保护及二次设备	主变压器保护装置出厂合格证、质量证明、检验报告、说明书、图纸	设备厂家	30年	
		站用变压器保护装置出厂合格证、质量证明、检验报告、使用说明书、图纸	设备厂家	30年	
		接地变保护装置出厂合格证、质量证明、校验报告、使用说明书、图纸	设备厂家	30年	
		送出线路保护装置出厂合格证、质量证明、检验报告、使用说明书、图纸	设备厂家	30年	
		母线保护装置出厂合格证、质量证明、检验报告、使用说明书、图纸	设备厂家	30年	
		断路器保护装置出厂合格证、质量证明、检验报告、使用说明、图纸	设备厂家	30年	
		故障录波器出厂合格证、质量证明、检验报告、使用说明书、图纸	设备厂家	30年	
		SVG保护装置出厂合格证、质量证明、检验报告、使用说明书、图纸	设备厂家	30年	
		远动自动化系统装置合格证、质量证明、检验报告、使用说明、图纸	设备厂家	30年	
		调度数据网设备装置合格证、质量证明、检验报告、使用说明、图纸	设备厂家	30年	
		PMU相量装置合格证、质量证明、检验报告、使用说明、图纸	设备厂家	30年	
		公用测控单元装置合格证、质量证明、检验报告、说明书、图纸等	设备厂家	30年	
		继电保护信息子站（或管理机）合格证、质量证明、检验报告、说明书、图纸	设备厂家	30年	
		电量计费装置合格证、质量证明、检验报告、使用说明、图纸	设备厂家	30年	
		电压、频率异常控制装置合格证、质量证明、检验报告、说明书、图纸	设备厂家	30年	
		PCM光通信装置合格证、质量证明、检验报告、说明书、图纸	设备厂家	30年	
		SDH光电传输装置合格证、质量证明、检验报告、说明书、图纸	设备厂家	30年	
		调度通信（含调度交换机，包括市话系统）合格证、质量证明、检验报告、说明书、图纸	设备厂家	30年	
		数字及音频配线柜合格证、质量证明、检验报告、说明书、图纸	设备厂家	30年	

续表

分类号	类目名称	归档文件	归档单位	保管期限	备注
943	继电保护及二次设备	变电站微机（五防）装置合格证、质量证明、检验报告、说明书、图纸	设备厂家	30年	
		表计及多功能装置出厂合格证、质量证明、检验报告、说明书	设备厂家	30年	
		其他元器件合格证、质量证明书、出厂检验报告、使用说明书及图纸	设备厂家	30年	
944	直流系统	直流电源屏出厂合格证、质量证明、检验报告、说明书、图纸	设备厂家	30年	
		直流充电屏产品合格证、质量证明、检验报告、说明书、图纸	设备厂家	30年	
		UPS出厂合格证、质量证明、检验报告、说明书、图纸	设备厂家	30年	
		蓄电池出厂合格证、质量证明、检验报告、说明书	设备厂家	30年	
		直流接地监察装置（也称直流接地检测装置，有的与蓄电池巡检仪共一装置）出厂合格证、出厂质量证明书、出厂检验报告、使用说明书	设备厂家	30年	
		其他元器件合格证、质量证明书、出厂检验报告、使用说明书及图纸	设备厂家	30年	
945	自动装置				
	1. 气象环境监测设备	气象环境监测设备出厂合格证、测试结果证书、使用手册	设备厂家	30年	
		气象环境监测仪（含雨量、温湿度气压、风速、风向、散射辐射光电式辐射、直接辐射蒸发）传感器出厂合格证、质量证明书、检测报告、说明书	设备厂家	30年	
		太阳能充电控制系统使用说明	设备厂家	30年	
		总辐射表测试结果证书、安装图	设备厂家	30年	
	2. 光功率预测设备	光功率预测系统装置出厂合格证、调试大纲、调试报告、使用说明书及图纸	设备厂家	30年	
	3. 监控系统	监控系统出厂合格证、质量证书、检验报告、说明书及图纸	设备厂家	30年	
		其他元器件合格证、质量证明书、出厂检验报告、使用说明书及图纸	设备厂家	30年	
946	GIS设备	GIS金属封闭开关出厂合格证、质量证明、试验报告、说明书、图纸	设备厂家	30年	
		SF_6气体出厂合格证、质量证明、检测报告	设备厂家	30年	
		SF_6气体回收装置合格证、质量证明、检验报告、说明书	设备厂家	30年	
		SF_6气体微水（露点）检测仪合格证、质量证明、检验报告、说明书	设备厂家	30年	

续表

分类号	类目名称	归档文件	归档单位	保管期限	备注
946	GIS设备	在线监测仪（电流互感器、电压互感器、密度继电器、压力表）出厂合格证、质量证明书、检验报告、使用说明书	设备厂家	30年	
		避雷器出厂合格证、质量证明、检验报告	设备厂家	30年	
		操作机构出厂合格证、质量证明、检验报告、说明书	设备厂家	30年	
		GIS型式试验报告	设备厂家	30年	
		其他元器件合格证、质量证明书、出厂检验报告、使用说明书及图纸	设备厂家	30年	
947	特种设备	电梯设备出厂合格证、质量证明、检验报告、安装使用说明书、图纸等	设备厂家	30年	
		起重设备出厂合格证、质量证明、检验报告、安装使用说明书、图纸等	设备厂家	30年	
		吊装设备出厂合格证、质量证明、检验报告、安装使用说明书、图纸等	设备厂家	30年	
		电梯设备年检报告	设备厂家	30年	
		起重设备年检报告	设备厂家	30年	
		吊装设备年检报告	设备厂家	30年	
949	其他				
95	消防工程				
950	火灾自动探测及报警系统	火灾报警控制器出厂合格证、质量证明、检验报告、安装使用说明书等	设备厂家	30年	
		手动火灾报警按钮出厂合格证、质量证明、检验报告、安装使用说明书等	设备厂家	30年	
		点型光感探测器出厂合格证、质量证明、检验报告、安装使用说明书等	设备厂家	30年	
		点型感温火灾探测器出厂合格证、质量证明、检验报告、安装使用说明书等	设备厂家	30年	
		火灾报警装置图纸	设备厂家	30年	
		其他相关文件、图纸	设备厂家	30年	
951	灭火装置	消防泵出厂合格证、质量证明、强制性产品认证书、检验报告、说明书及图纸	设备厂家	30年	
		灭火装置出厂合格证、质量证明、检验报告、使用说明书	设备厂家	30年	
		消防栓出厂合格证、质量证明、检验报告、说明书	设备厂家	30年	
		消防水龙带出厂合格证、质量证明、检验报告、使用说明书	设备厂家	30年	

续表

分类号	类目名称	归档文件	归档单位	保管期限	备注
952	通风排烟系统	风机设备出厂合格证、质量证明、检验报告、说明书、图纸	设备厂家	30年	
		通风管道设备出厂合格证、质量证明、检验报告、说明书、图纸	设备厂家	30年	
		控制系统设备出厂合格证、质量证明、检验报告、说明书、图纸	设备厂家	30年	
		其他设备合格证、质量证明书、出厂检验报告、使用说明书及图纸	设备厂家	30年	
953	应急照明	消防应急照明灯具出厂合格证、质量证明、认证证书、检验报告	设备厂家	30年	
		消防应急标志灯具出厂合格证、质量证明、检验报告	设备厂家	30年	
		事故照明自动切换装置出厂合格证、质量证明、检验报告、说明书	设备厂家	30年	
		其他设备合格证、质量证明书、出厂检验报告、使用说明书及图纸	设备厂家	30年	
959	其他				
96	交通工程	交通工具（车辆等）出厂格证、质量证明书、检验报告、使用说明书	设备厂家	30年	
97	排洪工程				
970	排水泵	排水泵出厂合格证、质量证明书、检验报告、使用说明书、图纸	设备厂家	30年	
		其他设备合格证、质量证明书、出厂检验报告、使用说明书及图纸	设备厂家	30年	
979	其他				
98	电缆及电缆附件				
980	电缆及附件	电缆产品合格证、质量证明书、检验报告	设备厂家	30年	
		电缆终端头产品格证、质量证明书、检验报告	设备厂家	30年	
		电缆套管产品格证、质量证明书、检验报告	设备厂家	30年	
		电缆分接箱产品合格证、质量证明书、检验报告、使用说明书	设备厂家	30年	
981	光缆及附件	光缆产品合格证、质量证明书、检验报告	设备厂家	30年	
		光缆接头盒产品厂合格证、质量证明书、检验报告、使用说明书	设备厂家	30年	
989	其他				
99	其他辅助工程				
990	安防装置	电子围栏系统出厂合格证、质量证明书、检验报告、使用说明书、图纸	设备厂家	30年	
		门禁系统出厂合格证、质量证明书、检验报告、使用说明书、图纸	设备厂家	30年	

续表

分类号	类目名称	归档文件	归档单位	保管期限	备注
990	安防装置	监控系统出厂合格证、质量证明书、检验报告、使用说明书、图纸	设备厂家	30 年	
		其他设备合格证、质量证明书、出厂检验报告、使用说明书及图纸	设备厂家	30 年	
999	其他	备用电源等设备出厂合格证、质量证明书、检验报告、使用说明书、图纸等	设备厂家	30 年	

附录B　光伏发电建设项目工程照片归档范围参照表

序号	类目名称	归档范围	照片要求	形成单位	备注
1	项目前期	选址、原始地形地貌	主要地貌及周围环境；集电线路、送出工程通道原貌	设计单位、建设单位	
		项目可研、评估工作中重要会议、重要工作形成的照片	可研审查会议、项目评估会议、项目前期重要专题会议照片；踏勘项目位置等重要工作中形成的照片	建设单位	照片中有人物的，应在照片文字说明中标明主要人物的姓名、职务及其在照片中的位置
2	项目设计	初设审查、设计交底、施工图会审照片	初步设计审查会、设计交底及施工图会审中形成的照片	建设单位、设计单位、监理单位	
3	项目准备	项目开工仪式、典礼等	主要会场场景、奠基、领导人讲话等	建设单位	照片中有人物的，应在照片文字说明中标明主要人物的姓名、职务及其在照片中的位置
4	项目管理	重大活动、质量监督	重大活动形成的照片，按建设阶段，反映建设过程及质量特色的照片	建设单位	
		领导视察	有关单位领导来项目调研视察形成的照片	建设单位、参建单位	照片中有人物的，应在照片文字说明中标明主要人物的姓名、职务及其在照片中的位置
		重要会议、重要工作	重要会议、重要工作中形成的照片	建设单位、参建单位	
		安全事故等	安全事故发生、处理等形成的照片	建设单位、参建单位	
5	施工				
5.1	光伏发电单元的土建与安装	基础验槽	典型基槽地质状况、清槽后全貌	施工单位	
		基础拆模	具有代表性的拆模后混凝土表面观感质量	施工单位	
		接地装置	埋深、搭接长度及防腐等局部照片	施工单位	
		支架安装工艺、驱动电机安装工艺、组件安装、逆变器就位、箱式变压器就位	整体观感、细部工艺、成品保护照片	施工单位	标明阵列区号

续表

序号	类目名称	归档范围	照片要求	形成单位	备注
5.1	光伏发电单元的土建与安装	逆变器、箱式变压器、电缆到货检验、组件到货检验	设备、组件开箱后外观及整体观感、存在的缺陷及处理照片	施工单位	标明阵列区号
		电缆敷设工艺、电缆接线工艺、导线连接工艺	敷设、接线工艺照片	施工单位	
5.2	汇集站的土建与安装	地基验槽	典型基槽地质状况、清槽后全貌	施工单位	
		接地装置、土建施工	埋深、搭接长度及防腐等局部照片	施工单位	室外接地具有代表性1张，室内1～2张
		汇集站外貌	整体观感	施工单位	
		基础及保护帽	工艺、钢筋绑扎、防水工程照片	施工单位	
		主要设备、母线安装	整体观感、细部工艺	施工单位	控制室内1张，高压柜接线1张，二次接线1张
		设备接地引线	整体观感	施工单位	
		电缆敷设、电缆接线、导线连接	敷设、接线工艺	施工单位	
		防火封堵	细部工艺	施工单位	
		二次接线	整体观感、细部工艺	施工单位	
		屏柜安装	整体观感、细部工艺	施工单位	
		隐蔽工程、特殊试验	隐蔽工程及特殊试验照片	施工单位	
5.3	集电线路	地基验槽	基槽地质状况、清槽后全貌	施工单位	
		铁塔组立	典型塔型、成品保护照片	施工单位	标明杆塔号
		接地装置	埋深、搭接长度及防腐等局部照片	施工单位	
		导线压接及光缆接续	压接、接续照片	施工单位	
5.4	变电站土建与安装	地基验槽	基槽地质状况、清槽后全貌	施工单位	
		接地装置、接地极土建施工	埋深、搭接长度及防腐等局部	施工单位	
		主控楼、基础及保护帽	钢筋绑扎、防水工程及保护帽工艺	施工单位	全景照片1张
		主要设备安装、母线安装	整体观感、细部工艺	施工单位	
		设备接地引线	整体观感	施工单位	
		电缆（敷设、穿管）	整体观感、细部工艺	施工单位	

续表

序号	类目名称	归档范围	照片要求	形成单位	备注
5.4	变电站土建与安装	防火封堵	细部工艺	施工单位	
		二次接线	表现整体观感或细部工艺	施工单位	
		屏柜安装	表现整体观感或细部工艺	施工单位	
		隐蔽工程安装施工等	接地，电缆敷设等隐蔽工程及特殊试验照片	施工单位	
5.5	消防工程	消防设施、设备	站内及主设备典型照片	施工单位	
5.6	交通工程	道路、排水沟、涵洞、桥梁	典型照片	施工单位	
5.7	排洪工程	排洪沟施工	排洪沟开挖、隐蔽工程	施工单位	
5.8	辅助工程	门禁、围栏、绿化等	门禁、围栏、绿化等施工、安装中有代表性照片	施工单位	
6	调整试验	一、二次设备试验、调试及并网启动试运行	一、二次设备试验、调试及并网启动试运行中有代表性的照片	调试单位	
7	监理				
7.1	工程监理	质量、安全控制	质量、安全控制工作中形成的照片，质量问题及事故调查照片	监理单位	
		现场协调	现场工程检查（土建、安装、调试等）	监理单位	
		隐蔽工程	现场验收照片	监理单位	
7.2	设备监理	隐蔽部位照片	对隐蔽工程，关键试验验收点，不可重复试验验收点的验收，应留取照片	监理单位	
8	竣工验收	竣工庆典	项目并网投产庆典活动中形成的照片	建设单位	
		完工后建构筑物实体	项目完工后，各建构筑物的面貌	建设单位	
		专项验收、竣工验收	各专项验收、竣工验收中形成的照片	建设单位	
9	达标创优	达标创优	达标创优中形成的照片	建设单位	
10	科研项目	科研项目实施过程、总结验收中形成的照片	科研项目实施过程、总结验收中形成的照片	建设单位、参建单位	
11	其他	其他有保存价值的应归档照片	在项目建设过程中，形成的其他有保存价值的应归档照片	建设单位、参建单位	

附录C　项目档案相关用表

（含填写示例，表中斜体字部分供填写参考）

C.1　案卷封面

档号：*C0706-KJG02-0011-800-×××*

华能×××光伏项目投资建设的批复、请示

立卷单位：　*华能×××有限公司*

起止日期：　*2018××××—2018××××*

保管期限：　永久

密　　级：

C.2 卷内目录

C.2.1 卷内目录（以卷装订的卷内目录格式）

卷内目录

（以卷装订的卷内目录格式）

档号：C0706-KJG02-0011-8311-×××

序号	文件编号	责任者	文件题名	日期	页号	备注
1	01-01-01-01-××-××	×××责任公司	光伏区1号方阵支架基础管桩工程1号静压预应力管桩施工记录	20161217	1	
2	01-01-01-01-××-××	×××责任公司	光伏区1号方阵支架基础管桩工程2号静压预应力管桩施工记录	20161217	30	
3	01-01-01-01-××-××	×××责任公司	光伏区1号方阵支架基础管桩工程3号静压预应力管桩施工记录	20161217	58	
4	01-01-01-01-××-××	×××责任公司	光伏区1号方阵支架基础管桩工程4号静压预应力管桩施工记录	20161115	87	
5	01-01-01-01-××-××	×××责任公司	光伏区1号方阵支架基础管桩工程5号静压预应力管桩施工记录	20161101	118	
6	01-01-01-01-××-××	×××责任公司	光伏区1号方阵支架基础管桩工程6号静压预应力管桩施工记录	20161121	145	
7	01-01-01-01-××-××	×××责任公司	光伏区1号方阵支架基础管桩工程7号静压预应力管桩施工记录	20161205	173	
8	01-01-01-01-××-××	×××责任公司	光伏区1号方阵支架基础管桩工程8号静压预应力管桩施工记录	20161219	202	
…		…	…	…	…	
×	01-01-01-01-××-××	×××责任公司	光伏区1号方阵支架基础管桩工程×号静压预应力管桩施工记录	20161228	222-261	

C.2.2 卷内目录（以件装订的卷内目录格式）

卷内目录

（以件装订的卷内目录格式）

档号：*C0706-KJG02-0011-800-×××*

序号	文件编号	责任者	文件题名	日期	页数	备注
1	××发改中心〔2016〕323号	×××市发展和改革委员会	关于华能×××光伏电站项目的备案通知书	*20161101*	*4*	
2	××发改〔2016〕63号	×××县发展和改革局	关于申请“华能×××光伏电站项目”备案的请示	*20161012*	*4*	
3	华能××〔2016〕10号	华能×××有限责任公司	关于华能×××光伏电站项目备案的请示	*20161009*	*5*	

C.3　卷内备考表

C.3.1　卷内备考表（以卷装订的卷内目录格式）

卷内备考表

（以卷装订的卷内目录格式）

档号：*C0706-KJG02-0011-830-×××*

互见号：*C0706-GP2018-×××*

说明：

本卷共268页，其中文字材料268页，图纸0页。

（其他需要说明的内容）

立卷人：*×××（手签名）*

××××年××月××日

检查人：*×××（手签名）*

××××年××月××日

C.3.2 卷内备考表（以件装订的卷内目录格式）

卷内备考表

（以件装订的卷内目录格式）

档号：*C0706-KJG02-0011-800-×××*

<table>
<tr><td>
互见号：C0706-GP2018-×××

说明：

本卷共 4 件，共 162 页，其中文字材料 162 页，图纸 0 页。
（其他需要说明的内容）

立卷人：×××（手签名）
××××年××月××日
检查人：×××（手签名）
××××年××月××日
</td></tr>
</table>

C.4　案卷脊背

案卷脊背样式

永久
档号
C0706 *KJG02* *0011* *800* *003*
案卷题名
华 能 × × × 光 伏 项 目 投 资 建 设 的 批 复、 请 示
正本

C.5 案卷目录

案卷目录

序号	档号	案卷题名	总页数	保管期限	备注
1	C0706-KJG02-0011-800-×××	×××光伏项目备案的请示及备案证	2	永久	
2	C0706-KJG02-0011-800-×××	×××光伏项目投资建设的批复、请示	396	永久	
3	C0706-KJG02-0011-800-×××	×××光伏项目开发协议	54	永久	
4	C0706-KJG02-0011-800-×××	×××光伏项目开展优选工作、成立“领跑者”组织机构的通知	10	永久	
5	C0706-KJG02-0011-800-×××	×××光伏项目投资企业评优结果公示、优选公告、开发协议草案	101	永久	
6	C0706-KJG02-0011-800-×××	×××光伏项目“领跑者”项目投标文件（授权与资格证明、建设方案、申报电价）	420	永久	
7	C0706-KJG02-0011-800-×××	×××光伏项目项目光伏区规划选址意见书及请示	4	永久	
8	C0706-KJG02-0011-800-×××	×××光伏项目集电线路规划路径的复函及请示	3	永久	
9	C0706-KJG02-0011-800-×××	×××光伏项目建设项目用地预审意见、用地批复与请示	10	永久	
10	C0706-KJG02-0011-800-×××	×××光伏项目土地租赁、渔业养殖土地租赁协议	17	永久	
11	C0706-KJG02-0011-800-×××	×××光伏项目不动产权证	15	永久	
12	C0706-KJG02-0011-800-×××	×××光伏项目安全备案登记表及备案材料	75	永久	
13	C0706-KJG02-0011-800-×××	×××光伏项目开工批复、请示	24	永久	
14	C0706-KJG02-0011-800-×××	×××光伏项目建设用地规划许可证	4	永久	
15	C0706-KJG02-0011-800-×××	×××光伏项目建设工程规划许可证	2	永久	

C.6 数码照片归档目录

数码照片归档目录

序号	照片号	题名	时间	摄影者	互见号	备注
1	*C0706-ZP2020-D30-0012-0001*	华能×××光伏项目××支架基础施工照片	*20200531*	×××	*C0706-GP2019-003*	互见号：应填写反映同一内容不同载体档案的档号，并注明其载体类型

C.7 录音（录像）类电子档案目录

录音（录像）类电子档案目录

序号	档号	题名	摄录者及所在单位	摄录日期	时间长度	文件大小	保管期限	参见号	备注
1	C0706-LY2020-0001	×××公司总经理张××在×××光伏项目开工典礼上的讲话	×××（×××公司）	20200530	00:06:19（分别代表“小时:分:秒”）	568 MB	永久	［可参见开工典礼相关纸质文件的档号或照片档号］	录音
		……							
×	C0706-LX2020-0001	×××光伏项目开工典礼	×××（×××公司）	20200530	00:20:19（分别代表“小时:分:秒”）	1.1GB	永久	［可参见开工典礼相关纸质文件的档号或照片档号］	录像
		……							

C.8 实物档案目录

实物档案目录

序号	档号	载体名称	题名	责任者	日期	数量	保管期限	存放地点	互见号	备注
1	C0706-SW2020-JP-0001	奖牌	×××光伏×××获电力行业科技成果一等奖	［写颁发奖牌的单位］	20200620	1	永久	特殊载体档案库房	［奖牌应拍照，写奖牌拍照的照片档号］	

C.9 光盘档案目录

光盘档案目录

序号	档号	内容摘要	制作单位	制作日期	保管期限	文件格式	光盘类型及容量	套数	互见号	备注
1	C0706-GP2020-001	华能×××光伏项目光伏区建安工程施工文件	×××有限公司	20201220	30年	PDF	DVD-R、4.05GB	3	C0706-KJG02-0011-830-001～016，C0706-KJG02-0011-8311-001～015，C0706-KJG02-0011-8312-001～015	

C.10　中国华能集团有限公司建设项目档案验收申请表

中国华能集团有限公司建设项目档案验收申请表

项目名称	华能×××光伏项目		
审批（核准）机　关	×××	立项日期	2018年12月28日
投资规模	30MW	建设时间	2019年6月12日
建设单位（法人）	华能×××有限责任公司	设计单位	×××设计院
主　　要施工单位	×××有限公司、×××工程有限公司、×××有限公司、×××公司	主　　要监理单位	×××监理公司
计划档案验收日期	2020年6月10日	计划竣工验收日期	2020年9月30日
联系人	×××	联系电话	×××
地址/邮编	×××	电子信箱	××××@qq.com
申请单位自检意见	华能×××光伏项目归档文件材料均已按照《科学技术档案案卷构成的一般要求》（GB/T 11822—2008）、《光伏发电建设项目文件归档与档案整理规范》（NB/T 32037—2017）等相关档案管理标准规范，进行了收集、整理、归档，完成了项目档案的分类、组卷、编目等工作。对照《重大建设项目档案验收办法》（档发〔2006〕2号）、《中国华能集团有限公司建设项目档案验收办法》（华能制度〔2019〕2号）相关要求，经自检，已具备档案专项验收条件，申请项目档案专项验收。 （单位盖章） 2020年5月20日		
验收组织单位意见	（单位盖章） 年　　月　　日		

C.11 中国华能集团有限公司建设项目档案验收申请报告

中国华能集团有限公司建设项目

档 案 验 收 申 请 报 告

华能×××公司

2020年××月××日

中国华能集团有限公司建设项目
档案验收申请报告

一、项目概况

<table>
<tr><td>项目名称</td><td colspan="3">华能×××光伏项目</td></tr>
<tr><td>项目地址</td><td colspan="3">×××</td></tr>
<tr><td>建设单位</td><td colspan="3">华能×××有限责任公司</td></tr>
<tr><td>建设规模</td><td colspan="3">300MW</td></tr>
<tr><td>开工日期</td><td>2019年12月12日</td><td>竣工日期</td><td>2020年6月20日</td></tr>
<tr><td rowspan="4">审批（核准）</td><td>审批（核准）
机关名称</td><td colspan="2">×××</td></tr>
<tr><td>文件标题</td><td colspan="2">×××</td></tr>
<tr><td>文 号</td><td colspan="2">×××××〔2015〕×××号</td></tr>
<tr><td>日 期</td><td colspan="2">2017年12月28日</td></tr>
<tr><td>项目专项
验收情况</td><td colspan="3">2020年××月××日，取得职业病防护设施验收意见；
2020年××月××日，取得安全验收备案函；
2020年××月××日，取得水土保持验收意见。
（可以将文号和文件标题列出来）</td></tr>
<tr><td>设计单位
及承担项目</td><td colspan="3">×××设计研究院承担工程勘察设计服务</td></tr>
<tr><td>监理单位
及承担项目</td><td colspan="3">×××咨询有限公司承担监理服务</td></tr>
<tr><td>主　　要
施工单位
及承担项目</td><td colspan="3">1. ×××有限公司承担光伏区土建和安装工程
2. ×××工程有限公司承担升压站建安工程
3. ×××公司承担集电线路工程
4. ×××有限公司承担道路工程</td></tr>
</table>

续表

主要设备厂家及设备名称	（写明设备厂家及其供应的设备名称）
项目基本情况	（主要包括工程核准情况、项目所在位置、组件等型号、台数、开工日期、移交生产日期、专项验收情况及项目的特点等情况）

二、项目档案基本情况

档案部门名称		档案人数	
分管档案工作领导		职务/职称	
档案部门负责人		职务/职称	
档案管理人员	从事档案工作年限	职务/职称	学历/培训证书
档案库房情况	办公室	________间	面积______m^2
	库　房	________间	面积______m^2
	阅览室	________间	面积______m^2
档案管理及设施设备配置概况	工程项目建设期间，公司领导高度重视项目档案管理工作。在项目工程建设伊始，就将项目档案工作纳入了合同管理，在合同中明确归档要求，并按照统一领导、分级管理的原则，建立健全了档案管理体制，制定了《×××管理制度》，逐级落实项目档案的控制措施，促进档案管理工作与工程建设同步，确保档案的完整、准确、系统、规范和安全。 档案设施设备满足工作需要。库房、办公室、阅览室三分开，档案库房配备密集架××列，安装了安防监控系统、消防灭火系统、空调、温湿度监控一体机等设施，定期对库房进行清洁，做好防护措施，符合防火、防盗、防光、防潮、防虫、防霉、防尘、防高温等“八防”要求。办公室配备了计算机、扫描仪、打印机等设备，采用集团数字档案馆进行项目档案的整理编目，对项目档案进行了数字化加工和OCR识别，并挂接到数字档案馆中，实现在线检索利用，提高了工作效率。		

三、档案移交归档情况

<table>
<tr><td rowspan="6">档案数量统计</td><td colspan="2">案卷（正本）________卷

其中：电力生产类________卷
科研开发类________卷
建设项目类________卷
设备仪器类________卷</td><td>副本________卷</td></tr>
<tr><td colspan="3">案卷总数（含正本、副本）________卷</td></tr>
<tr><td colspan="3">照片________张
其中：建设单位________张
监理单位________张
施工单位________张</td></tr>
<tr><td colspan="3">光盘________张
其中：建设单位________张
监理单位________张
设计单位________张
施工单位________张</td></tr>
<tr><td colspan="3">实物________件
其中：</td></tr>
<tr><td colspan="3">其他</td></tr>
<tr><td>数字档案馆
档案信息著录</td><td colspan="3">案卷级目录：________条
文件级目录：________条</td></tr>
<tr><td>电子档案数据量</td><td colspan="3">原生电子文件：________ GB
数字化成果：________ GB
原生电子文件＋数字化成果：________ GB</td></tr>
<tr><td colspan="4">建设单位、参建单位移交档案情况</td></tr>
<tr><td>单位</td><td>移交部门名称</td><td>移交起止时间</td><td>移交数量
（卷/件）</td></tr>
<tr><td rowspan="4">建设单位</td><td></td><td></td><td></td></tr>
<tr><td></td><td></td><td></td></tr>
<tr><td></td><td></td><td></td></tr>
<tr><td></td><td></td><td></td></tr>
<tr><td>参建单位</td><td>移交单位名称</td><td>移交时间</td><td>移交数量
（卷）</td></tr>
<tr><td>监理单位</td><td></td><td></td><td></td></tr>
<tr><td>设计单位</td><td></td><td></td><td></td></tr>
</table>

续表

单位	移交单位名称	移交起止时间	移交数量（卷/件）
施工单位			
调试单位			
其他单位			

四、保证项目档案的完整、准确、系统、规范及安全所采取的控制措施

五、项目文件材料的形成、收集、整理与归档情况

六、竣工图的编制情况

七、档案在项目建设、管理、试运行中的作用

八、存在问题及解决措施

（说明：档案验收申请报告填写时可根据内容自行调整、添加或另附。）

C.12 中国华能集团有限公司项目档案验收计划汇总表

××××年度中国华能集团有限公司项目档案验收计划汇总表

单位（盖章）： 日期： 年 月 日

项目名称	建设单位（法人）	上级主管部门	项目所在地	类型（火、风、光、水）	容量（MW）	总投资（亿元）	竣工验收组织单位	档案验收计划时间	建设单位档案负责人	联系电话

填表人： 联系电话：

C.13　中国华能集团有限公司建设项目档案验收会会议准备主要材料清单

中国华能集团有限公司建设项目档案验收会会议准备主要材料清单

一、各参建单位汇报材料

包括项目建设单位汇报项目建设概况、项目档案管理情况；设计、监理、施工、调试等参建单位汇报项目建设过程中档案的形成、收集、整理及移交归档工作情况；项目监理单位同时汇报项目档案质量的审核情况。

二、项目档案管理制度、体制等

包括档案管理制度、档案分类编号方案、机构及人员配备、档案管理网络、项目档案纳入合同管理的证明文件、档案经费落实文件等。

三、档案业务指导

包括会议、交底、培训、检查、验收等相关记录等。

四、项目档案移交清单、案卷目录

包括参建单位的项目档案交接签证表、建设单位有关部门档案交接登记表及各种形式、不同载体档案的案卷目录等。

五、单位工程一览表

分专业编制；包含序号、单位工程名称、施工单位、归档案卷的档号、备注等。

六、招投标清单

1. 招投标清单包含序号、招标标段编号、标段名称、中标单位、未中标单位、招投评定标文件档号、未中标单位投标文件档号、备注等。

2. 招投标清单应履行编制、审核手续，编制人由相关职能部门招标经办人和档案人员签字，审核人由相关职能部门负责人和档案管理部门负责人签字。

七、合同清单

1. 合同清单包含序号、合同编号、合同名称、签订单位、签订日期、合同金额、招标/采购方式（如公开招标、询比价、单一来源、竞争性谈判等）、合同文件档号、招投评定标文件/采购文件档号、履行合同产生归档文件的档号、备注等。

2. 合同清单应履行编制、审核手续，编制人由相关职能部门合同经办人和档案人员签字，审核人由相关职能部门负责人和档案管理部门负责人签字。

八、设备清单

1. 建设项目主要设备仪器清单。设备仪器清单主要包含序号、设备名称、厂家、设备型号、数量、设备文件档号、备注等。

2. 特种设备清单。主要有压力容器、起重设备、电梯等特种设备清单（包含序号、名称、规格型号、安装位置、制造厂家、检测单位、首检日期、历次检验日期、使用证编号、检测报告档号、厂家设备文件档号、备注等）。

3. 设备清单应履行编制、审核手续，编制人由相关职能部门专业技术人员、档案人员签字；审核人由相关职能部门负责人、档案管理部门负责人签字。

九、设计变更清单

设计变更清单包括序号、设计变更单编号、变更主要内容、提出单位、变更执行单编号、变更执行情况、执行单位、修改图纸档号、修改图号、备注等。

十、项目档案编研、利用情况

1. 档案编研成果。

2. 档案借阅登记簿、档案利用效果登记簿、档案利用实例汇编等。

十一、档案检查（咨询）意见及整改情况

1. 建设单位对相关部门、参建单位开展档案过程检查、指导的记录及问题整改闭环情况。

2. 上级单位检查、指导项目档案工作情况的记录及问题整改闭环情况。

3. 监理单位、建设单位对档案质量的审查情况和结论汇总等。

4. 档案达标、创优咨询问题清单及整改闭环情况。

C.14 项目档案验收会议指南

内部资料
注意保管

华能××××××项目档案验收

会议指南

华能××公司

××××年××月

欢 迎 辞

欢迎各位领导、专家在百忙之中莅临华能××公司，对华能××××××工程进行档案专项验收。会议期间，我们将竭诚为您提供温馨、周到、便捷的服务，同时真诚地希望您对我们的工作提出宝贵意见，我们将不断改进和完善。

衷心感谢您对华能××公司工作的大力支持！预祝本次会议圆满成功！

祝各位领导和会议代表与会期间身体健康、工作顺利、万事如意！

××市近期天气预报

××市	××月××日 星期×	××月××日 星期×	××月××日 星期×
天气			
气温			

目　　录

一、会议须知

（一）报到时间：××××年××月××日

（二）报到及住宿地点：×××××××××（×××市××××区×××××路××××号）

（三）会议时间：××月××日—××月××日

（四）会议地点：××××××××××××××

（五）就餐时间及地点

日期	时间	用餐类型	用餐地点
××月××日		晚　餐	
××月××日		早　餐	
		午　餐	
		晚　餐	
××月××日		早　餐	
		午　餐	
		晚　餐	

（六）会务服务

联系人：×××　电话：1××××××××××

　　　　×××　电话：1××××××××××

（七）温馨提示

1. 进入会场后，请将手机置于静音状态，请不要在会场内接电话。

2. 会议期间请务必注意安全，贵重物品及重要文件请妥善保管。

3. 会议期间如需帮助，请您与会务组联系。

4. 会议安排如有变动，以会议当天通知为准。

5. 请提前向会务组提供返程信息，以便做好服务。

二、日程安排

日　期	时　间	会议议程	主持人	地点
××月××日	下午	验收组报到		
××月××日	××：××—××：×× 首次会	1. 验收组组长×××介绍验收组成员 2. ××公司×××介绍迎检人员，并致欢迎辞 3. 建设单位项目档案工作汇报 4. 参建单位项目档案工作汇报（按以下顺序） 设计单位：×××××× 监理单位：×××××× 施工单位：×××××× 施工单位：×××××× 施工单位：×××××× 5. 验收组成员质询相关情况		
	××：××—××：××	验收组成员分组检查		
××月××日	××：××—××：××	验收组内部会议，形成验收意见		
	××：××—×：×× 末次会	1. 验收组反馈存在问题及建议 2. 验收组宣读验收意见 3. ××××领导做表态发言 4. 档案局（馆）领导讲话 5. 验收组组长讲话		
	××：××—××：××	验收组返程		

三、验收组成员名单

序号	单位	姓　名	担任职务	备注
1			验收组组长	
2			验收组副组长	
3			验收组成员	
4			验收组成员	
5			验收组成员	
6			验收组成员	
7			验收组成员	

四、迎检人员名单

序号	单位	姓　名	担任职务	联系方式
1				
2				
3				
4				
5				
6				
7				
8				
9				
10				
11				
12				
13				
14				
15				
16				
17				
18				

C.15 建设单位、各参建单位项目档案工作汇报材料

内部资料
注意保管

华能××××××工程

档案验收会议

汇报材料

华能××公司

××××年××月

保密责任声明：

本文件及其附件中涉及的企业秘密信息，归华能××公司所有，不得用于任何非法目的或未经授权而使用。未经华能××公司事先书面许可，任何个人或单位不得修改、复制、存储、发布或散播。本文件及其附件的合法使用人均对文件及其附件负有保密义务。华能××公司拥有对任何非法泄露本文件及其附件信息者的责任追究权利。

目　　录

建设单位档案工作汇报

（华能××公司）

尊敬的各位领导、各位专家：

大家好！首先，对各位领导、专家在百忙之中莅临华能××公司（以下简称“公司”）检查指导工作表示热烈的欢迎和衷心的感谢！下面就华能××××××工程档案管理情况向各位领导、专家进行汇报。

一、项目概况

——核准情况、地理位置、装机容量、总投资、工程概况、标段划分、工程建设关键节点时间；

——列举各参建单位及所承担的工程；

——列举主设备供应商及交付物；

——列举本工程已完成的其他专项验收情况；

——列举工程特色（重大奖项、重大成果、重大意义等）；

——其他。

二、项目档案管理情况

——档案管理体制建设；

——档案管理制度建设；

——档案人员配备、设备设施配置、档案经费落实情况等；

——确保档案完整、准确、系统、规范、安全采取的措施；

——竣工图的编制情况；

——档案信息化情况；

——其他。

三、项目档案归档情况

截至目前，本工程共形成项目档案正本×××卷（其中竣工图×××卷，×××张），照片×××张，实物档案×××件，音视频档案×××件，光盘×××张（×××GB）。

四、档案在项目建设、管理、试运行中的作用

五、存在问题及解决措施

设计单位档案工作汇报

（××××公司）

尊敬的各位领导、各位专家：

首先，我代表××××公司，向各位领导、专家的到来，表示热烈的欢迎！下面汇报设计单位档案工作情况。

——设计的范围；
——设计依据、质量控制、施工图设计、设计变更情况等；
——现场服务情况；
——竣工图编制情况；
——档案移交情况；
——其他。

监理单位档案工作汇报

（××××公司）

尊敬的各位领导、各位专家：

首先，我代表××××公司，向各位领导、专家的到来，表示热烈的欢迎！下面汇报监理单位档案工作情况。

——监理服务范围；

——文件及档案管理情况（机构设置、人员配备、制度建设、设备设施配置、项目档案过程管控措施等）；

——对参建单位移交档案的质量审查情况；

——监理单位档案整理移交情况；

——其他。

施工单位档案工作汇报

（××××公司）

尊敬的各位领导、各位专家：

首先，我代表××××公司，向各位领导、专家的到来，表示热烈的欢迎！下面汇报×××单位档案工作情况。

——合同承包范围（施工承担的标段名称、施工内容、单位工程划分、开工、竣工时间等）；

——施工文件及工程档案管理情况（机构、人员、制度、设备设施、质量管控措施等）；

——档案的整理移交情况；

——其他。

C.16　建设项目单位工程一览表

×××建设项目单位工程一览表

序号	单位工程名称	施工单位	归档案卷的档号	备注
1	*升压站建筑工程*	*×××公司*	*C0706-KJG02-0011-830-019～025* *C0706-KJG02-0011-8340-001～004* *C0706-KJG02-0011-8341-001～008*	
	…			

C.17 建设项目招投标清单

×××建设项目招投标清单

序号	招标标段编号	标段名称	中标单位	未中标单位	招投评定标文件档号	未中标单位投标文件档号	备注
1	HNZB2019-12-01018	华能××光伏项目组件采购	×××公司	×××有限公司、×××责任公司	C0706-KJG02-0011-802-001～005	C0706-KJG02-0011-802-006～007	

招标经办人：（签字） 档案人员：（签字）

招标管理部门负责人：（签字） 档案管理部门负责人：（签字）

C.18　建设项目合同清单

×××建设项目合同清单

序号	合同编号	合同名称	签订单位	签订日期	合同金额（万元）	招标/采购方式	合同文件档号	招投评定标文件/采购文件档号	履行合同产生归档文件的档号	备注
1	HN×××-GC-2018006	华能×××光伏项目光伏区土建和安装工程合同	×××有限公司	20181102	×××	公开招标	C0706-KJG02-0011-802-012	C0706-KJG02-0011-802-001～011	C0706-KJG02-0011-830-001～015 C0706-KJG02-0011-8310-001～009 C0706-KJG02-0011-8311-001～023 C0706-KJG02-0011-8312-001～023	

合同经办人：　　　　　　　　（签字）　　　　　　　　档案人员：　　　　　　　　（签字）

合同管理部门负责人：　　　　（签字）　　　　　　　　档案管理部门负责人：　　　（签字）

注　1. 设备合同、物资合同、服务类及其他合同的台账依此类推。

2. 招标/采购方式，包括：公开招标、询比价、单一来源、竞争性谈判等。

C.19　建设项目设备清单

×××项目设备清单

序号	设备名称	型号	数量	厂家	设备文件档号	备注
1	华能×××光伏项目支架	×××	××台	×××公司	C0706-KJG02-0011-910-001～002	
	…					

专业技术人员：　　　　（签字）　　　　档案人员：　　　　（签字）

×××部门负责人：　　　　（签字）　　　　档案管理部门负责人：　　　　（签字）

C.20 建设项目设计变更清单

×××项目设计变更清单

序号	设计变更单编号	变更主要内容	提出单位	变更执行单编号	变更执行情况	执行单位	修改图纸档号	修改图号	备注
1	×××	升压站电缆沟支架的设计修改	华东勘测设计研究院有限公司	×××	已执行	×××公司	C0706-KJG02-0011-874-006	×××	

C.21 中国华能集团有限公司建设项目档案验收组成员签名表

中国华能集团有限公司建设项目档案验收组成员签名表

项目名称：

姓 名	验收组职务	单 位	职务/职称	签 字

年 月 日

C.22 中国华能集团有限公司建设项目档案验收组成员检查情况反馈表

中国华能集团有限公司建设项目档案验收组成员检查情况反馈表

项目名称：　　　　　　　　　　　　　　　　　　年　月　日

验收组成员			验收结论	
抽查内容				
细则序号	责任单位	存在问题	档号	整改建议
1. 项目档案的基础管理工作				
2. 项目档案的完整、准确、系统、规范性情况				
2.1	项目档案的完整性			
2.2	项目档案的准确性			
2.3	项目档案的系统性			
2.4	项目档案的规范性			
3. 项目档案的安全				
总体评价及档案亮点				

C.23 中国华能集团有限公司建设项目档案验收存在问题与整改情况汇总表

中国华能集团公司建设项目档案验收存在问题与整改情况汇总表

项目名称：华能×××光伏项目　　　　验收日期：××××年××月××日

细则序号	责任单位	存在问题	档号	整改建议	整改情况
1. 项目档案的基础管理工作					
1.2	华能××公司	档案指导、培训文件不完整		补充完善	档案培训记录已补充完整，详见整改证明材料第1～2页
	…				
2. 项目档案的完整性、准确性、系统性、规范性情况					
2.1	项目档案的完整性				
2.1.2	×××有限公司	未见PC桩单桩静载试验报告		收集归档	已收集归档，归入C0706-KJG02-0011-8311-002，详见整改证明材料第3～13页
	…				
2.2	项目档案的准确性				
2.2.1	×××有限责任公司	管桩工程子分部监理无签署意见	C0706-KJG02-0011-8311-010	补充手签意见	已签署意见，详见整改证明材料第16页
	…				
2.2.2	华能××有限责任公司	案卷题名拟写不准确	C0706-KJG02-0011-943-002	整改完善	重新拟写了案卷题名，题名能够准确揭示卷内文件内容，详见整改证明材料第17页
	…				
2.3	项目档案的系统性				
2.3.2	华能×××公司	火灾报警系统合同、招投标文件组卷不合理	C0706-KJG02-0011-802-026	重新组卷	已将C0706-KJG02-0011-802-026拆分为0011-802-037、038、039、040四卷，详见整改证明材料第18～21页
	…				
2.4	项目档案的规范性				
	…				
3. 项目档案安全					
	无				
验收组成员					

整改单位（章）：　　　　审核单位（章）：

整改日期：　　　　审核日期：

后　记

我国实现碳达峰、碳中和，电力行业肩负着重要历史使命。近年来，电力系统在清洁能源大规模开发利用、电气化水平提升、科技创新等方面做了很多工作，为碳达峰、碳中和搭建了坚强有效的基础平台。作为档案工作者，经济社会发展到哪里，档案工作就应该开展到哪里。出版《光伏发电建设项目档案管理手册》和《陆上风电建设项目档案管理手册》就是为了在新能源大规模建设背景下为企业守护好档案，为新能源电力高质量发展提供支持与帮助。

习近平总书记指出“档案工作正在走向依法管理，走向开放，走向现代化。同时，档案工作覆盖面越来越大，扩展延伸到农村、社区、企业。档案工作者兢兢业业、勤勤恳恳，在社会主义市场经济环境下，甘于寂寞、甘于清贫，体现出高尚的情操。”作为档案工作者，一定要苦练本领，吃透精神，在我国碳达峰、碳中和进程中发挥作用，体现价值。

《中华人民共和国档案法》指出来源可靠、程序规范、要素合规的电子档案与传统载体档案具有同等效力，可以以电子形式作为凭证使用。档案工作者要抓住企业数字化转型的机遇，利用新兴技术做好电子档案管理工作，突破传统思维，创新管理模式方法，在变革中谋发展，在转型中求进步。

感谢参与本书编纂的系统内外专家的辛勤付出，限于认知水平，疏漏和错误在所难免，殷切希望从事电力企业档案管理工作的广大读者批评指正。

编写组

2021 年立冬